Business Engineering

Herausgegeben von H. Österle, R. Winter, W. Brenner

Business Engineering

V. Bach, H. Österle (Hrsg.)
Customer Relationship Management in der Praxis
2000. ISBN 978-3-540-67309-5

H. Österle, R. Winter (Hrsg.)
Business Engineering, 2. Auflage
2003. ISBN 978-3-540-00049-5

R. Jung, R. Winter (Hrsg.)
Data-Warehousing-Strategie
2000. ISBN 978-3-540-67308-8

E. Fleisch
Das Netzwerkunternehmen
2001. ISBN 978-3-540-41154-3

H. Österle, E. Fleisch, R. Alt
Business Networking in der Praxis
2001. ISBN 978-3-540-41370-7

S. Leist, R. Winter (Hrsg.)
Retail Banking im Informationszeitalter
2002. ISBN 978-3-540-42776-6

C. Reichmayr
Collaboration und WebServices
2003. ISBN 978-3-540-44291-2

O. Christ
Content-Management in der Praxis
2003. ISBN 978-3-540-00103-4

E. von Maur, R. Winter (Hrsg.)
Data Warehouse Management
2003. ISBN 978-3-540-00585-8

L. M. Kolbe, H. Österle, W. Brenner (Hrsg.)
Customer Knowledge Management
2003. ISBN 978-3-540-00541-4

R. Alt, H. Österle
Real-time Business
2003. ISBN 978-3-540-44099-4

G. Riempp
Integrierte Wissensmanagement-Systeme
2004. ISBN 978-3-540-20495-4

T. Puschmann
Prozessportale
2004. ISBN 978-3-540-20715-3

H. Österle, A. Back, R. Winter, W. Brenner (Hrsg.)
Business Engineering – Die ersten 15 Jahre
2004. ISBN 978-3-540-22051-0

R. Zarnekow, W. Brenner, U. Pilgram
Integriertes Informationsmanagement
2005. ISBN 978-3-540-23303-9

U. Baumöl, H. Österle, R. Winter (Hrsg.)
Business Engineering in der Praxis
2005. ISBN 978-3-540-20517-3

R. Zarnekow, A. Hochstein, W. Brenner
Serviceorientiertes IT-Management
2005. ISBN 978-3-540-20532-6

J. Schelp, R. Winter (Hrsg.)
Integrationsmanagement
2005. ISBN 978-3-540-20506-7

R. Zarnekow, W. Brenner, U. Pilgram
Integrated Information Management
2006. 978-3-540-32306-8

R. Zarnekow
Produktionsmanagement von IT-Dienstleistungen
2007. ISBN 978-3-540-47457-9

R. Heutschi
Serviceorientierte Architektur
2007. ISBN 978-3-540-72357-8

W. Brenner, R. Wenger (Hrsg.)
Elektronische Beschaffung
2007. ISBN 978-3-540-34017-1

B. Dinter, R. Winter (Hrsg.)
Integrierte Informationslogistik
2008. ISBN 978-3-540-77577-5

R. Winter (Hrsg.)
Management von Integrationsprojekten
2009. ISBN 978-3-540-93772-2

Robert Winter
(Herausgeber)

Management von Integrationsprojekten

Konzeptionelle Grundlagen und Fallstudien aus fachlicher und IT-Sicht

Mit Grundlagenbeiträgen von Stephan Aier, Christian Fischer, Bettina Gleichauf, Christian Riege, Jan Saat, Joachim Schelp und Robert Winter

Springer

Prof. Dr. Robert Winter
Universität St. Gallen
Institut für Wirtschaftsinformatik
Müller-Friedberg-Str. 8
9000 St. Gallen
Schweiz
robert.winter@unisg.ch

Business Engineering ISSN 1616-0002
ISBN 978-3-540-93772-2 e-ISBN 978-3-540-93773-9
DOI 10.1007/978-3-540-93773-9
Springer Dordrecht Heidelberg London New York

Die Deutsche Nationalbibliothek verzeichnet diese Publikation in der Deutschen Nationalbibliografie; detaillierte bibliografische Daten sind im Internet über http://dnb.d-nb.de abrufbar.

Einbandentwurf: WMXDesign GmbH, Heidelberg

Gedruckt auf säurefreiem Papier

Springer ist Teil der Fachverlagsgruppe Springer Science+Business Media (www.springer.com)

Vorwort

Integration wird oft als das Ur- und Hauptthema der Wirtschaftsinformatik angesehen. Mergers & Acquisitions, unternehmensübergreifende Integration, System-Migration, Standardsoftwareeinführung, Outsourcing und unternehmensinterne Reorganisation sind nur einige Beispiele für die sehr unterschiedlichen Erscheinungsformen von Integrationsprojekten. Trotz der Allgegenwart von Integration sind die konkreten Integrationsprojekte offenbar so unterschiedlich, dass es nur wenige wiederverwendbare, ingenieurmäßige Ansätze zur Unterstützung für Integrationsprojekte gibt. Dies lässt sich zum einen mit der Existenz einer verwirrenden Begriffs- und Verständnisvielfalt begründen, die eine strukturierte Herangehensweise und die Wiederverwendung von Vorgehensmodellen und Ergebnissen erschweren. Zum anderen sprechen die vielen Erscheinungsformen von Integrationsprojekten und die spezifischen Anwendungssituationen in oder zwischen den Unternehmen gegen die (Wieder-)Verwendbarkeit einer „Universalmethode".

Ein Ansatz zur Methodenunterstützung von Integrationsprojekten muss also einerseits auf einem sinnvollen Abstraktionsniveau wiederverwendbare Vorgehensmodelle und Ergebnisse bereitstellen, die aber andererseits an die vielen spezifischen Erscheinungsformen von Integrationsprojekten angepasst werden können.

Auf Grundlage des St. Galler Business Engineering-Ansatzes wird in diesem Buch eine strukturierte, modellbasierte Herangehensweise vorgeschlagen, die als Basis für die situative, d. h. kontext- und zielspezifische Problemlösung dient. Exemplarische Fallstudien aus Unternehmen in Deutschland und der Schweiz zeigen am praktischen Beispiel, wie Integrationsprojekte zielgerichtet konzipiert und methodisch fundiert umgesetzt werden können.

Die Arbeiten, die in diesem Band vorgestellt werden, entstanden im Rahmen des Kompetenzzentrums Integration Factory (CC IF) als Teil des Forschungsprogramms „Business Engineering" des Instituts für Wirtschaftsinformatik der Universität St. Gallen (IWI-HSG). Durch enge Zusammenarbeit von Universität und Unternehmen werden im CC IF „Business-to-IT"-Methoden zum Integrationsmanagement entwickelt. „Business-to-IT" bedeutet, dass die fachliche wie auch die Informationssystem-nahe Konzeption und Umsetzung von Integrationsprojekten in einem umfassenden Methodenansatz integriert wird.

In den Jahren 2007 bis 2009 nahmen bzw. nehmen folgende Partnerunternehmen aktiv am CC IF teil:

- AXA Winterthur (Schweiz) AG, Winterthur
- Deutsche Leasing AG, Bad Homburg v. d. Höhe
- Deutsche Telekom AG Laboratories, Berlin
- Finanz Informatik GmbH & Co. KG, Frankfurt a.M.
- RTC Real-Time Center AG, Bern
- Zürcher Kantonalbank, Zürich

Die vom Institut für Wirtschaftsinformatik ausgerichteten St. Galler Anwenderforen sowie die Konferenz DW2008 ermöglichen darüber hinaus einen Überblick über den State-of-the-Art in zusätzlichen Unternehmen und fördern einen intensiven Dialog zwischen Praxis und Wissenschaft.

Dieses Buch ist in fünf Kapitel gegliedert. Im ersten Kapitel wird die Problemstellung analysiert und der resultierende Handlungsbedarf beschrieben. In diesem Zusammenhang wird auch auf bestehende Ansätze zum Verständnis und Management von Integration eingegangen.

Im zweiten Kapitel werden vier Integrations-„Archetypen" vorgeschlagen. Diese Konstrukte erlauben eine metamodellbasierte Unterscheidung von Integrationstypen, die wiederum die Grundlage für die anpassbare Konzeption und Umsetzung von Integrationsprojekten bilden.

Um ein tiefergehendes Verständnis der Anwendungskontexte und Integrationsprojekttypen zu ermöglichen, untersucht und charakterisiert das dritte Kapitel verschiedene Integrationssituationen.

In Kapitel vier werden die Ergebnisse aus insgesamt zehn Integrations-Fallstudien präsentiert. Hierbei wird ein breites Spektrum von Erfahrungen, Methoden und Erfolgsfaktoren aus aktuellen Integrationsprojekten auf Grundlage der Terminologie und des Methodik-Verständnisses dieses Buchs präsentiert.

Das fünfte und letzte Kapitel fasst die Implikationen des in diesem Buch vorgestellten Ansatzes zusammen und schlägt ein Konstruktionsverfahren für ingenieurmäßige und situative Methoden für das Integrationsmanagement vor. Dieses Verfahren wird an Beispielen aus den erhobenen Fallstudien verdeutlicht.

Die Autoren danken den Fallstudienpartnern aus der Praxis für wertvolle Einblicke und Diskussionen bei der Niederschrift dieses Buches. Neben den genannten Partnerunternehmen des CC IF waren dies Vertreter weiterer Praxispartner des Instituts für Wirtschaftsinformatik der Universität St. Gallen:

- Atel Holding AG, Olten
- Credit Suisse AG, Zürich
- Global Side GmbH, München
- SAP AG, Walldorf
- Universitätsspital Zürich, Zürich

Unser Dank gilt allen Kapitel- und Fallstudienautoren, sowohl aus der Praxis wie auch aus dem IWI-HSG, die zu diesem Buch beigetragen haben. Unsere Forschungsarbeiten zum Integrationsmanagement wären ohne die Unterstützung durch die Partnerunternehmen des CC IF und seines Vorgänger-Kompetenzzentrums CC AIM nicht möglich. Ganz besonders gilt unser Dank Christian Riege und Dr. Stephan Aier für die Übernahme der komplexen Herausforderung, viele Autoren und noch mehr Ansichten zu Integrationsmanagement zu koordinieren, das gesamte Buchprojekt zu organisieren und die Qualität der Ergebnisse zu sichern.

St. Gallen, im März 2009 Die Autoren

Inhaltsverzeichnis

1 Integrationsprojekte – Annäherung an ein vielschichtiges Phänomen

1.1 Einführung und Aufbau des Buches

Wirtschaftsinformatik beschäftigt sich mit der „Entwicklung und Anwendung von Theorien, Konzepten, Modellen, Methoden und Werkzeugen für die Analyse, Gestaltung und Nutzung von Informationssystemen“ (WKWI u. GI-Fachbereich Wirtschaftsinformatik 2007). Die Anpassung, Abstimmung und Zusammenführung – also die Integration (Heilmann 1989) – der Bestandteile von Informationssystemen (IS) wird oft als das Ur-, Haupt- oder Kernthema der Wirtschaftsinformatik angesehen (Rosemann 1999; Vogler 2006; Kurbel u. Rautenstrauch 1996). Heinrich bezeichnet die Wirtschaftsinformatik gar als die Wissenschaft der Integration (Heinrich 1993). Die Beschreibung von Herausforderungen und Nutzen der Integration sind dabei seit der Diskussion um den Nutzen betrieblicher Informationssysteme thematisiert worden (Leavitt u. Whisler 1958).

Die Integration von Informationssystemen beschränkt sich selten auf die Veränderung von Softwarekomponenten und Datenstrukturen oder die Veränderung von IT-Infrastrukturkomponenten. Meist sind ebenso Produkte, Geschäftsprozesse oder Organisationsstrukturen – also fachliche Strukturen eines Unternehmens – betroffen. Integration setzt bestehende, zu integrierende Strukturen voraus und stellt damit immer eine Veränderung dar. Auf dem St. Galler Management-Modell aufbauend konzentriert sich der St. Galler Ansatz des Business Engineering (Österle u. Winter 2003b) explizit auf Veränderungsprozesse (Winter et al. 2008). Als betriebswirtschaftliche Konstruktionslehre stellt das Business Engineering die für diesen Veränderungsmodus geeigneten Methoden und Modelle bereit (Winter 2008b). Dieses Buch behandelt Integration, ihre Vielgestaltigkeit sowie Methoden und Modelle, um Informationssysteme effektiv und effizient zu integrieren.

Das Wort Integration bedeutet die „Wiederherstellung eines Ganzen“ (Wermke et al. 1991) oder die Eingliederung eines Elements in ein „umfassendes Ganzes“ (Schmidt 1991) und leitet sich vom lateinischen *integrare* (heil, unversehrt machen, wiederherstellen, ergänzen) ab (Mertens 2004). Im Kontext der Wirtschaftsinformatik erscheint die „Wiederherstellung eines Ganzen“ in den unterschiedlichsten Formen: Mergers & Acquisitions (Kromer u. Stucky 2002), Enterprise Application Integration (EAI) (Kaib 2002; Aier u. Schönherr 2007), die Integration von Daten (Heine 1999), unternehmensübergreifende B2B-Prozessintegration (Dietrich 2008) oder die Integration von fachlichen Strukturen und deren informationstechnische Unterstützung im Rahmen des IT/Business Alignment (Aier u. Winter 2009; Luftman u. McLean 2004) sind nur einige Beispiele für die Vielgestaltigkeit von Integrationsprojekten.

Die Beispiele zeigen, dass die mit Integration verbundenen Transformationsprojekte deutlich zu komplex sind, um von Einzelpersonen intuitiv durchgeführt zu werden (Österle u. Winter 2003b). Vielmehr bedarf es geeigneter Methoden und Modelle als wesentliche Kennzeichen von Ingenieursdisziplinen (Shaw 1990), um die Transformation zu planen und umzusetzen. Die genannten Beispiele zeigen gleichzeitig, dass es aufgrund der Vielgestaltigkeit der Transformation nicht ein Standardvorgehen im Sinne eines „one-size-fits-all“ für die unterschiedlichen Integrationssituationen geben kann, sondern dass es entsprechend anpassbarer Modelle und Methoden bedarf.

Aus diesem Grund besteht das in diesem Buch verfolgte Ziel darin, einen grundlegenden Beitrag zur adäquaten situativen methodischen Unterstützung der Planung und Umsetzung von Integrationsprojekten zu leisten. Um dies zu realisieren, wird ein strukturiertes Integrationsverständnis „bottom-up“ auf Basis der Abbildung im Metamodell entwickelt (vgl. Unterkapitel 1.3). Es werden Archetypen der Integration formuliert (Kapitel 2), die Grundlage für die Bausteine einer Methode bilden. Im Sinne des situativen Methodenengineerings müssen relevante Situationen aufgenommen und beschrieben werden, um für diese Situationen adaptierbare Methoden zur Verfügung stellen zu können. Daher werden unter Zuhilfenahme verschiedener Einsatzszenarien von Integration (Kapitel 3) und konkreter Fallstudien zu Integrationsprojekten (Kapitel 4) in einer Kombination aus Bottom-Up- und Top-Down-Vorgehen Bausteine einer Methode für das Integrationsmanagement entwickelt (Kapitel 5).
Kapitel 1 ist weiterhin wie folgt aufgebaut: Zunächst wird der Begriff des Integrationsmanagements abgegrenzt, welcher in diesem Buch behandelt werden soll (Unterkapitel 1.2). Anschließend stellt Unterkapitel 1.3 den Strukturierungsansatz für Integration in diesem Buch vor. Unterkapitel 1.4 behandelt die verschiedenartigen Auslöser für Integrationsprojekte und Unterkapitel 1.5 die Ziele von Integrationsprojekten und deren gegenseitige Abhängigkeiten.

1.2 Abgrenzung „Integrationsmanagement“

Im Folgenden wird das Management von Integrationsprojekten von Phänomenen abgegrenzt, die nicht Gegenstand der hier zu konzipierenden Methodenunterstützung sein sollen.

1.2.1 Integrationsprojekte vs. allgemeine Entwicklungsprojekte

Es ist charakteristisch für Integrationsprojekte, dass keine isolierten Lösungen („grüne Wiese“) geschaffen werden, sondern dass ihre Beziehungen mit bestehenden Lösungen den Charakter des Projekts teilweise oder sogar wesentlich bestimmen. Während völlig allein stehende Lösungen einen Extremfall darstellen, gibt es als anderen Extremfall auch „reine“ Integrationsprojekte. Bei solchen Projekten

(z. B. sog. „Housekeeping“-Projekte[1]) liegt der alleinige oder ganz überwiegende Schwerpunkt in der Verbindung oder Vereinigung bestehender Lösungen, ohne dass über Integration hinaus eine fachliche Innovation erfolgt.

Ein Entwicklungsprojekt vereinigt einen bestimmten Anteil fachlicher Lösungsinnovation und einen bestimmten Anteil Lösungsintegration. Es ist nicht immer eindeutig möglich, Innovations- und Integrationsanteile zweifelsfrei voneinander abzugrenzen, zumal Innovation und Integration gleich mehrfach aufeinander bezogen sind: Einerseits kann Integration Enabler für Innovation sein, andererseits kann Innovation Integrationserfordernisse mit sich bringen. Gleichwohl sollten primär innovationsbezogene und primär integrationsbezogene Projektanteile nach Möglichkeit separiert werden, denn konventionelle Entwicklungsmanagement-Methodik (siehe z. B. Methodik des Software Engineering (Balzert 2000) und Methodik des Business Engineering (Österle u. Winter 2003a)) sowie spezielle Integrationsmanagement-Methodiken werden zu unterschiedlichen Anteilen als methodische Grundlage dienen, um die systematische Erreichung der Ziele eines Integrationsprojekts zu unterstützen. Die unterschiedlichen Integrations- und fachlichen Innovationsanteile von Projekten werden durch Abb. 1.1 illustriert.

Die in diesem Buch vorgestellten Methoden-Elemente für Integrationsmanagement sind als Ergänzung konventioneller Entwicklungsmanagement-Methodik zu verstehen. Je größer der Integrationsanteil des zu unterstützenden Projekts ist, desto wichtiger wird die Einbeziehung von Integrationsmanagement-Aspekten in die Projektkonzeption und -umsetzung.

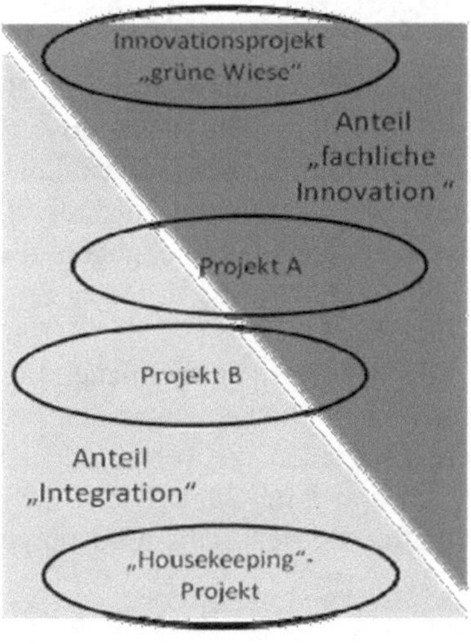

Abb. 1.1. Integrations- vs. fachlicher Innovationsanteil in Projekten

[1] Der Begriff wird in Anlehnung an Riempp und Gieffers-Ankel (2007) verwendet, die ihn zur Umschreibung eines Fallbeispiels verwendet haben und dessen Situation mit der oben aufgeführten Definition übereinstimmt. Bei Gartner (2004) findet sich dieser Begriff in vergleichbarer Bedeutung im engeren Zusammenhang mit IS-Systemmanagement, bei Olle et al. (1988) noch enger im Kontext der evolutionären Weiterentwicklung eines Softwaresystems.

1.2.2 Projektsicht vs. Betriebssicht

Das Unternehmensmodell des neuen St. Galler Managementmodells versteht Unternehmen als komplexe soziale Systeme, die unter verschiedenen Blickwinkeln verstanden und gestaltet werden müssen. Einige dieser Blickwinkel sind einfach verständlich. So ist z. B. naheliegend, dass Anspruchsgruppen wie Kapitalgeber, Kunden, Mitarbeitende, Öffentlichkeit, Staat, Lieferanten und Mitbewerber sich jeweils für spezifische Aspekte von „Unternehmen" interessieren (z. B. Ertrag, Risiko, gesellschaftlicher Nutzen, ökologische Nachhaltigkeit). Auch die Sicht auf „Unternehmung" als System vernetzter Management-, Geschäfts- und Unterstützungsprozesse ist naheliegend. Hinsichtlich anderer Blickwinkel wie z. B. die Interaktionsthemen „Ressourcen", „Normen/Werte" und „Anliegen/Interessen" oder die Ordnungsmomente „Strategie", „Strukturen" und „Kultur" wird auf die entsprechende Quelle verwiesen (Dubs et al. 2004). Für das Integrationsmanagement ist ein weiterer Blickwinkel interessant, nämlich der sog. Entwicklungsmodus. Als grundlegende Entwicklungsmodi werden im St. Galler Managementmodell „Optimierung" und „Erneuerung" unterschieden (in Anlehnung an Rüegg-Stürm 2002). Das heißt, dass sich die Analyse und Gestaltung von Organisationen grundsätzlich anders gestalten, je nachdem, ob bestehende Strukturen und Prozesse „betrieben" bzw. oder ob die Erneuerung von Strukturen und Prozessen im Mittelpunkt der Betrachtung steht. Die Unterscheidung von Betrieb – und allenfalls inkrementeller Optimierung – auf der einen Seite und Erneuerung auf der anderen Seite findet sich in der Wirtschaftspraxis auch im Begriffspaar „Run the Business" vs. „Change the Business".

Die meisten Methoden der betriebswirtschaftlichen Funktionallehren (wie z. B. Marketing, Finanzmanagement, HR-Management etc.) sind nicht dediziert auf Veränderungsvorhaben zugeschnitten und können damit dem Entwicklungsmodus „Betrieb/inkrementelle Optimierung" zugeordnet werden („Run the Business"). Software Engineering und Business Engineering verstehen sich dagegen als „Konstruktionslehren", d. h. sie stellen methodische Unterstützung für den Entwicklungsmodus „Veränderung" („Change the Business") bereit.

Während für die Konzeption und die Umsetzung des Betriebs fachlicher Lösungen Synergien und Konsistenz wichtig sind und deshalb die verschiedenen Lösungen im Normalfall gesamthaft betrachtet werden, werden die verschiedenen Veränderungen im Normalfall projektartig, d. h. separat betrachtet. Die Unterschiedlichkeit von isolierter Projekt- und gesamthafter Betriebssicht wird durch Abb. 1.2 illustriert.

Die in diesem Buch vorgestellten Methodik-Elemente sind auf Integrationsprojekte zugeschnitten, d. h. sie unterstützen die Konzeption und Umsetzung „lokaler" Veränderungen und fokussieren nicht auf den gemeinsamen Dauerbetrieb von Integrations- und anderen Lösungen.

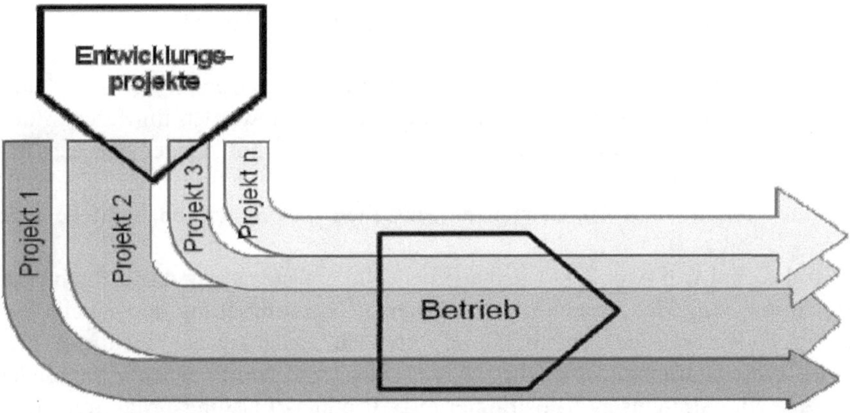

Abb. 1.2 Projekte werden separat konzipiert und umgesetzt – der Betrieb erfolgt im Normalfall integriert

1.2.3 Integrationsprojekte mit vs. ohne IS-Bezug

Im engeren Sinne können Integrationsprojekte als Projekte verstanden werden, in welchen Softwarekomponenten, Datenstrukturen und/oder IT-Infrastrukturkomponenten zusammengeführt werden. Allerdings sind die wenigsten Veränderungen allein auf Softwarekomponenten, Datenstrukturen und IT-Infrastrukturkomponenten beschränkt – entweder haben Integrationsprojekte Auswirkungen auf fachliche Artefakte wie Geschäftsprozesse, Organisationsstrukturen, Verfügungsrechte etc., oder sie werden sogar durch fachliche Veränderungen ausgelöst. Es sind jedoch auch Integrationsprojekte denkbar, die allein auf fachlicher Ebene Auswirkungen haben und keinerlei Softwarekomponenten, Datenstrukturen oder IT-Infrastrukturkomponenten berühren. Ein Beispiel für ein solches Integrationsprojekt wäre die Zusammenführung bisher getrennter Vertriebsprozesse, soweit diese nicht IT-unterstützt ablaufen, oder die Zusammenlegung bisher getrennter Unternehmensteile, soweit dadurch die IT-Unterstützung nicht betroffen ist. Die Suche nach geeigneten Beispielen für „rein fachliche“ Integrationsprojekte ohne IS-Bezug macht jedoch bereits deutlich, dass es sich hier um Sonderfälle handelt und die hier zu konzipierende methodische Unterstützung den überwiegenden Teil der in der Praxis zu beobachtenden Integrationsprojekte adressiert.

Aus diesem Grund werden im vorliegenden Buch nur solche Integrationsprojekte betrachtet, die einen Bezug zu IS haben. Das bedeutet, dass beispielsweise unter dem Aspekt Outsourcing explizit auch das IT-Outsourcing als relevanter Teil eines Integrationsprojektes behandelt wird (vgl. Kapitel 3).

1.2.4 Integrationsmanagement vs. Architekturmanagement

Integrationsmanagement bezeichnet die zielorientierte Konzeption, Planung und Steuerung von Integrationsprojekten. Integrationsprojekte werden im Rahmen der Grobplanung zwar gesamthaft im Sinne des Projektportfoliomanagements bewirtschaftet, im Detail aber dann separat konzipiert, geplant und gesteuert. Dadurch besteht die Gefahr, dass Inkonsistenzen entstehen und Synergien nicht genutzt werden.

Es ist das Ziel von Architekturmanagement, Inkonsistenzen und nicht genutzte Synergien zu vermeiden, indem die fundamentale Strukturierung der jeweils betrachteten Teilsysteme dokumentiert und unter Einbeziehung der wichtigen Abhängigkeiten weiterentwickelt wird. Als Teilsysteme kommen rein fachliche Strukturen wie strategische Positionierung, Produkt-/Leistungsprogramm und Zielsystem sowie organisatorische Strukturen wie Geschäftsprozesse, Organisationseinheiten und Informationsflüsse genauso in Betracht wie Informationssystem-Grobstrukturen (Softwarekomponenten, Datenstrukturen) oder die Grobstruktur der IT-Infrastruktur. Eine spezielle Rolle hat die Unternehmensarchitektur, die den Rahmen all dieser Grobstrukturen bildet, in dem die wichtigsten Komponenten „Business-to-IT" mit ihren Abhängigkeiten repräsentiert werden.

In Abb. 1.3 wird die Positionierung von Teilarchitekturen und Unternehmensarchitektur illustriert. Die vertikale Dimension repräsentiert den Detaillierungsgrad der jeweils durch Architekturen dargestellten Artefakte, während die horizontale Dimension die Anzahl der jeweils dargestellten Artefakte repräsentiert. Kundensegmente, Leistungen, Prozesse, Softwarekomponenten und alle anderen Artefakttypen können jeweils in Form sehr vieler, sehr detaillierter Modelle oder nur eines einzigen, dafür aber sehr groben Modells repräsentiert werden – dies wird durch die verschiedenen „Kegelstümpfe" in Abb. 1.3 visualisiert. Während eine Teilarchitektur (z. B. Prozessarchitektur, Datenarchitektur) mit höherem Detaillierungsgrad realisiert werden kann („schmal und tief"), muss die Unternehmensarchitektur „flach" bleiben, da durch die große Artefaktvielfalt eine hohe „Breite" vorgegeben ist und keine einzelne Architektur aus Komplexitätsgründen gleichzeitig „breit" und „tief" sein kann.

Die Unternehmensarchitektur als umfassender, grober Bauplan der Gesamtorganisation und die verschiedenen Teilarchitekturen als spezifische Erweiterungen geben den Rahmen für das Integrationsmanagement vor. Durch Ausrichtung von Integrationsprojekten an den gleichen Architekturvorgaben wird versucht, Inkonsistenzen zu vermeiden. Durch Abbildung von Projektergebnissen in den jeweiligen Architekturen wird überdies versucht, durch Wieder- und Weiterverwendung Synergien zu realisieren. Deshalb sind Architekturmanagement und Integrationsmanagement zwar sehr unterschiedliche Konzepte; Architekturmanagement liefert aber wichtige Voraussetzungen, um Integrationsmanagement effektiv und effizient umzusetzen. So kann das Architekturmanagement beispielsweise Applikationsdomänen und in diesen geltende Integrationsregeln definieren.

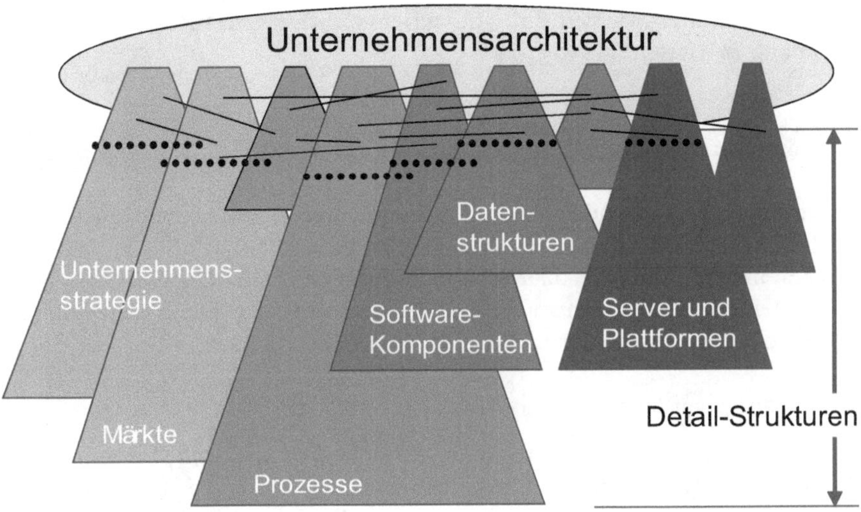

Abb. 1.3. Teilarchitekturen und Unternehmensarchitektur (Aier et al. 2008)

Das Ziel der Definition solcher Regeln kann beispielsweise in der Beschränkung der Heterogenität verwendeter, funktional gleichwertiger Integrationstechnologien liegen. Projekte zur Applikationsintegration, welche in einer Domäne durchgeführt werden, können eine spezifische Integrationsmethode nutzen und dabei die vom Architekturmanagement aufgestellten Rahmen berücksichtigen. So können parallel und unabhängig voneinander in einer Domäne Integrationsprojekte durchgeführt werden, deren Ergebnisse anschließend mit geringem Aufwand integriert werden können.

1.3 Integrationsverständnis

1.3.1 Phänomenologische Strukturierungen

Die große Heterogenität und Komplexität der Erscheinungsformen von Integration (vgl. Unterkapitel 1.1) verhindert eine einfache und ganzheitliche Lösung der Integrationsherausforderungen aus Sicht der Wirtschaftsinformatik. Darum wurden oft und wiederholt Anstrengungen unternommen, die unterschiedlichen Integrationsprobleme zu strukturieren (Mertens 2004; Heilmann 1989; Mertens u. Holzner 1992; Rosemann 1999; Schissler et al. 2004; Vogler 2003). Die Erwartungshaltung an die Formulierung von Teilproblemen ist es, vergleichsweise einfache Methoden für ihre Lösung entwickeln und nutzen zu können.

Um die Integrationsprobleme zu strukturieren, differenziert Rosemann (1999) in Anlehnung an Mertens (1995):

- Art der Integration
  - Verbinden: Elemente eines Systems werden verbunden, welche zwar eine logische Beziehung zueinander aufweisen, bislang jedoch nicht oder nicht ausreichend verbunden sind. Durch das Verbinden können zusätzliche Elemente (Verbindungselemente) geschaffen werden.
  - Vereinigen: Ähnliche oder inhaltlich zusammengehörige Elemente eines Systems werden in einem (neuen) Element vereinigt. Die Vereinigung ist mit einer Reduktion der Anzahl der Elemente verbunden.

- Integrationsgegenstand
  - Datenintegration: Datenintegration wird als die „klassische" Form der Integration bezeichnet. Sie kann verbindend oder vereinigend erfolgen.
  - Funktionsintegration: Die Integration von Funktionen kann ebenfalls verbindend oder vereinigend erfolgen. Die vereinigende Funktionsintegration erfolgt z. B. oft bei der Konsolidierung redundanter Funktionen. Die verbindende Funktionsintegration erfolgt durch das logische Aneinanderreihen von Funktionen in einer Ablaufsteuerung.
  - Prozessintegration: In der Prozessintegration wird eine Weiterführung der Funktionsintegration gesehen, weil nicht nur einzelne Funktionen, sondern Ketten von objektbezogenen Funktionen in Formen von Prozessen verknüpft oder vereinigt werden.
  - Objektintegration: Die vereinigende Integration von Objekten sieht Rosemann z. B. in der Abstraktion von Objekten mit gleichen Attributen mittels Klassen. Die verbindende Integration von Objekten kann durch die Definition von Beziehungen zwischen den Objekten erfolgen.

- Integrationsrichtung
  - Horizontale Integration findet in Anlehnung an Mertens' Pyramide der Aufbauorganisation (vgl. Abb. 4) (Mertens 2004) entlang von Elementen der Wertschöpfungskette statt.
  - Vertikale Integration findet zwischen operativen Systemen sowie Planungs- und Kontrollsystemen statt.

- Integrationsreichweite bezeichnet den Umfang der Wirkungen der Integration. Diese kann bspw. auf Aufgaben oder Organisationseinheiten beschränkt sein oder sich über Unternehmensgrenzen hinweg fortsetzen.
- Integrationsrealisierung unterscheidet, ob Integration in der Real- oder der Modellwelt stattfindet.

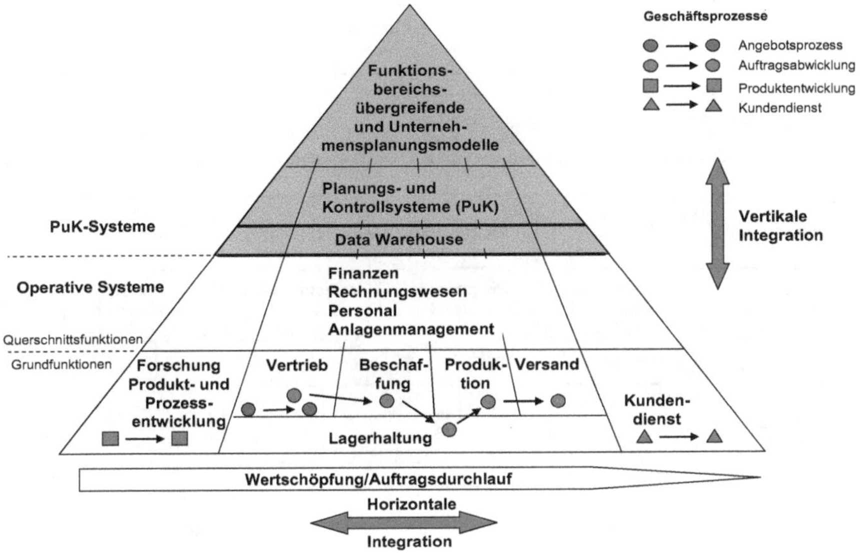

Abb. 1.4. Integrationsrichtungen (Mertens 2004)

Mertens schlägt außerdem den Automatisierungsgrad als weiteres Differenzierungsmerkmal für Integrationsformen vor und unterscheidet dabei zwischen Vollautomation und Teilautomation. Abb. 1.5 visualisiert sämtliche Dimensionen und Ausprägungen des Integrationsverständnisses nach (Mertens 2004).

Linß fasst die Merkmale Integrationsgegenstand, -richtung und -reichweite zusammen und erweitert sie um die *Integrationsintensität*. Sein Ansatz wird durch Abb. 1.6 illustriert.

Picot, Reichwald und Wigand differenzieren im Kontext der Informationssystemintegration drei zeitliche Ausprägungen der Integration (Picot et al. 2003):

1. Vollständige Neuentwicklung eines umfassenden Informationssystems
2. Entwicklung integrationsfähiger Einzelkomponenten, die schrittweise zusammengefügt werden
3. Nachträgliche Integration vorhandener Informationssysteme

Bei den ersten beiden Varianten findet die Integration zeitlich vor der Implementierung von Informationssystemen in einem Unternehmen statt. Entsprechend kann in diesen Fällen von Ex-ante-Integration gesprochen werden. Ex-post-Integration meint ausschließlich den dritten Fall der nachträglichen Integration vorhandener Informationssysteme.

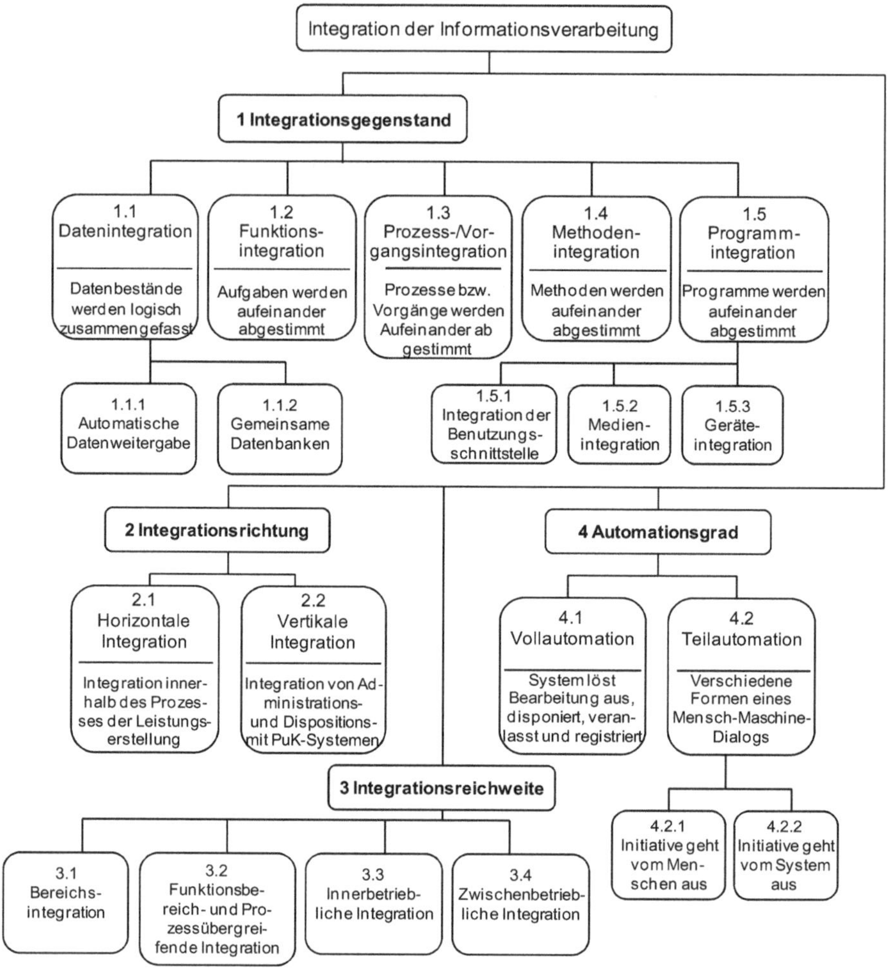

Abb. 1.5. Ausprägungen von Integration und integrierter Informationsverarbeitung (Mertens 2004)

Die Vorgehensweise der Ex-post-Integration vorhandener Informationssysteme unterscheidet sich von der Ex-ante-Integration deutlich durch die spezifischen Probleme, die anzuwendenden Integrationsmethoden sowie oft durch die zur Verfügung stehenden Integrationstechnologien, da bei der Ex-Post-Integration oft unterschiedliche Technologiegenerationen integriert werden müssen. Es müssen Informationssysteme integriert werden, die oft nicht dafür konzipiert sind, mit anderen Informationssystemen zu kommunizieren oder Daten auszutauschen. Vor allem auf diese Ex-post-Integration vorhandener Informationssysteme wird in diesem Buch fokussiert.

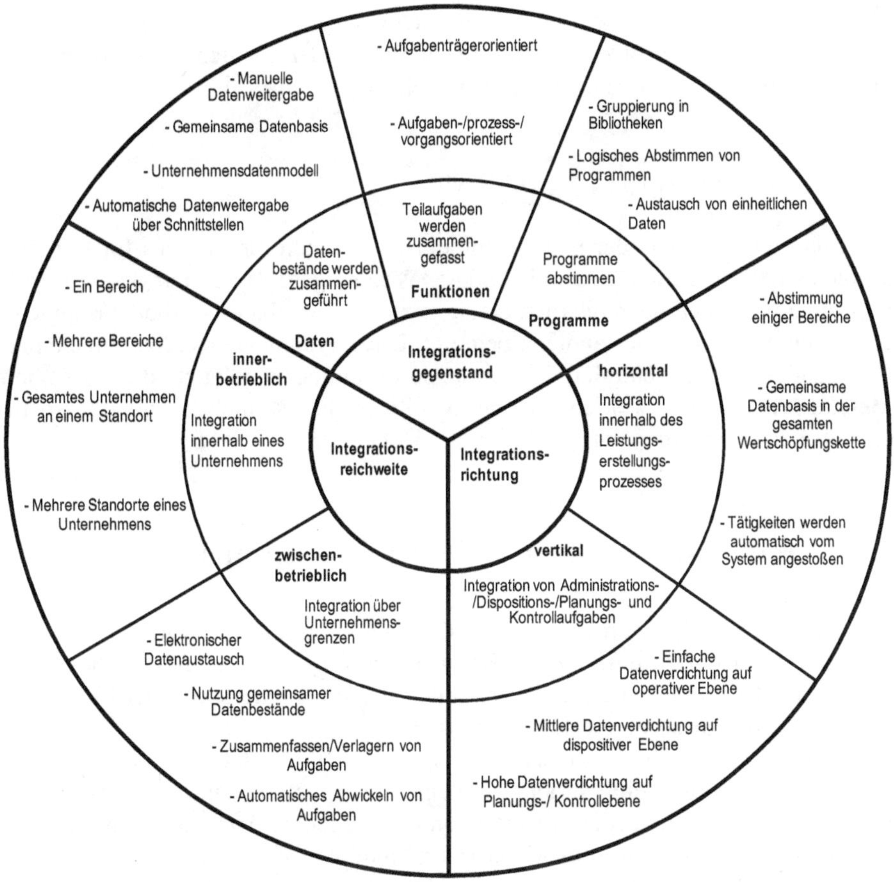

Abb. 1.6. Integrationsmerkmale nach (Linß 1995)

Die phänomenologische Strukturierung des Integrationsproblems ist weder überschneidungsfrei noch nachweisbar vollständig. So werden beispielsweise für die unternehmensinterne Integration oft die gleichen Methoden und Modelle wie für die unternehmensübergreifende Integration verwendet, da dieses Ordnungsmerkmal durch vermehrte In- oder Outsourcing-Projekte kaum noch Bestand hat (Dietrich 2008). Ebenso ist eine Liste von Integrationsgegenständen wie in Abb. 1.6 nur begrenzte Zeit vollständig, wie beispielsweise die Integration von Servern durch neue Virtualisierungsansätze auf der Ebene der IT-Infrastruktur verdeutlicht. Die Konstruktion von Methoden zur Planung und Umsetzung von Integrationsprojekten auf dieser Basis kann so nur zu Methoden führen, die entweder generisch sind, jedoch nur wenig Nutzen stiften (z. B. eine generische Integrationsmethode, welche anwendbar für die Integration von Prozessen, fachlichen und IT-Strukturen oder Softwaresystemen ist und darum gerade nicht auf die Spezifika der Softwaresystemintegration eingehen kann) oder konkreten Nutzen stiften, dafür jedoch in ihrer Anwendung auf nur wenige Situationen anwendbar sind

(z. B. eine Methode zur Datenintegration). Um den Zielkonflikt zwischen Wiederverwendbarkeit und Problemlösungsnutzen abzumildern, sollen die Methoden für unterschiedliche Situationen adaptierbar sein.

1.3.2 Strukturierung in diesem Buch

Aufgrund der Kritik an der phänomenologischen Strukturierung des Integrationsproblems wird in diesem Buch ein anderer Weg eingeschlagen. Für die Konstruktion situativer Methoden werden geeignete kombinierbare Methodenfragmente und deren elementare Bestandteile benötigt. Diese Fragmente werden von elementaren und situationsneutralen Integrationsoperationen abgeleitet, die auf einem Metamodell definiert werden können. Kapitel 2 dieses Buches stellt die so beschriebenen Archetypen der Integration im Detail vor.

1.4 Treiber und Auslöser von Integrationsprojekten

Wie zuvor ausgeführt wurde, unterscheiden sich Integrationsprojekte von anderen Projekttypen dadurch, dass die im Rahmen des Projektes zu entwickelnden Lösungen nicht isoliert erstellt und verwendet werden, sondern eine Einbindung in die bestehenden Strukturen erfolgen muss.

Die Auslöser für die Veränderungsprojekte mit IS-Bezug können zunächst in zwei Kategorien unterteilt werden: Zum einen Projekte, die durch Änderungen der betrieblichen Umwelt ausgelöst werden und zum anderen Anpassungsprojekte, die – ohne extern induziert zu sein – interne strukturelle Dissonanzen auflösen.

Durch Veränderung der betrieblichen Umwelt angestoßene Projekte können ihrerseits entweder durch die Fachseite vorangetrieben werden oder, insbesondere wenn es sich bei den externen Änderungen um technische Innovationen handelt, durch die betriebliche IT[2]. Bei den durch die Fachseite initiativ verfolgten Projekten stehen zumeist geänderte fachliche Strukturen und Prozesse im Vordergrund, die eine entsprechende Änderung der sie unterstützenden Informationssysteme erfordern. Die betroffenen Artefakte auf der Fachseite können dabei sowohl auf der Strategie- wie auf der Organisationsebene positioniert sein.

Technische Innovationen können ebenfalls IS-Veränderungsprozesse auslösen, wobei die Wirkungsrichtung der Veränderung auch auf die Prozesse und Strukturen der Fachseite zeigen kann: Kann z. B. durch eine technische Innovation ein zusätzlicher Kommunikationskanal für die Kundenansprache eröffnet werden, so sind auf der Fachseite zur Bedienung dieses Kanals neue Prozesse und Zuständig-

[2] Mit betrieblicher IT ist im folgenden die für die Informationssysteme zuständige betriebliche Organisationseinheit gemeint, die zu unterscheiden ist von der Fachseite, welche von den betrieblichen Informationssystemen unterstützt wird.

keiten zu definieren oder bestehende Prozesse und/oder Zuständigkeiten anzupassen.

Die auslösende Organisationseinheit bei einer technischen Innovation kann sowohl auf der Fachseite wie auf Seiten der betrieblichen IT positioniert sein. Der Begriff „IT als Enabler“ (Österle u. Winter 2003b) kann damit sowohl im technischen wie im organisatorischen Sinne interpretiert werden. Die einzelnen Veränderungsprojekte weisen dabei die typischen Projektmerkmale auf, d. h. sie fokussieren auf die rasche Implementierung der fachlichen oder technischen Innovation. Insbesondere bei von der Fachseite ausgelösten Projekten, die aus einem geänderten Wettbewerbsumfeld resultieren, gehört eine hohe Umsetzungsgeschwindigkeit meist zu den Zielvorgaben. Da die Fachseite in Abhängigkeit von der Organisationsstruktur des Unternehmens primär die Ziele der einzelnen Fachabteilung verfolgt, werden die Nebenwirkungen des IS-Veränderungsprojektes auf die resultierende Gesamtarchitektur nur nachrangig beachtet: Die Integrationsfragestellung fokussiert auf die Integration der entwickelten neuen Lösung – die Auswirkung auf die Integrationsfähigkeit nachfolgender Projekte bzw. von anderen Fachabteilungen ausgelösten Veränderungsprojekte steht eher im Hintergrund.

Nicht zuletzt aus diesem Grund tritt in einem Unternehmen im Zeitablauf der Bedarf an einer weiteren Kategorie von Integrationsprojekten auf, die mit dem Begriff „Housekeeping“ gut umschrieben werden können (vgl. Unterkapitel 1.2.1). Projekte dieser Art fokussieren auf die Beseitigung der Inkonsistenzen, Brüche, Redundanzen und unnötigen Komplexität, die aus der Vielzahl nebeneinander durchgeführter Einzelprojekte resultieren. Auch wenn diese auch allein auf der Fachseite auftreten können, stellen sie insbesondere für die sie unterstützenden Informationssysteme ein herausragendes Problem dar, da diese im Unterschied zu fachlichen Prozessen oder geschäftlichen Strategien nur langsam verändert werden können.

Werden im Zeitablauf gravierende Strukturdefekte offenbar, so werden explizite Konsolidierungsprojekte angestoßen, die eine teilweise oder umfassende Vereinfachung oder Erneuerung der bestehenden Informationssysteme zum Ziel haben. In einigen Unternehmen hat das mehrmalige Durchlaufen solcher Prozesse zur Etablierung dedizierter Organisations- und Planungsstrukturen geführt, die unter dem Stichwort „managed evolution“ (Hagen 2003; Bonati et al. 2006; Murer et al. 2008) die dauerhafte Überprüfung und Überarbeitung der komplexen Informationssysteme übernehmen.

1.5 Ziele von Integrationsprojekten

Wie zuvor geschildert können Integrationsprojekte von unterschiedlichen Organisationseinheiten ausgelöst werden. Zumindest zwischen Fachseite und betrieblicher IT können dabei teilweise unterschiedliche Ziele ausgemacht werden.

Die generellen Zielsetzungen ergeben sich aus der Strategie des Unternehmens, wobei in Anlehnung an Porter (2004) die generischen Wettbewerbsstrategien Kostenführerschaft und Differenzierung unterschieden werden können, welche sich im Zeitablauf auch abwechseln können. Letzteres wird auch unter dem Stichwort hybrider Strategien diskutiert, die insbesondere im Zusammenhang mit Veränderungen des Wettbewerbsumfeldes stehen (Müller-Stewens u. Lechner 2005). Die vom Unternehmen gewählten Zielsetzungen orientieren sich damit im Detail an diesen generischen Strategien:

- Veränderung der Kostenstruktur zum Erreichen oder Erhalten der Kostenführerschaft
- Differenzierung der angebotenen Leistungen, um bei den Kunden einen höheren Nutzen zu erzeugen und letztlich eine höhere Preisbereitschaft seitens des Kunden zu erzielen.

Die vom Unternehmen zur Umsetzung der jeweiligen Strategie gewählten Zielsetzungen können damit im Detail sehr unterschiedlich sein. Beide Strategien zielen letztlich auf eine Verbesserung der Profitabilität durch eine Verbesserung der Kosten- und/oder Erlössituation ab. Im Kontext der hier betrachteten Integrationsprojekte wird angenommen, dass sich das Unternehmen in einem sich weiter beschleunigendem Wettbewerbsumfeld befindet (Kagermann u. Österle 2006; Österle 1995; Österle et al. 1992; Österle u. Winter 2003b). Entsprechend kann davon ausgegangen werden, dass das vom Unternehmen letztlich gewählte Zielbündel auf den Erhalt oder die Verbesserung der Profitabilität im Zeitablauf abstellen muss. Dazu kann beispielsweise die Qualität sowohl des angebotenen Leistungsbündels wie der zugrundeliegenden Produktionsstrukturen verbessert werden. Auch kann eine Differenzierung des Leistungsbündels nicht nur über eine Modifikation der Produktpalette erfolgen, sondern auch in Zusammenarbeit mit den Marktpartnern entwickelt werden. Um insbesondere auf Veränderungen besser reagieren zu können, bestünde die Möglichkeit, Produkte und/oder Produktionsstrukturen leichter an die Veränderungen anpassbar zu gestalten. Als weiteres Beispiel ist schließlich die Geschwindigkeit zu nennen, mit der auf die Marktänderungen reagiert werden muss und die je nach Wettbewerbssituation in der Forderung nach einer der Konkurrenz überlegenen Geschwindigkeit münden kann. Angesichts der Vielzahl möglicher Zielsetzungen erfolgt im Weiteren eine Einschränkung auf die Situation der Veränderung des Wettbewerbsumfeldes. Um sich auf rasche Veränderungen des Umfeldes einzustellen, wandeln viele Unternehmen ihre Produktionsstrukturen von der standardisierten Massenfertigung zu stärker kundenorientierten Strukturen um – Produktindividualisierung, höhere Qualitätsstandards, anpassungsfähigere Produktionsstrukturen und kürzere Produktlebenszyklen kennzeichnen die Ergebnisse eines solchen Wandels (Duguay et al. 1997; Vokurka u. Fliedner 1998; Maskell 2001; McCarthy u. Tsinopoulos 2003; van Hoek 2001). Das einzelne Unternehmen muss dabei angesichts der möglichen Zielkonflikte zwischen den Einzelzielen – z. B. die mit höheren Kosten versehenen flexibleren Produktionsstrukturen oder die mit umfangreicheren Qualitätssicherungsmaßnahmen bedingten längeren Produktionszeiten – im Hinblick auf die für das Unternehmen gegebene Wettbewerbssituation austarieren und ein geeignetes Zielbündel wählen.

Im Zusammenhang mit der strategischen Positionierung angesichts sich rasch verändernder Wettbewerbsbedingungen wird auch der Begriff Agilität diskutiert. Nach Yusuf et al. (1999) kann Agilität definiert werden als: „the successful exploration of competitive bases (speed, flexibility, innovation proactivity, quality and profitability) through the integration of reconfigurable resources and best practices in a knowledge-rich environment to provide customer-driven products and services in a fast changing market environment" (Yusuf et al. 1999). Wie angesprochen können die Einzelziele durchaus Zielkonflikte zueinander aufweisen, jedoch ergibt sich die konkrete Schwerpunktsetzung aus der jeweiligen individuellen Wettbewerbssituation und der angestrebten Veränderung. Die „competitive bases", welche das Agilitätsziel konkretisieren können, sind im Einzelnen:

1. Geschwindigkeit („speed") zielt auf ein schnelles Bereitstellen einer Lösung am Markt ab.
2. Flexibilität („flexibility") zielt auf eine bessere Anpassbarkeit an sich ändernde Anforderungen ab.
3. Proaktive Innovation („proactivity") soll dem bloßen Reagieren vorbeugen und den Wandel aktiv unterstützen (Goldman et al. 1995).
4. Qualität („quality") als Eigenschaft sowohl des angebotenen Leistungsbündels wie der zugrundeliegenden Produktionsstrukturen ist zu steigern.
5. Profitabilität („profitability") schließlich rückt die wirtschaftlichen Ziele in den Vordergrund und adressiert Verbesserungen der Kosten- oder Erlössituation gleichermaßen.

In der Summe geht das Agilitätsziel über die Einzelziele hinaus: Um dem Wandel des Wettbewerbsfeldes zu begegnen und auch auf unerwartete Änderungen besser vorbereitet zu sein, ist der gewählte Mix aus den fünf Einzelzielen fortlaufend zu verbessern. So kann z. B. die Verbesserung der Flexibilität durch eine umfangreichere Konfigurierbarkeit des Leistungsbündels stets nur Anpassungspotentiale für erwartete (und daher über eine Konfiguration berücksichtigte) Änderungen aufbauen. Durch eine höhere Anpassungsgeschwindigkeit, das aktive Suchen nach innovativen Lösungen und eine bessere Qualität lassen sich jedoch auch unerwartete Änderungen besser bewältigen.

Umfragen zeigen, dass von den genannten Zielen insbesondere Geschwindigkeit, Flexibilität und Kosten immer wieder im Vordergrund stehen (z. B. in Klesse et al. 2005), so dass im weiteren generell die obigen Zielsetzungen als mögliche Bestandteile des fachlich definierten Zielbündels unterstellt werden können. Bei den im vorhergehenden Abschnitt genannten Treibern für Integrationsprojekte können damit für die fachlich induzierten Integrationsprojekte ebenfalls diese möglichen Zielbündelbestandteile angenommen und Projekte auf ihren Beitrag zu diesen Zielen hinterfragt werden.

Da sich die seitens der betrieblichen IT induzierten Veränderungsprojekte im Sinne des „IT als Enabler" ebenfalls auf die Verbesserung der Wettbewerbsposition des Unternehmens beziehen, können die genannten Ziele als mögliche Bestandteile des von einem Unternehmen verfolgten Zielbündels gleichfalls unterstellt werden.

Bei den intern induzierten Veränderungs- und Integrationsprojekten hingegen ist zu hinterfragen, ob die im gewählten Zielbündel enthaltenen Einzelzielsetzungen ebenfalls auf diese Projekttypen zutreffen.

2 Integrationsarchetypen – Herleitung und Begründung

2.1 Bottom-up-Vorgehen vs. Top-down-Vorgehen der Methodenkonstruktion

Das Thema dieses Buches ist die systematische Methodenunterstützung für Integrationsprojekte. Dafür wurden in Kapitel 1 zunächst die Grundlagen aufbereitet. Darauf aufbauend werden in diesem und dem folgenden Kapitel Grundzüge der Methodik sowie wichtige Methodik-Komponenten vorgestellt. Die Integrationsmanagement-Methodik hat das Ziel, die Planung und die Umsetzung von Integrationsprojekten u. a. durch

- Vorgabe von Aktivitäten und Abläufen,
- Vorgabe von Dokumentstrukturen und Dokumentabhängigkeiten sowie
- Vorgabe von Rollen, Verantwortlichkeiten und Steuerungsmechanismen zu unterstützen.

Die Integrationsmanagement-Methodik umfasst dabei Referenzmodelle, Checklisten, Aktivitätsbeschreibungen usw. und hilft, Projektergebnisse zielgerichtet, konsistent, arbeitsteilig und skalierbar zu erarbeiten, zu dokumentieren und zu kommunizieren.

Integrationsprojekte sind extrem vielgestaltig. Eine systematische Methodenunterstützung müsste an den verschiedenen Aspekten des Integrationsphänomens ansetzen, um problemgetrieben Lösungsbausteine zu entwickeln. So wäre es z. B. denkbar, je nach Reichweite der Integration (bereichsintern, bereichsübergreifend, unternehmensübergreifend) unterschiedliche Governance-Strukturen vorzugeben. Ein solches Vorgehen ist aber wenig realistisch, da die Diskussion in Kapitel 1 zeigt, dass eine konsistente und vollständige Erfassung des Phänomens „Integration" kaum möglich ist. Deshalb wird im Folgenden ein alternativer Weg beschritten: Methodenunterstützung wird nicht ausgehend von Problemspezifika in Richtung Methodenbausteine entwickelt, sondern ausgehend von elementaren Problemlösungskonzepten in Richtung der zu bearbeitenden Gestaltungsprobleme.

Abbildung 2.1 illustriert dieses Vorgehen anhand einer Analogie zwischen Chemie und Integration. Unterstellt wird für die Chemie das Problem, einen Stoff zu entwickeln, der mittels erwünschter Eigenschaften ein bestimmtes Anwendungsproblem löst (z. B. leitfähig bei hohen Temperaturen und gleichzeitig unempfindlich gegen Oxidation). Wenn alle existierenden und denkbaren Stoffe sowie alle Eigenschaften dieser Stoffe bekannt wären, könnte man das Anwendungsproblem durch Identifikation grundsätzlich geeigneter Stoffe und allenfalls deren zielgerichteter Modifikation lösen. Die Vielfalt existierender und denkbarer Stoffe verunmöglicht aber meist einen solchen „Top-down"-Ansatz. Da jedoch die

Systematik chemischer Reaktionen genauso bekannt ist wie die Systematik der Stoffe und sogar deren Strukturierung aus Elementarteilchen, besteht die Möglichkeit, die gesuchte Problemlösung auch systematisch „Bottom-up" zu konstruieren. Dazu sind schrittweise die grundsätzlich geeigneten Elemente zu identifizieren und danach die daraus erzeugbaren Stoffe hinsichtlich ihrer „groben" Passung und schließlich hinsichtlich ihres konkreten Problemlösungsbeitrags zu bewerten.

Bei dem Vorgehen der Weise „von den Lösungsbausteinen zum Problem" ist stets zu berücksichtigen, dass die Entwicklung der Methodenbausteine ausgehend von den „Elementarteilchen", also den Archetypen der Integration stattfindet (Bottom-Up), die Anwendung dieser Bausteine jedoch immer ausgehend von der Problemlösung, also, Top-Down erfolgt. Aus diesem Grund sind verbindende Strukturen in beide Richtungen unerlässlich.

Die Chemie-Analogie lässt sich – wenn auch natürlich nur sehr frei – auf Integrationsprojekte übertragen. Für das Integrationsmanagement besteht das Problem darin, ein Vorgehen festzulegen, das mittels erwünschter Ergebnisse ein bestimmtes Integrationsproblem zielgerecht löst (z. B. Ablösung zweier unterschiedlicher CRM-Applikationen durch ein einziges CRM-System ohne signifikante Änderung der organisatorischen Strukturen). Wenn alle existierenden und denkbaren Integrationsprojekte sowie alle Ergebnisse solcher Projekte bekannt wären, könnte man das Integrationsproblem durch Identifikation grundsätzlich „passender" Projekte und allenfalls deren zielgerichteter Modifikation lösen – der sog. „Best Practice"-Ansatz. Die Vielfalt existierender und denkbarer Integrationsprobleme sowie die oft fehlende terminologische und methodische Vergleichbarkeit verunmöglichen aber meist einen solchen „Top-down"-Ansatz. Außerdem ist nie sicher, ob nur zufällig eine passende Lösung gefunden wurde und wie nahe diese Lösung dem Optimum kommt. Wenn jedoch auf Grundlage einer einheitlichen Terminologie die Grob-Systematik von Integrationssituationen genauso bekannt wäre wie ein System von Integrationsmustern und vielleicht sogar deren Strukturierung aus „Elementarbestandteilen", bestünde die Möglichkeit, die gesuchte Problemlösung zielgerichtet „Bottom-up" zu konstruieren. Dazu wären schrittweise zunächst die grundsätzlich geeigneten Integrations-„Elementarbestandteile" zu identifizieren (falls diese hinsichtlich des Integrationsziels unterschiedliche Beiträge leisten), danach die daraus ableitbaren Aktivitäten hinsichtlich ihrer „groben" Passung zu bewerten und auszuwählen und zu Methodenfragmenten zusammenzustellen; im letzten Schritt wären diese Methodenfragmente dann situationsbezogen anzupassen, um die konzipierte(n) Lösung(en) schließlich hinsichtlich ihres Problemlösungsbeitrags bewerten zu können.

Für einen systematischen, zielgerichteten Aufbau methodischer Unterstützung für Integrationsprojekte fehlen jedoch wichtige Komponenten. Was sind die „Elementarbestandteile" von Integration? Wie können sie verbunden und kombiniert werden? Welche Integrations-Situationen sollten unterschieden werden und in welcher Situation sollten welche Muster zum Einsatz kommen? Der Rest des Kapitels 2 sowie Kapitel 3 versuchen auf diese Fragen Antworten zu entwickeln.

Tabelle 2.1. Problemverständnisebenen am Beispiel von Chemie und Integration

	Chemie	Integration
Ebene der Gestaltungsprobleme	Konkreter (Wirk-)Stoff	Konkretes Integrationsprojekt
Ebene der Anwendungsbereiche	Systematik von Reaktionen	Systematik der Integrationssituationen
Ebene der Elemente	Systematik der Elemente	Integrationsmuster
Ebene der Elementarteilchen	Protonen, Elektronen etc.	Integrationsarchetypen

2.2 Situative Unterstützung von Integrationsprojekten

Zunächst wird die „Ebene der Anwendungsbereiche" in Tabelle 2.1 betrachtet. Ein Schlüssel zur Erarbeitung der Methodenunterstützung ist die Schaffung eines sinnvollen Abstraktionsgrades beim Verständnis von Integrationsprojekten. Es ist nicht sinnvoll, eine generische Methodenunterstützung zu erarbeiten, die den Anspruch erhebt, für alle Arten von Integrationsprojekten effektiv zu sein („one size fits all"): Integrationsprojekte sind im Spannungsfeld von Integrationsstrategie bis zur IT-Umsetzung, von Workflow-Integration bis zur unternehmensübergreifenden Integration, von operativer Datenintegration im Prozess bis zur Kennzahlenkonsolidierung im Konzern so vielgestaltig, dass eine Vorgabe einheitlicher, standardisierter Aktivitäten, Adressaten und Abhängigkeiten über alle Integrationsprojekte hinweg zu abstrakt bleiben müsste und deshalb wenig effektiv sein wird. Aus diesem Grund muss die Methodenunterstützung situativ sein.

2.2.1 Generizitätsgrad

In Analogie zu situativen Ansätzen der Entscheidungstheorie (Fiedler 1964; Simon 1976; Simon 1977) heißt situative Methodenunterstützung, dass aus einer Grundmenge standardisierter, feingranularer Methodenbausteine nur solche Bausteine situationsspezifisch kombiniert werden, die für die Art des jeweiligen Integrationsprojekts und die Art des jeweiligen Integrationskontexts geeignet sind. Bei der Konzeption situativer Methodenunterstützung muss ein wichtiger Generizitäts-Trade-off gelöst werden:

1. Einerseits sollen Methodenbausteine möglichst generisch sein, um oft wiederverwendet werden zu können. Nur dann kann die Menge der notwendigen Methodenbausteine wirtschaftlich entwickelt, verwaltet und hinsichtlich ihrer Problemlösungseignung analysiert werden.
2. Andererseits sollen Methodenbausteine möglichst spezifisch sein, um den jeweiligen Projektzielen und dem jeweiligen Kontext gerecht zu werden.

Abb. 2.2 illustriert den Trade-off zwischen der Effizienz der Methodenkonstruktion und der Effektivität der Methodenanwendung. Die vertikale Dimension repräsentiert die Bandbreite der Generizität zwischen den Extrema „Problembeschreibung/Methodenbaustein ist komplett projektspezifisch“ (unten) und „Problembeschreibung/Methodenbaustein ist komplett projektunspezifisch“ (oben). Die horizontale Dimension repräsentiert die Bandbreite der unterschiedlichen Integrationsprojekte. Das Dendrogramm visualisiert den Zusammenhang zwischen Problembeschreibungen/Methodenbausteinen auf verschiedenen Generizitätsgraden. Aus einem großen Spektrum unterschiedlicher, projektspezifischer Problembeschreibungen/Methodenbausteine wird bei sukzessiver Generalisierung eine immer geringere Zahl immer unspezifischerer Problembeschreibungen/Methodenbausteine.

Für die Methodenunterstützung des Integrationsmanagements liegt die Lösung des Tradeoffs tendenziell in der Mitte: Einerseits muss soweit von Problemspezifika abstrahiert werden, dass die Vielfalt der „typischen“ Problembeschreibungen – und damit der Methodenbausteine – stark reduziert wird und handhabbar bleibt. Andererseits darf nicht noch weiter abstrahiert werden, da sonst die Methodenbausteine zu generisch werden und die jeweiligen Integrationsprobleme damit nicht mehr effektiv gelöst werden können. In Abb. 2.1 repräsentiert die unterbrochene Linie eine solche Kompromisslösung: Für den ausgewählten Generizitätsgrad ergeben sich sechs Situationen. Diese reduzieren die ursprünglich 37 unterschiedlichen Problembeschreibungen erheblich, führen aber zu deutlich höherem Differenzierungspotenzial der Methodenunterstützung als die Verdichtung zu einer einzigen „Durchschnitts“-Problemklasse bei maximaler Generizität.

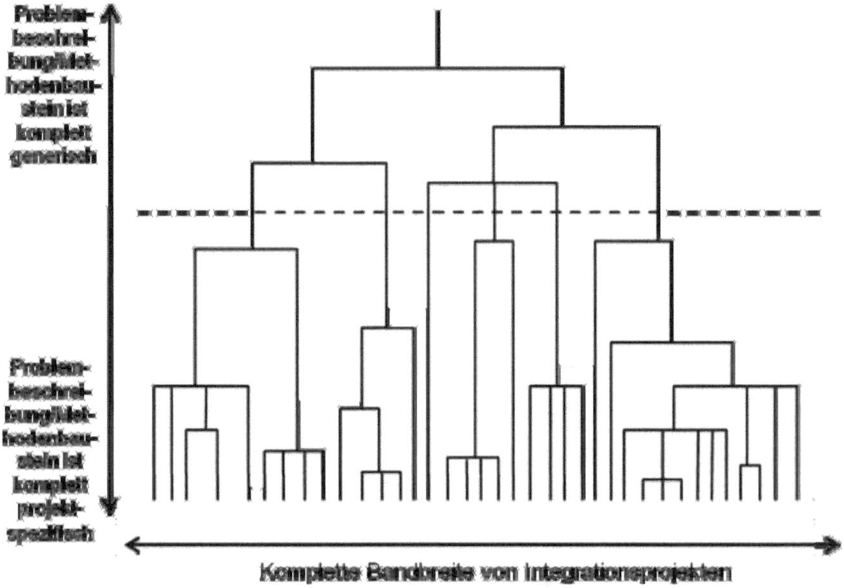

Abb. 2.1. Visualisierung des Tradeoffs zwischen Effizienz der Methodenkonstruktion und Effektivität der Methodenanwendung

2.2.2 Situationsmatrix

Die wichtigste Grundlage für die situative Methodenunterstützung ist zunächst die Typisierung von Integrationsprojekten zu Projekttypen und von Integrationskontexten zu Kontexttypen. Während durch Projekttypen abgebildet wird, welche Zielsetzungen mit dem jeweiligen Integrationsprojekt verfolgt werden (d. h. welche Systemparameter verändert werden), bilden Kontexttypen ab, in welcher Umgebung das jeweilige Integrationsprojekt durchgeführt wird (d. h. welche Systemparameter unverändert bleiben, aber Einfluss auf das Projekt haben) (Bucher et al. 2007). Typische Projekttypen im Integrationsmanagement sind Migrationen, Software-Innovationen oder die Umsetzung organisatorischer Veränderungen (vgl. Kapitel 3). Typische Kontexttypen im Integrationsmanagement sind die Branche oder die Organisationsgröße. Um die für die Konstruktion von Methodenbausteinen relevanten Projekt- und Kontexttypen zu identifizieren, helfen empirische Untersuchungen. Mit statistischen Methoden wie der Faktor- und Clusteranalyse kann ermittelt werden, welches die relevanten Einflussfaktoren sind und in welchen Kombinationen bestimmte Faktorausprägungen besonders häufig zusammen auftreten.

Wenn eine sinnvolle Anzahl an Projekt- und Kontexttypen identifiziert wurde, ist zu untersuchen, welche Kombinationen als Situationstypen relevant sind. Nicht jede Kombination von Projekt- und Kontexttyp existiert. Manchmal ist über mehrere Kontexttypen hinweg der Projekttyp dominant, währenddessen der Kontexttyp ebenso mehrere Projekttypen dominieren kann. In vielen Fällen ist eine bestimmte Kombination von Kontext und Projekt so spezifisch, dass dafür eine Situation definiert werden sollte. Abb. 2.2 illustriert eine solche Situationsmatrix.

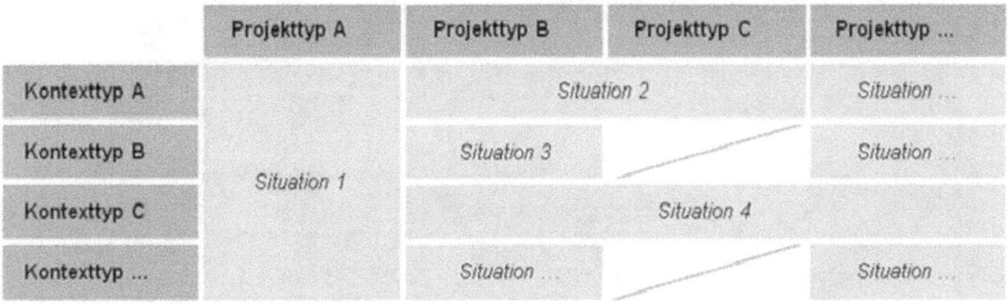

Abb. 2.2. Situationsmatrix für situative Methodenunterstützung (Bucher et al. 2007)

Für die Planung und Durchführung von Integrationsprojekten muss eine solche Integrationsmatrix erst noch entwickelt werden. In Abb. 2.3 ist jedoch zur Verdeutlichung eine konkrete Situationsmatrix für die prozessorientierte Informationslogistikgestaltung dargestellt. Prozessorientierte Informationslogistik zielt auf die Unterstützung und Verbesserung der Prozessausführung durch die Einbettung von analytischen Informationen oder Analysemechanismen in diese Prozessausführung (Bucher u. Dinter 2008b). Aus der Kombination von je vier Kontexttypen und Projekttypen ergeben sich theoretisch 16 unterschiedliche Entwicklungssituationen der prozessorientierten Informationslogistik. Aufgrund sachlogischer Überlegungen wurden vier dieser Situationskandidaten ausgeschlossen; ihr Auftreten in der Praxis wird als vergleichsweise unwahrscheinlich erachtet. Für die verbleibenden zwölf Entwicklungssituationen werden jeweils spezifische Herausforderungen formuliert, die sich an eine situationsspezifische Methode zur Einführung der prozessorientierten Informationslogistik stellen. In der beispielhaft gezeigten Situationsmatrix wurde auf die – Projekttypen- und/oder Kontexttypen-übergreifende – Zusammenfassung mehrerer Entwicklungssituationen verzichtet; eine Verdichtung wäre jedoch bspw. durch die Zusammenfassung der Projekttypen 2 und 3 möglich.

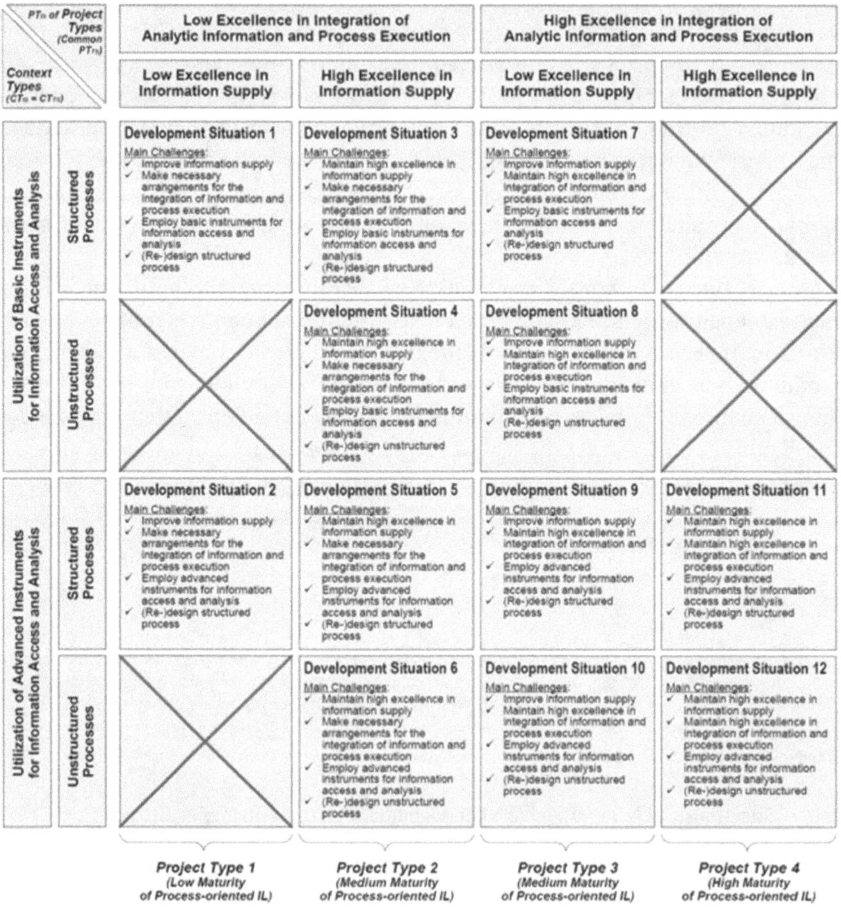

Abb. 2.3. Situationsmatrix für prozessorientierte Informationslogistikgestaltung (Bucher u. Dinter 2008a)

Wenn die für den Problembereich relevanten Situationen identifiziert sind, kann die entsprechende situationsspezifische Methodenunterstützung erarbeitet werden. Bisher wurden die anzuwendenden Methodenkomponenten generisch als „Bausteine" bezeichnet. Eine geeignetere Bezeichnung ist Methodenfragment –

„Fragment" bringt zum Ausdruck, dass es sich um „kleine" Methoden mit Rollen-, Aktivitäts-, Vorgehens-, Dokumentations- und Informationsmodell handeln kann, aber auch um Methodenteile wie z. B. eine Analysetechnik, eine Modellierungsvorschrift, ein Dokumentationstemplate oder ein Referenzmodell.

2.2.3 Ablauf der situativen Methodenunterstützung für Integrationsprojekte

Methodenfragmente werden situationsspezifisch kombiniert. In einer bestimmten Situation entsteht die Methodenunterstützung aus den jeweils projekttypspezifischen, kontexttypspezifischen, also den situationsspezifischen, sowie den unspezifischen (d. h. für alle Integrationsprojekte zweckmäßigen) Methodenfragmenten.

So können bspw. die Erarbeitung eines Architekturmodells der zu integrierenden Artefakte, die Modellanalyse, die Ideenfindung für Integrationsalternativen, die Evaluation dieser Integrationsalternativen, gegebenenfalls die prototypische Umsetzung einer oder mehrerer Alternativen und deren Überführung in den operativen Betrieb solche Methodenfragmente darstellen. Für bestimmte Situationen kann sich die Methodenunterstützung durch Kombination (und falls erforderlich Adaption) dieser Methodenfragmente ergeben. Für sehr unterschiedliche Integrationssituationen ist es jedoch auch möglich, dass vollkommen andere Methodenfragmente eingesetzt werden müssen.

Unter Nutzung situativer Methodenunterstützung gestalten sich die Hauptschritte des Integrationsmanagements wie folgt:

1. Zunächst ist das Integrationsproblem zu spezifizieren, d. h. seine Rahmenbedingungen, seine Ziele und die betroffenen fachlichen und IT-Artefakte sind festzulegen.
2. Aufgrund dieser Spezifikation ist es möglich, das betrachtete Integrationsproblem einer Situation zuzuordnen. Dafür müssen lediglich der zum festgestellten Kontext passende Kontexttyp und der zu den definierten Projektzielen passende Projekttyp herausgefunden werden. Danach ist die Situation bekannt, der das betrachtete Integrationsprojekt entspricht.
3. Im nächsten Schritt sind die verfügbaren Integrationsmanagement-Methodenfragmente für die betreffende Situation anzupassen und zu einer Gesamtmethode zu integrieren. Bei der Entwicklung der Methode sollten Anpassungsmechanismen „eingebaut" worden sein, die diesen Schritt unterstützen.
4. Die damit situativ angepasste Methode wird im Integrationsprojekt angewandt und unterstützt die Erzeugung konkreter Projektergebnisse.

2.3 Archetypen als Elementarteile

Die Konstruktion problemadäquater, situativer Methoden für die Planung und Umsetzung von Integrationsprojekten erfordert eine grundlegende Kenntnis über die Struktur der zu bewältigenden Integrationsaufgaben und der diesen zugrundeliegenden Elementarteilchen, den Archetypen der Integration.

Da eine phänomenologische Betrachtung von Integration immer bereits relevante Kontextfaktoren, wie etwa die Unternehmensgröße (bei Middleware- und EAI-Diskussionen) oder die Unternehmenskultur (bei zwischenbetrieblicher Integration) beinhaltet, können Integrationsarchetypen auf diese Weise nicht sicher bestimmt werden. Darum wird ein deutlich abstrakterer Weg gewählt, indem mögliche Integrationsoperationen auf einem Metamodell der Unternehmensarchitektur analysiert werden. Die Unternehmensarchitektur beschreibt die fundamentale Strukturierung eines Unternehmens und kann beispielsweise in die fünf Ebenen Strategieebene, Organisationsebene, Integrationsebene, Software- und Datenebene sowie IT-Infrastrukturebene mit ihren jeweiligen Teilarchitekturen differenziert werden (Winter u. Fischer 2007). Ein Metamodell der Unternehmensarchitektur beschreibt deren Artefakttypen und die Beziehungen der Artefakttypen untereinander.

Integrationsoperationen auf einem solchen Metamodell können Artefakte des gleichen Artefakttyps oder unterschiedlicher Artefakttypen verbinden oder vereinigen (Rosemann 1999). Die Vereinigung geht dabei immer mit einer Reduktion der Anzahl an Artefakttypen einher und wirkt dadurch komplexitätsreduzierend. Jedoch ist Vereinigung häufig nicht möglich oder nicht sinnvoll. Wenn z. B. Informationssysteme in unterschiedlichen Unternehmen einen unternehmensübergreifenden Geschäftsprozess unterstützen, ist vereinigende Integration aufgrund unterschiedlicher Verantwortlichkeiten und/oder rechtlicher Rahmenbedingungen nicht möglich. Wenn z. B. unterschiedliche Artefakttypen wie fachliche Anforderungen auf der einen Seite und durch IT realisierte Funktionalitäten auf der anderen Seite abgestimmt werden müssen, ist vereinigende Integration ebenfalls nicht möglich. Selbst wenn vereinigende Integration möglich ist, ist sie nicht immer sinnvoll, um z. B. das Entstehen monolithischer, schwer wartbarer Informationssysteme zu vermeiden.

Wenn eine vereinigende Integration nicht möglich oder sinnvoll ist, muss Integration durch Verknüpfung erfolgen. Bei der Integration durch Verknüpfung kann die Verknüpfung von Artefakten gleicher Typen und die Verknüpfung von Artefakten unterschiedlicher Typen differenziert werden. Klassische Beispiele für die Verknüpfung von Artefakten gleicher Typen sind die Integration von Teilprozessen oder Schnittstellen zur Integration von Softwaresystemen.

Werden Artefakte unterschiedlicher Typen verknüpft, kann dies aus zeitlicher Perspektive einen sequentiellen oder einen parallelen Charakter haben. Bei der sequentiellen Verknüpfung werden die Artefakte eines Typs aus den Artefakten eines anderen Typs sequentiell abgeleitet, z. B. die Ablauforganisation aus der Aufbauorganisation. Bei der parallelen Verknüpfung müssen bereits bestehende Artefakte, welche sich unabhängig voneinander entwickeln, aneinander ausgerichtet werden, z. B. sich parallel entwickelnde fachliche und IT-Strukturen.

Aufgrund dieser Überlegungen können die in Abb. 2.4 dargestellten Integrationsarchetypen differenziert werden.

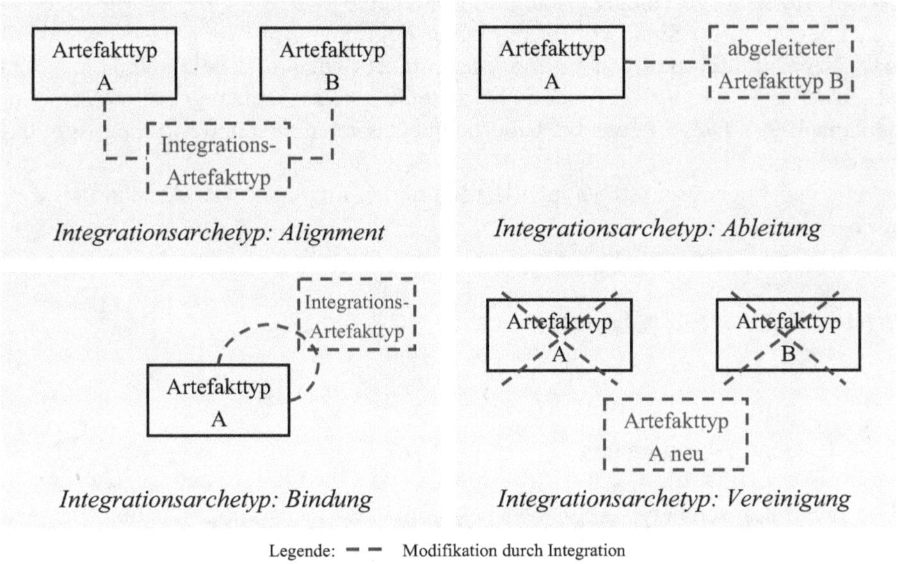

Abb. 2.4. Integrationsarchetypen (Winter 2008a)

Der Integrationsarchetyp *Alignment* beschreibt das gegenseitige aneinander Ausrichten unterschiedlicher und sich unabhängig voneinander verändernder Artefakte. Das klassische Alignment-Beispiel ist das gegenseitige aneinander Ausrichten fachlicher Strukturen, wie der Geschäftsprozessarchitektur und der korrespondierenden Software- und Datenarchitektur. Um eine lose Kopplung zu unterstützen, werden Alignment-Artefakte gebildet. Hierdurch wird es möglich, dass lokale Änderungen nicht unmittelbar Auswirkung auf alle verbundenen Artefakte haben (Glassman 1973; Weick 1976). Ein Beispiel für Alignment-Artefakttypen sind fachliche Services zur Verknüpfung von fachlichen Aktivitäten und IT-Funktionalitäten.

Der zweite Integrationsarchetyp in Abb. 2.4 stellt die Integration als *Ableitung* von Artefakttypen im Metamodell dar. Artefakte eines Typs B werden aus den Artefakten eines Typs A abgeleitet, d. h. ihre Gestaltung beruht zu einem großen Teil auf Vorgaben, welche innerhalb eines anderen Artefakttyps gegeben sind. Die Ableitung der Aufbauorganisation aus der Ablauforganisation (Gaitanides 2007) oder die Ableitung der Softwarearchitektur aus der Datenarchitektur (Stahl u. Völter 2005) sind Beispiele für diesen Integrationsarchetyp.

Der dritte in Abb. 2.4 vorgestellte Integrationsarchetyp wird als *Bindung* bezeichnet. Werden verschiedene Instanzen des gleichen Artefakttyps miteinander verbunden, so entsteht im Metamodell eine rekursive Beziehung. Derartige Relationen entstehen etwa bei der Verbindung von Softwarekomponenten über Punkt-zu-Punkt-Schnittstellen oder auch bei der Verbindung von Softwaresystemen über ein Integrationsartefakt wie eine Middleware- oder eine EAI-Plattform (Linthicum 2001; Schissler et al. 2002; Rosemann 1999).

Der vierte vorgeschlagene Integrationsarchetyp wird als *Vereinigung* bezeichnet. Integration im Sinne von Vereinigung liegt dann vor, wenn das Metamodell nach der Durchführung von Integrationsprojekten weniger Artefakttypen aufweist als zuvor, z. B. wenn zwei (oder mehr) Artefakttypen zu einem verschmelzen (Rosemann 1999). Dies ist etwa bei Unternehmensübernahmen und Migrationsprojekten der Fall.

Die vier Integrationsarchetypen werden in den folgenden vier Abschnitten weiter beschrieben.

2.3.1 Archetyp 1: Alignment

2.3.1.1 Begriffsbestimmung

Der Integrationsarchetyp *Alignment* beschreibt das gegenseitige zueinander Ausrichten unterschiedlicher und sich unabhängig voneinander verändernder Artefakte und wird in von Aier und Winter (2009) ausführlich am Beispiel der verbindenden Integration zwischen fachlichen Architekturen und IT-Architekturen beschrieben. Dieses „IT/Business Alignment" stellt seit mehreren Jahren über alle Unternehmens-Größenklassen und über alle Branchen hinweg das Hauptthema der CIOs dar (Luftman 2005).

Da beim Integrationsarchetyp Alignment unterschiedliche Artefakttypen wie fachliche Anforderungen auf der einen Seite und durch IT realisierte Funktionalitäten auf der anderen Seite abgestimmt werden müssen, ist vereinigende Integration nicht möglich. Darum muss hier Integration durch Verbindung erfolgen. Um der (im Gegensatz zum Archetyp Ableitung) unabhängigen Entwicklung der zu verbindenden Artefakte gerecht zu werden, stellen Zuordnungsmechanismen ein zentrales Umsetzungsinstrument dar. Im IT/Business Alignment sind dann z. B. Mechanismen zu spezifizieren, die fachlich-strategische Artefakte (z. B. Leistungen, Ziele) zunächst fachlichen Umsetzungsartefakten (z. B. Prozesse, Organisationsstrukturen) und schließlich auch IT-Umsetzungsartefakten (z. B. Softwarekomponenten, Datenstrukturen) zuordnen.

Es liegt zunächst nahe, die zu verbindenden Artefakte durch direkte Punkt-zu-Punkt-Zuordnungen zu integrieren. Für komplexe Integrationssachverhalte darf jedoch erwartet werden, dass jedes der beteiligten Artefakte dann an mehreren solcher Zuordnungen beteiligt ist. Änderungen in solchen durch eine Vielzahl von Punkt-zu-Punkt-Zuordnungen verbundenen, komplexen Artefaktstrukturen haben die Tendenz, sich explosionsartig „auszubreiten". Ein Beispiel für dieses Problem ist die Verknüpfung von Dateistrukturen und Verarbeitungslogik in der Cobol-

Programmierung. Die Änderung der Verarbeitungslogik kann eine Veränderung der „gelesenen" Dateistruktur erfordern. Als Konsequenz muss nicht nur das Programm angepasst werden, das diese Datei „schreibt". Auch alle anderen Programme müssen angepasst werden, die diese Datei verarbeiten.

Mit zunehmender Anzahl von Verknüpfungen, zunehmender Komplexität der zu verbindenden Artefaktstrukturen und zunehmender Änderungsdynamik des Gesamtsystems werden direkte Punkt-zu-Punkt-Zuordnungen immer ineffizienter.

Die Lösung dieses Problems sind indirekte Zuordnungen mit Hilfe eines m:n-fähigen, flexiblen Zuordnungsmechanismus („Hub"). Das Konzept „Enterprise Application Integration" (Linthicum 2000; Kaib 2002) stellt ein gutes Beispiel für einen solchen Zuordnungsmechanismus dar. An die Stelle einer Vielzahl von direkten Punkt-zu-Punkt-Verknüpfungen zwischen allen beteiligten Softwaresystemen tritt ein Zuordnungssystem, zu dem alle beteiligten Softwaresysteme nur eine einzige Verknüpfung (den sog. „Adapter") haben.

Enterprise Application Integration verbindet jedoch ausschließlich Softwaresysteme. Zur Unterstützung von IT/Business Alignment müssen aber z. B. Aktivitäten aus Prozessen auf der einen Seite mit durch Softwarekomponenten realisierten Funktionalitäten auf der anderen Seite verknüpft werden – mithin also Artefakte unterschiedlicher Typen. Es ist anzustreben, auch diese Form der verbindenden Integration durch indirekte, m:n-fähige, flexible Zuordnungsmechanismen umzusetzen. Ein solcher Zuordnungsmechanismus ist dann architektonisch „zwischen" fachlichen Strukturen und IT-Strukturen positioniert und spiegelt sich in einer Alignment-Architektur wider. Die Alignment-Architektur beschreibt die Struktur der in ihr enthaltenen Alignment-Artefakte.

Bevor im Folgenden die Herleitung der Anforderungen an die Alignment-Architektur und deren Artefakttypen am Beispiel des IT/Business Alignment aus (Aier u. Winter 2009) nachvollzogen werden, sollen zunächst die allgemeinen Wirkprinzipien an einem Beispiel aus der Systemtheorie betrachtet werden.

2.3.1.2 Beispiele aus der Systemtheorie

Der Ausgangspunkt für die Entkopplung in der Systemtheorie ist das Problem der Komplexität. Die Komplexität der Umwelt ist immer größer als die Komplexität des betrachteten Systems. Das System hat keine ausreichende Kapazität, um für jeden Zustand der Umwelt einen angemessenen eigenen Zustand zu definieren, da es nicht in der Lage ist, für alle Umweltelemente direkte Punkt-zu-Punkt-Beziehungen aufzubauen. Die Möglichkeiten eines Systems, mit diesem Komplexitätsgefälle umzugehen, sind zum einen Ignoranz, d. h. nicht auf Umweltveränderungen zu reagieren, und zum anderen Generalisierung, d. h. auf unterschiedliche Veränderungen der Umwelt in gleicher Art und Weise zu reagieren.

Die Generalisierung unterbricht die direkten Punkt-zu-Punkt-Zuordnungen durch Bündelungen, die im System oder in der Umwelt vorgesehen werden können. Die Bündelung wird in der Systemtheorie unter dem Begriff der Stufentheorie diskutiert (Luhmann 2002). Ashby nennt Systeme, die solche Stufenfunktionen aufweisen, ultrastabil (Ashby 1981). Ultrastabile Systeme fangen Störungen der Umwelt lokal ab, ohne dass die Störungen auf das gesamte System wirken können. Stufenfunktionen stellen eine Interdependenzunterbrechung dar. Diese Interdependenzunterbrechung wird auch als „loose coupling" (Glassman 1973; Weick 1976) bezeichnet (Luhmann 2002). Das Gegenteil von „loose coupling" ist „tight coupling" und kommt in natürlichen Systemen für gewöhnlich nicht vor.

Je höher der Umfang ist, in welchem ein System „tight coupling" implementiert, desto gefährdeter ist es, da Störungen, die auf Systemteile wirken, das gesamte System beeinflussen. Dies wurde vor allem in der Diskussion um Hochtechnologie als problematisch charakterisiert, da solche Systeme oft „tight coupling" implementieren (Luhmann 1991; Perrow 1988). Die Antwort der Systemtheorie ist der Bau einer Schutzhülle, eines Containments, welche selbst wieder auf den Prinzipien des „loose coupling" beruht (Abb. 2.5) (Luhmann 2002).

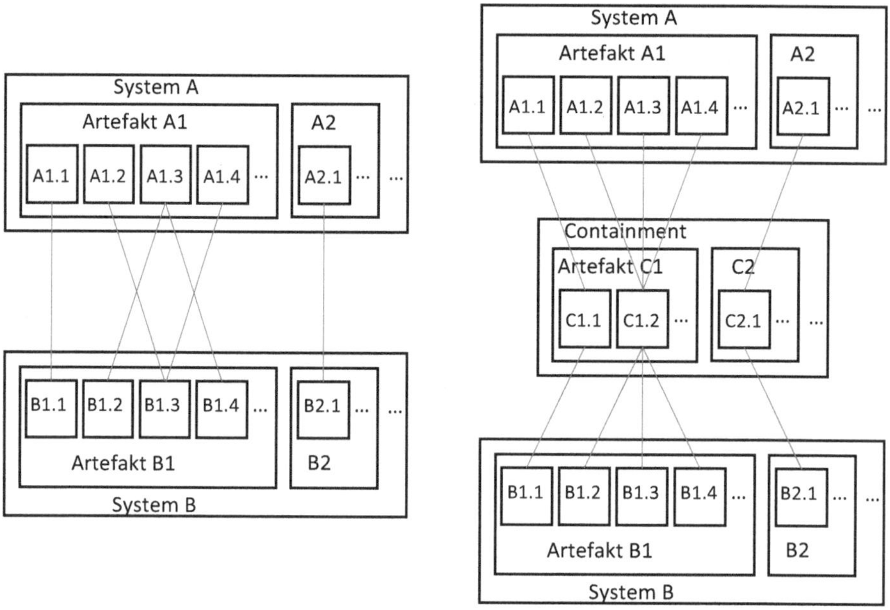

Abb. 2.5. Generischer, entkoppelnder Zuordnungsmechanismus in der Systemtheorie (Aier u. Winter 2009)

Abbildung 2.5 illustriert die Wirkung des Containments. Wenn die elementaren Artefakte des Containments gröber granular sind als die entkoppelten Artefakte, werden direkte m:n-Zuordnungen (linke Seite) durch indirekte m:1- bzw. 1:n-Zuordnungen ersetzt.[3] Diese repräsentieren gesamthaft nahezu die gleiche Seman-

[3] Die Auflösung der direkten m:n-Zuordnung in m:1- und 1:n-Zuordnungen stellt eine spezielle, stark vergröbernde Lösung dar. Eine allgemeine Lösung für die Vergröberung ist die Auflösung der direkten m:n-Zuordnung in m:x- und y:n-Zuordnungen mit m>x und y<n. Die folgenden Darstellungen illustrieren zur Vereinfachung die spezielle Lösung; Die Aussagen sind jedoch auch für die allgemeine Lösung gültig.

tik der direkten m:n-Zuordnung, verhindern aber gleichzeitig, dass jede Änderung in System A oder System B immer in das jeweils andere System propagiert werden muss.

Mit der Herleitung des Containment-Artefakts beschreibt die Systemtheorie auf einer generischen Ebene den Nutzen und die Wirkung einer entkoppelnden Zuordnung. Durch das Containment können sowohl Artefakte des gleichen Typs wie auch Artefakte unterschiedlicher Typen entkoppelt werden. Das Containment kann sowohl real als auch virtuell umgesetzt werden.

2.3.1.3 Beispiel IT/Business Alignment

Das vorangehend dargestellte Beispiel für Zuordnungsmechanismen liegt zwar nicht im Kontext der in diesem Buch betrachteten Integrationsprojekte, verdeutlicht allerdings sehr gut die grundsätzlichen Wirkmechanismen. Basierend auf diesem Beispiel werden im Folgenden die Anforderungen an die Alignment-Architektur und deren Artefakttypen am Beispiel des IT/Business Alignment hergeleitet.

Das Ziel besteht darin, sich unabhängig entwickelnde Artefakte unterschiedlicher Typen durch Einführung eines Zuordnungsmechanismus so zu entkoppeln, dass Änderungen auf der einen Seite nicht zwangsläufig Änderungen auf der anderen Seite nach sich ziehen und umgekehrt. Angewendet auf das Business/IT-Alignment besteht das Ziel darin, fachliche Architekturen und IT-Architekturen so zu entkoppeln, dass Änderungen auf der Fachseite nicht zwangsläufig Änderungen in der IT nach sich ziehen und umgekehrt. Das konzeptionelle (Struktur-)Modell eines solchen Zuordnungsmechanismus wird als Alignment-Architektur bezeichnet. Zur strukturellen Beschreibung der Alignment-Architektur sind Artefakttypen zu spezifizieren, welche die direkten Beziehungen zwischen den Artefakten der fachlichen und IT-Architekturen durch

- m:1-Beziehungen zwischen den Artefakten der fachlichen Architekturen und den Artefakten der Alignment-Architektur sowie
- 1:n-Beziehungen zwischen den Artefakten der Alignment-Architektur und den Artefakten der IT-Architekturen

auflösen. Durch die m:1- bzw. 1:n-Abbildung muss ein ausreichend großes Komplexitätsgefälle zwischen der Alignment-Architekturebene und den angrenzenden Ebenen erzeugt werden. Nur auf diese Weise kann eine Interdependenzunterbrechung zwischen den Architekturen der angrenzenden Ebenen erreicht werden. Ähnlich wie es z. B. innerhalb der fachlichen und IT-Architekturen Aggregationsebenen zur Vereinfachung gibt, müssen auch innerhalb der Alignment-Architektur Aggregationsebenen vorgesehen werden (Stünzer 1996).

Die Alignment-Architektur und deren Artefakte dienen primär zur „Übersetzung“ der verknüpften Strukturen und sind weder Teil fachlicher Architekturen noch Teil der IT-Architekturen.

Ausgehend von den genannten Anforderungen schlagen (Aier u. Winter 2009) für das IT/Business Alignment die Artefakttypen fachlicher Service, Applikation und Domäne für die Alignment-Architektur vor. Die Artefakttypen stehen in einer hierarchischen Beziehung zueinander (Abb. 2.6).

Fachliche Services repräsentieren betriebswirtschaftlich abgeschlossene Funktionsbündel, die aufgrund der gemeinsamen Unterstützung von Geschäftsprozessen, der gemeinsamen Bewirtschaftung von Informationsobjekten oder gemeinsamer Wiederverwendung zusammenhängen (Schelp u. Winter 2008) und die durch Softwarekomponenten implementiert werden. Da es sich um Funktionsbündel handelt, werden sie durch eine oder mehrere Softwarekomponenten implementiert (1:n-Beziehung) und können in einem oder mehreren Geschäftsprozessen genutzt werden (m:1-Beziehung). Applikationen sind Gruppierungen fachlicher Services, die zusammen bestimmte Geschäftsprozesse unterstützen, zusammen bestimmte Informationsobjekte bewirtschaften oder zusammen wiederverwendet werden (Winter 2003a). Domänen sind Gruppierungen von Applikationen (und damit indirekt von fachlichen Services), welche aufgrund ihrer Nutzung in zusammenhängenden Geschäftsprozessen, ihrer Unterstützung durch zusammenhängende Softwarekomponenten oder ihrer Nutzung zusammenhängender Informationsobjekte einen Integrationsbereich bilden (Hagen 2003).

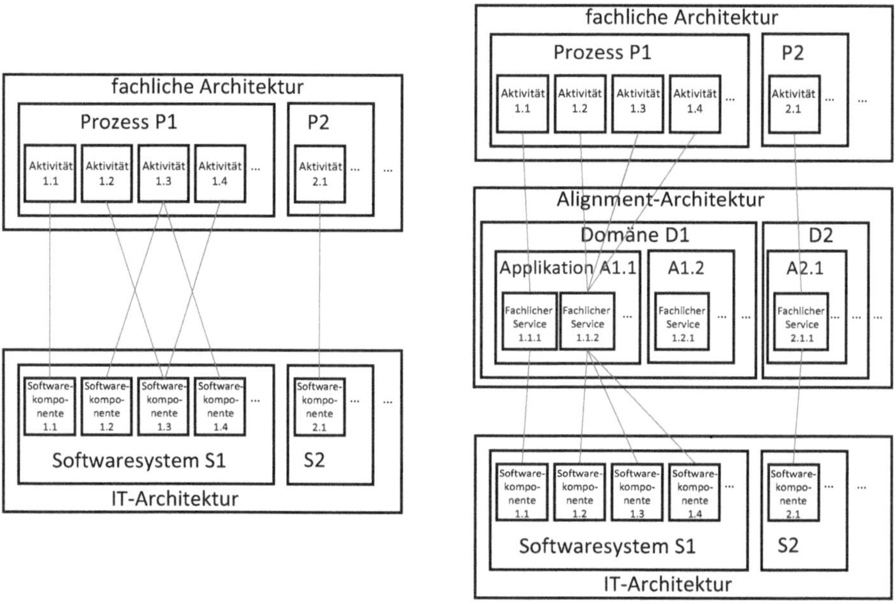

Abb. 2.6. Alignment-Architektur für die entkoppelnde Zuordnung fachlicher und IT-Artefakte (Aier u. Winter 2009)

In Analogie zu Abb. 2.5 zeigt Abb. 2.6 die Alignment-Architektur zur indirekten, m:n-fähigen Zuordnung fachlicher und IT-Artefakte. Wie im Beispiel zur Systemtheorie wird eine neue Architekturebene „zwischen“ fachlichen Architekturen und IT-Architekturen eingeführt. Die neue Architekturebene dient allein der „Übersetzung“ der verknüpften Strukturen und ist weder Teil fachlicher Architekturen noch von IT-Architekturen. Sie entkoppelt Artefakte verschiedener Typen. Direkte m:n-Zuordnungen werden zu m:1- bzw. 1:n-Zuordnungen aufgelöst. Die Artefakte auf den entkoppelten Ebenen können unabhängig voneinander verändert werden, ohne dass in jedem Fall die jeweils andere Ebene betroffen sein muss. Da mit zunehmender Spezifität der Artefakte der Alignment-Architektur erwartet werden muss, dass der Wertbeitrag der zusätzlichen Architekturebene sinkt, sollten deren elementare Artefakte aggregierter als die entkoppelten Artefakte sein.

2.3.2 Archetyp 2: Ableitung

2.3.2.1 Begriffsbestimmung

Bei der *Ableitung* wird ein Artefakt eines Typs A von einem Artefakt eines Typs B abgeleitet, damit beide Artefakte zueinander konsistent sind. Der Integrationsarchetyp Ableitung wird angewendet, wenn ein Artefakttyp in starkem Maße von einem anderen Artefakttypen abhängig ist. Änderungen an dem führenden Artefakttyp ziehen zwangsläufig Änderungen an dem abhängigen Artefakttyp nach sich.

Der Integrationsarchetyp Ableitung kommt in der Praxis beispielsweise in folgenden Integrationsaufgaben vor:

- Anwendungssystemarchitektur aus der Datenarchitektur ableiten,
- Aufbauorganisationsarchitektur aus der Ablauforganisation ableiten.

Der Integrationsarchetyp Ableitung grenzt sich wie folgt von den Integrationsarchetypen Alignment und Bindung ab:

Der *Integrationsarchetyp Alignment* bezieht sich – wie der Integrationsarchetyp Ableitung – auf Artefakte unterschiedlicher Typen. Allerdings herrscht zwischen den Artefakten keine eindeutige, unmittelbare Abhängigkeit. Daher ist es zweckmäßig, den Archetyp Alignment vom Archetyp Ableitung zu unterscheiden.

Der *Integrationsarchetyp Bindung* beschreibt, wie sich zwei Artefakte gleichen Typs aneinander binden lassen, z. B. zwei Geschäftsprozesse zweier Organisationen, die eine Kunden-Lieferanten-Beziehung pflegen, oder zwei Datenbanken. Bei einer solchen Integration sind andere Aspekte zu beachten als bei beim Archetypen Ableitung, da die Verbindung zwischen zwei Artefakten gleichen Typs im Allgemeinen eine andere Semantik hat als die Verbindung zweier Artefakte unterschiedlichen Typs.

Der Integrationsarchetyp Ableitung ist ein Integrationsarchetyp, der bereits seit langem unter den Begriff der Integration fällt. Beispiele für die Verwendung dieses Archetyps sind Begriffe wie „Integrierte Methode“ aus dem Business Engineering oder „Integrierte Anwendungssysteme“, also z. B. Enterprise Ressource Planning-Systeme. Beiden Begriffen ist gemein, dass mit Integration eine innere Konsistenz des jeweiligen Bezugsobjektes gemeint ist. Im Falle des integrierten Anwendungssystems werden verschiedene Funktionen über eine gemeinsame Datenbank integriert, welche die Grundlage für eine innere Konsistenz des Systems bildet. Die Ableitung ist das charakteristische Vorgehen, um die absolute Konsistenz von Artefakten verschiedenen Typs zu gewährleisten. Nur dadurch, dass eines der Artefakte zuerst gestaltet wird und sich der Entwurf des zweiten Artefakts an diesem orientiert, lässt sich die absolute Konsistenz beider Artefakte sicherstellen. Kein anderes Vorgehen als das Ableiten führt zu einer absoluten Konsistenz.[4] Welches Artefakt von welchem abgeleitet wird, ist dabei nicht immer eindeutig zu bestimmen und hängt in manchen Fällen auch von den Grundannahmen ab, die vor der Gestaltung der Artefakte getroffen worden sind.[5] Entscheidend für den Artefakttypen Ableitung ist also nicht, welcher Artefakttyp von welchem abgeleitet wird, sondern *dass* ein Artefakt eines Typs von einem Artefakt eines anderen Typs abgeleitet wird, um eine größtmögliche Konsistenz des gesamten Systems sicherzustellen.

Der *Begriff der Ableitung* ist ebenfalls aus der Literatur bekannt. So beschreibt beispielsweise Winter (1998) ausführlich verschiedene Arten der Informationsableitung in Anwendungssystemen. Dabei unterscheidet er unterschiedliche Formen der Informationsableitung: Verdichtung, Verfeinerung, Vererbung, Enumeration und Kombination sowie Simulation. Insbesondere die Verdichtung und Verfeinerung sind auch für die Integration bedeutende Erscheinungsformen der Ableitung. Bei der Verdichtung beispielsweise unterscheidet Winter zwischen Aggregation, Assoziation und Selektion. Bei der Aggregation werden zusammenwirkende Objekte zu einem abstrakten Objekt zusammengefasst, beispielsweise durch Summenbildung. Bei der Assoziation wird eine Gruppe gleichartiger Objekte gebildet. Ein Beispiel für eine Assoziation in der Unternehmensarchitekturmodellierung ist die Zusammenfassung von Applikationen zu Domänen. Im Rahmen der Selektion werden für eine bestimmte Problemstellung irrelevante Objekte aus der weiteren Betrachtung ausgeschlossen. Winter zeigt, dass bereits durch Verknüpfung dieser drei Verdichtungsoperationen komplexe Probleme gelöst werden können. Die Verfeinerung ist ein zur Verdichtung entgegengesetztes Konzept und geht nicht

[4] Der Artefakttyp *Alignment* grenzt sich durch das Ziel der Konsistenz von dem Artefakttypen *Ableitung* deutlich ab. Aus theoretischen Überlegungen heraus wäre es wünschenswert, die Software-Architektur direkt aus der Prozessarchitektur abzuleiten („IT follows Business"). So könnte eine größtmögliche Konsistenz zwischen Software- und Prozessarchitektur gewährleistet werden, also ein bestmögliches IT/Business-Alignment. Die Erfahrung zeigt aber, dass eine direkte Ableitung der Softwarearchitektur nicht praktikabel ist, da sich die Geschäftsprozesse eines Unternehmens rasch ändern, Änderungen an der Softwarearchitektur allerdings häufig lange dauern (Aier u. Winter 2009). Mit der Lösung, eine entkoppelnde Alignment-Ebene zwischen Organisations- und Softwareebene einzuführen, wird also bewusst auf eine bestmögliche Konsistenz zwischen Software- und Prozessarchitektur verzichtet. Vordergründig stellt sich die Einführung der Alignment-Ebene daher als die zweitbeste Lösung dar, weil die erstbeste Lösung, die Schaffung von Konsistenz, nicht gewählt wird; hintergründig ist die Einführung der Alignment-Ebene allerdings die einzig praktikable Lösung des Problems des IT/Business-Alignments.

[5] Dieser Zusammenhang wird auch anhand der Beispiele am Ende des Kapitels verdeutlicht.

mit dem Verlust irrelevanter Informationen einher, sondern mit der Anreicherung. Bei Integrationsproblemen werden Elemente aus dem führenden Artefakt häufig selektiert und assoziiert, bevor die Ableitung erfolgen kann. Allerdings wird bei Integrationsproblemen selten eine Verdichtung ausreichen, sondern immer auch eine Anreicherung mit weiteren Informationen (Verfeinerung) notwendig sein.

2.3.2.2 Beispiel Aufbau- und Ablauforganisation

Das erste Beispiel zeigt, wie Ablauf- und Aufbauorganisation konsistent gestaltet werden können. Bei der Untersuchung der Organisation einer Unternehmung haben sich zwei Sichten etabliert: eine aufbauorganisatorische und eine ablauforganisatorische Sicht auf die Organisation. Die aufbauorganisatorische Sicht beschreibt die Aufgabenverteilung, die Ablauforganisation die Arbeitsverteilung (Gaitanides 2007). Beide Aspekte der Organisation einer Unternehmung lassen sich gestalten und sind stark voneinander abhängig.

Das Gestaltungsziel auf aufbauorganisatorischer Ebene besteht hauptsächlich darin, funktionale Synergien zu nutzen. Funktionale Synergien können dann entstehen, wenn gleichartige Aufgaben organisatorisch zusammengefasst werden. Beispiele für funktionale Synergien sind Lerneffekte innerhalb von Organisationseinheiten oder eine bessere Ressourcenausnutzung aufgrund von stochastischen Größenvorteilen. Zeit, Qualität und Kosten der Produktion werden hauptsächlich innerhalb einer Organisationseinheit optimiert mit dem Ziel, auf diese Weise die Zeit, Qualität und Kosten des Ganzen zu optimieren.

Das Gestaltungsziel auf ablauforganisatorischer Ebene ist eine effiziente Gestaltung der Arbeitsabläufe. Ein effizienter Arbeitsablauf zeichnet sich durch eine geringe Durchlaufzeit der Prozesse, eine hohe Qualität der Prozessleistung und geringe Kosten bei der Erstellung der Prozessleistung aus. Im Gegensatz zur funktionalen Effizienz bezieht sich die Prozesseffizienz also nicht auf Prozessschritte, sondern auf den Prozess als Ganzen.

Ein Konzept der strengen Aufgabenteilung wurde z. B. von Fredrick Taylor zu Beginn des 20. Jahrhunderts entwickelt und vor allem infolge seiner Umsetzung durch Henry Ford berühmt, der die Fließbandarbeit in der Automobilproduktion eingeführt hat, was zu großen Produktivitätssteigerungen führte. Bis in die 80er Jahre galt dann das Prinzip der Aufgabenteilung als das wichtigste organisatorische Prinzip. Im Rahmen der Organisationsgestaltung wurde zunächst die Aufbauorganisation gestaltet, um funktionale Synergien zu nutzen. Gaitanides (2007) führt zahlreiche Autoren an, die sich in der Zeit bis zu den 80er Jahren auch mit der Optimierung der Ablauforganisation beschäftigen (z. B. Kosiol 1962), während sie allerdings die Aufbauorganisation als gegeben betrachten und nicht grundlegend verändern, um die Prozesseffizienz zu erhöhen.

Diese Ansicht hat sich durch populäre Beiträge von Hammer (1990) und Hammer u. Champy (1993) geändert. Durch Business Process Reengineering wird das Ziel einer möglichst hohen Prozesseffizienz verfolgt. Im Zuge dessen soll die

Aufbauorganisation so gestaltet werden, dass die Prozesse möglichst effizient ausgeführt werden können.

Für dieses radikale Umdenken, das Hammer und Champy fordern, sprechen vor allem zwei Gründe: erstens veränderte Absatzbedingungen und zweitens veränderte Produktionsbedingungen.

Erstens haben sich die Absatzbedingungen für viele Produkte geändert. Zu Zeiten von Taylor und Ford besaß kaum ein Konsument ein Automobil. So herrschte in diesem Markt – und in vielen anderen Industriegütermärkten – ein Produzentenmarkt. Ziel der Produzenten war es, möglichst viele potentielle Kunden für Produkte zu schaffen. Dies war vor allem durch einen günstigen Absatzpreis möglich. Preisreduktionen ließen sich durch eine Kostenreduktion durch Nutzung funktionaler Synergien erzielen. Primat der Organisationsgestaltung war die Aufbauorganisation. Zu Zeiten von Hammer und Champy hingegen war der Markt mit vielen Konsumgütern gesättigt. Hinzukam, dass die Konkurrenz auf vielen Märkten anstieg, beispielsweise durch die einsetzende Globalisierung. Im Gegensatz zu Zeiten von Taylor und Ford herrschte für viele Güter also ein Konsumentenmarkt. Für viele Produzenten war es nicht mehr ausreichend, die Zahl potentieller Kunden durch Preissenkung zu erhöhen. Um sich von Konkurrenten abzusetzen, mussten viele Produzenten die Qualität ihrer Absatzprodukte erhöhen. In der Automobilindustrie beispielsweise wurden Autos produziert, die im Rahmen einer Massenanfertigung an individuelle Kundenbedürfnisse angepasst wurden („Mass Customisation"). Solche Qualitätsverbesserungen ließen sich nur durch einen starken Fokus auf die Gestaltung der Arbeitsprozesse, also auf die Gestaltung der Ablauforganisation, realisieren.

Zweitens haben sich die Produktionsbedingungen geändert. Während sich Taylor und Ford einer Masse an schlecht ausgebildeten Arbeitnehmern gegenüber sahen, waren die westlichen Gesellschaften zur Zeit von Hammer und Champy infolge eines besseren Bildungs- und Ausbildungssystems mit breit ausgebildeten Arbeitskräften ausgestattet, die zu verschiedenen Tätigkeiten herangezogen werden konnten. Durch die neuen Möglichkeiten der Informationstechnologie, z. B. durch Konfigurationssysteme, war es weiterhin möglich, die Fähigkeiten der Organisation zu erweitern. Hammer u. Champy (1993) beschreiben beispielsweise eine Versicherung, in der verschiedene Expertenteams Schadensmeldungen bearbeiteten. Bei diesem Arbeitsablauf durchlief jede Schadensmeldung mehrere Abteilungen. Zur Bearbeitung vieler Schadensmeldungen war allerdings, dank gut ausgebildeter Mitarbeiter und unterstützender Informationssysteme, kein Expertenwissen vonnöten. Im Rahmen eines Business Process Reengineering ließ sich durch Abschaffung der Schnittstellen zwischen verschiedenen Sachbearbeitern bei vielen der Schadensmeldungsbearbeitungsprozesse die Durchlaufzeit drastisch reduzieren, was zu einer Qualitätssteigerung der angebotenen Versicherungsprodukte führte.

Die Methode PROMET®-BPR (IMG 1997a) ist ein Beispiel für eine Methode, in der die Aufbauorganisation aus der Ablauforganisation abgeleitet wird. Das Vorgehensmodell der Methode unterteilt sich in die groben Phasen Vorstudie, Makro-Entwurf, Mikro-Entwurf und Grob-Entwurf. In der Vorstudie werden auf

Basis der Geschäftsstrategie Makro-Prozesse identifiziert und es wird eine Projektorganisation definiert. In der Phase des Makro-Entwurfs steht für jeden Makro-Prozess die Vision eines optimalen Prozesses im Vordergrund. In dieser Phase wird der Makro-Prozess auch in Mikroprozesse zerlegt. Im Mikro-Entwurf werden diese Mikroprozesse im Detail gestaltet. Hier entstehen u. a. Aufgabenkettendiagramme. In der Phase der Umsetzung werden die modellierten Mikro-Prozesse realisiert (IMG 1997a). Im Rahmen des Mikro-Entwurfs wird auch die Aufbauorganisation durch Stellenbeschreibungen definiert. Eine Stellenbeschreibung gibt die Stellenbezeichnung, die Bezeichnung der übergeordneten Stelle, das Ziel der Stelle und die Aufgaben der Stelle an. Durch die Angabe der jeweils übergeordneten Stelle ergibt sich bei einer umfassenden Anwendung der Methode PROMET®-BPR die gesamte Aufbauorganisation eines Unternehmens (IMG 1997a). Die Stellenbeschreibung wird auf Grundlage verschiedener Dokumente erstellt, die bei der Anwendung vorhergehender Aktivitäten der Methode entstehen.[6]

Zusammenfassend lässt sich festhalten, dass Ablauforganisation und Aufbauorganisation eng miteinander verknüpft sind. Bis in die 80er Jahre war es üblich, die Ablauforganisation aus der Aufbauorganisation abzuleiten. In den 90er Jahren wurde propagiert, die Aufbauorganisation aus der Ablauforganisation abzuleiten. Beide Vorgehensweisen führen zu einer Konsistenz der beiden Strukturen. Welche der beiden Artefakttypen von welchem abgeleitet werden, hängt von den Produktions- und Absatzbedingungen ab. Stehen Ziele der Prozesseffizienz im Vordergrund, das ist meist auf gesättigten Konsumentenmärkten mit hoher Konkurrenz der Fall, so empfiehlt es sich, die Ablauforganisation zuerst zu gestalten und die Aufbauorganisation aus der Ablauforganisation abzuleiten. Steht das Ziel von Kostenersparnissen durch funktionale Synergien im Vordergrund, das ist vor allem auf nicht gesättigten Produzentenmärkten mit geringer Konkurrenz der Fall, dann sollte die Aufbauorganisation zuerst gestaltet werden und die Ablauforganisation daraus abgeleitet werden. Um eine hohe Prozesseffizienz zu erreichen, werden andere Anforderungen an die Produktionsbedingungen gestellt, als um funktionale Synergien zu erzielen.

2.3.2.3 Beispiel Funktionen und Daten

Ein zweites Beispiel für Ableitungsbeziehungen entstammt dem Software-Engineering und bezieht sich auf die Konsistenz zwischen Funktions- und Datenstrukturen eines Anwendungssystems. Diese hängen eng miteinander zusammen. Daten und Funktionen eines Anwendungssystems sind jeweils eine unterschiedliche Sicht auf dasselbe.

[6] Diese Dokumente, auf Grundlage derer die Stellenbeschreibung erstellt wird, sind das Aufgabenkettendiagramm Mikro, das Aufgabenverzeichnis Mikro, das Applikationsverzeichnis Mikro, die Kostenanalyse, die Matrix Mikro-Prozess-Aufgabe, die Matrix Stelle-Organisationseinheit, die Matrix Stelle-Standort, die Aufwandsverteilung Mikro und die Durchlaufzeitanalyse (IMG 1997a).

Ähnlich wie im ersten Beispiel bestehen zwei naheliegende Möglichkeiten, die Daten- und Funktionssicht auf ein Anwendungssystem konsistent zu gestalten: Es kann entweder zuerst die Datenstruktur entwickelt werden, aus der sich dann die Funktionsstruktur des Systems ableiten lässt, oder es kann zuerst die Funktionsstruktur des Systems bestimmt werden, aus der sich dann die Datenstruktur ableiten lässt. Beide Vorgehen haben in der Praxis ihre Berechtigung und hängen von den Zielen ab, die mit dem Anwendungssystem verfolgt werden.

Wenn besondere Anforderungen an die Konsistenz der Daten eines Anwendungssystems gestellt werden, sollte zunächst die Datenstruktur gestaltet werden. Ein Beispiel für ein solches Anwendungssystem ist ein Buchhaltungssystem. Für Buchhaltungssysteme schreibt der Gesetzgeber besondere Sorgfalt bei Haltung und Aufbewahrung der Daten vor. Daher empfiehlt es sich hier, die Datenstrukturen des Anwendungssystems konsistent zu gestalten und seine Funktionen aus den Datenstrukturen abzuleiten.

Wenn hingegen besondere Anforderungen an die Funktionalitäten eines Systems gestellt werden, sollten zunächst die Funktionen spezifiziert werden. Im Anschluss daran können dann dazu passende Datenstrukturen entwickelt werden. So können beispielsweise Real-Time-Funktionen eine inkonsistente Datenhaltung erfordern. Ein Beispiel hierfür sind Führungsinformationssysteme. Ihre Anforderungen an die Laufzeit sind häufig kritisch. Daher werden die Daten zu Auswertungszwecken häufig in Datenlagern in aggregierter Form vorgehalten. Es empfiehlt sich, zunächst die Funktionalitäten des Führungsinformationssystems zu definieren und erst dann eine geeignete Datenarchitektur zu entwerfen. So gehen beispielsweise Holten u. Knackstedt (1999) bei der Definition eines Referenzmodells für Führungsinformationssysteme in Handelsunternehmen von den Funktionen aus, die dieses System unterstützen soll, und entwickeln erst im Anschluss daran ein Datenmodell, auf denen diese Funktionen operieren.

Im Zuge der Diskussion um das Paradigma der Serviceorientierung werden verschiedene Vorgehensmodelle zur Servicedefinition diskutiert (für eine Literaturanalyse vgl. z. B. Beverungen et al. 2008). Bei der Servicedefinition wird in vielen Methoden von fachlichen Funktionsstrukturen ausgegangen. Heutschi (2007) beschreibt den Ansatz zur Identifikation von Services bei der Deutsche Post Brief, der stärker auf den Datenstrukturen basiert. Die Deutsche Post Brief entwickelte zunächst eine Applikationsarchitektur, in der fachliche Funktionen und Daten redundanzfrei dargestellt wurden. Grundlage für die Definition von Services waren dann hauptsächlich die Datenstrukturen der Applikationsarchitektur, die so genannten Geschäftsobjekte. Beispiele für solche Geschäftsobjekte sind „Kunde", „Rechnung" oder „Vertrag". Aus diesen Geschäftsobjekten wurden dann Operationen abgeleitet, z. B. „anlegen", „suchen" oder „löschen".

Das Beispiel zusammenfassend lässt sich festhalten, dass Daten und Funktionen eines Anwendungssystems eng zusammenhängen. Wenn besondere Anforderungen an die Datenstruktur gestellt werden, insbesondere an ihre Konsistenz, sollte zuerst die Datenarchitektur gestaltet werden, dann sollten die Funktionsstrukturen daraus abgeleitet werden. Wenn besondere Anforderungen an die Funktionsstrukturen eines Anwendungssystems gestellt werden, sollten diese zunächst beschrieben und dann die Daten des Systems daraus abgeleitet werden.

2.3.2.4 Zusammenfassung

Erscheinungsformen der Ableitung werden bereits in der klassischen Integrationsliteratur diskutiert. Ebenso ist der Begriff der Ableitung in der klassischen Wirtschaftsinformatikliteratur verankert. Der Integrationsarchetyp Ableitung grenzt sich deutlich von anderen Integrationsarchetypen ab, vor allem durch das Merkmal, Konsistenz zweier Artefakttypen zu schaffen. Es kann von den Zielen und Rahmenbedingungen abhängen, welcher Artefakttyp von welchem abgeleitet wird. Ableitungsbeziehungen bestehen z. B in der Organisationsgestaltung zwischen Ablauf- und Aufbauorganisation und im Software-Engineering zwischen Funktionen und Daten.

2.3.3 Archetyp 3: Bindung

2.3.3.1 Begriffsbestimmung

Beim Integrationsarchetyp *Bindung* werden verschiedene Instanzen des gleichen Artefakttyps miteinander verbunden, so dass im Metamodell eine rekursive Beziehung entsteht. Derartige Relationen entstehen etwa bei der Verbindung von Softwarekomponenten (Informationssystemintegration) (Linthicum 2001; Rosemann 1999; Schissler et al. 2002), bei der Verbindung von Teilprozessen zu einem Ganzen (Geschäftsprozessintegration) oder der Verbindung von Geschäftsprozessen und/oder Softwaresystemen über Unternehmensgrenzen hinweg (unternehmensübergreifende Integration, Business-to-Business-Integration).

Im Gegensatz zum Integrationsarchetyp Alignment werden hier nicht die Artefakte unterschiedlicher Typen integriert, sondern Artefakte gleichen Typs. Darum wäre es prinzipiell auch möglich eine vereinigende Integrationsoperation anzuwenden. Allerdings ist dies oft nicht sinnvoll, da vereinigte, monolithische Artefakte durch die nicht vorhandene Explizierung ihrer Schnittstellen oft eine hohe Änderungsresistenz aufweisen. Diese Änderungsresistenz tritt dabei sowohl bei der Veränderung von Artefakten des gleichen Typs (z. B. Veränderung von Funktionalitäten in Softwaresystemen) als auch bei Veränderungen von Artefakten anderer Typen auf (z. B. Veränderung der IT-Infrastruktur für bestehende Softwaresysteme).

Die Verknüpfung der Artefakte des gleichen Typs kann auf zwei unterschiedliche Arten ausgeführt werden:

1. Die Artefakte können durch eine direkte Punkt-zu-Punkt-Verbindung integriert werden.
2. Die Artefakte können durch eine indirekte Verbindung über einen Hub in einer Hub-and-Spoke-Struktur integriert werden.

Als Punkt-zu-Punkt-Verbindung wird die direkte Integration von zwei gleichberechtigten Artefakten bezeichnet. Werden alle Artefakte einer vernetzten Struktur direkt miteinander verbunden, wächst die Zahl der Verbindung V in Abhängigkeit von der Anzahl der Artefakte n exponentiell an:

$$V = n \cdot \frac{n-1}{2} \tag{2.1}$$

Bei einer hohen Anzahl an zu integrierenden Artefakten erreicht das Gesamtsystem schnell eine Komplexität, die nur schwer beherrschbar und änderbar ist.

2.3.2.2 Beispiel Softwaresystemlandschaft

In dem Beispiel in Abb. 2.7 sind 16 Softwaresysteme und somit nach oben stehender Formel bereits 120 Schnittstellen vorhanden. In der Realität treten meist weniger Schnittstellen auf, da nicht jedes Artefakt immer mit jedem anderen verbunden sein muss. Ebenso sind im gegebenen Beispiel die Systeme einer Systemklasse nicht miteinander verbunden – dennoch ist die Komplexität bereits beachtlich. Wird im Beispiel in Abb. 2.7 ein weiteres Softwaresystem hinzugefügt, müssen im Extremfall bereits zehn neue Schnittstellen geschaffen werden.

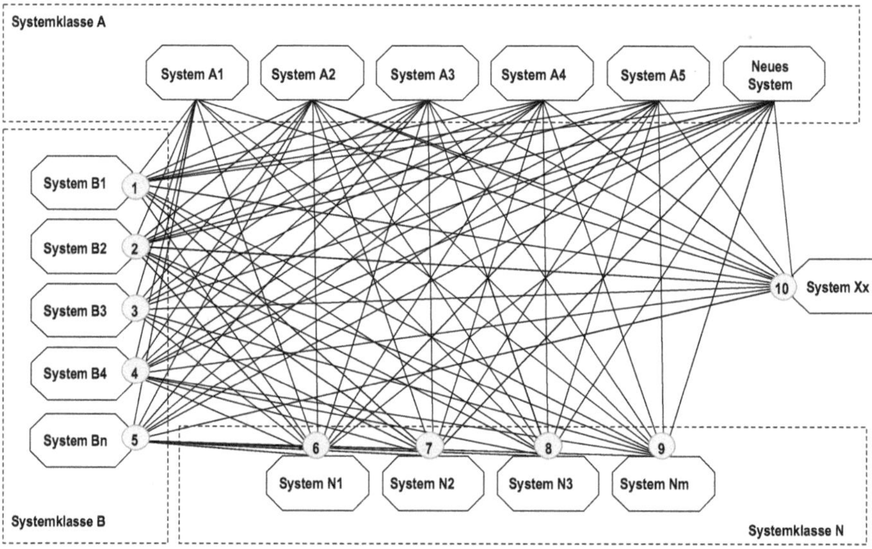

Abb. 2.7. Punkt-zu-Punkt-integrierte Softwaresystemlandschaft (Aier 2007)

Eine solch komplexe Struktur resultiert in realen Systemen häufig aus der Veränderung eines Systems im Verlaufe der Zeit – insbesondere durch die sukzessive Ergänzung weiterer Komponenten ohne eine Neugestaltung der betroffenen Teilarchitektur (Kaib 2002).

Die kurzfristigen Vorteile einer direkten Punkt-zu-Punkt-Verbindung, wie z. B. die schnelle Realisierung notwendiger Verbindungen oder die individuelle Gestaltungsmöglichkeit einzelner Verbindungen, werden auf lange Sicht durch ihre Nachteile kompensiert. Die beiden wesentlichen Nachteile einer direkten Punkt-zu-Punkt-Verbindung sind der hohe Aufwand für die Veränderung der Teilarchitektur sowie bei der Integration zusätzlicher Komponenten (Winkeler et al. 2001).

Die Nachteile der direkten Punkt-zu-Punkt-Verbindung bei einer hohen Anzahl zu verbindender Artefakte können durch die Gestaltung der Verknüpfung in Form eines Hubs, welcher auch von anderen Artefakten genutzt wird, vermieden werden. Typische Beispiele für eine Hub-and-Spoke-Architektur sind (Winter 2003a):

- die Integration von Softwaresystemen durch klassische Middleware, Enterprise Application Integration (EAI, Abb. 2.8) oder große Enterprise Resource Planning (ERP) Systeme (Kaib 2002),
- die Integration von operativen und analytischen Applikationen durch Data Warehouses (Inmon 1996)
- oder die Integration von Produkten und Dienstleistungen über eine Business Collaboration Infrastructure (Alt et al. 2002).

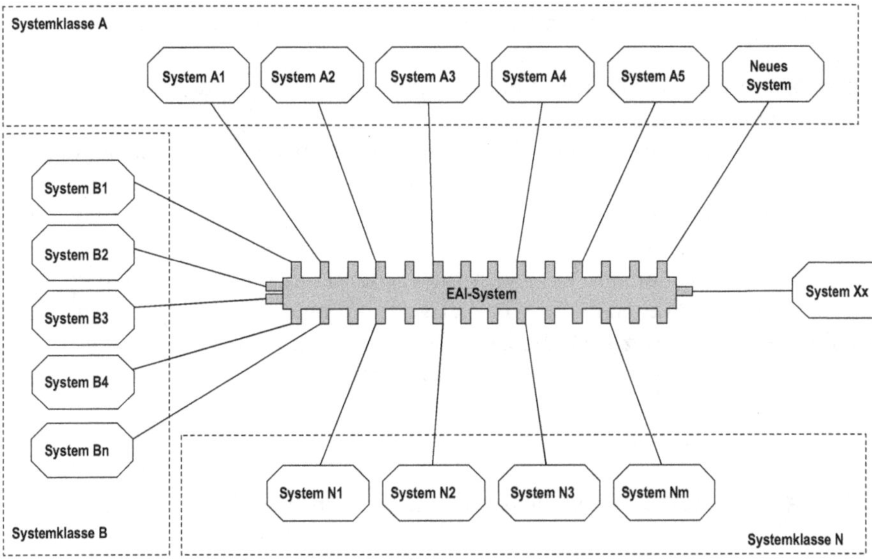

Abb. 2.8. Integration über eine zentrale EAI-Plattform (Aier 2007)

Allen diesen Ansätzen ist gemein, dass durch die Hub-and-Spoke-Integration die Anzahl der Verbindungen stark auf die Anzahl der zu verbindenden Komponenten reduziert werden kann. Um diese Reduktion der Komplexität zu erreichen, muss der Hub nun anpassbare Funktionalitäten bereitstellen, die sonst von jeder einzelnen Verknüpfung zwar spezifisch, aber redundant implementiert worden sind. Bei diesen Funktionalitäten handelt es sich primär um Übersetzungsfunktionen, die oft auch mit einer Standardisierung des Vokabulars einher gehen.

2.3.4 Archetyp 4: Vereinigung

2.3.4.1 Begriffsbestimmung

Im Rahmen der klassischen, phänomenologischen Analyse des Integrationsbegriffs werden bereits seit langem die Integrationsformen *vereinigen* und *verbinden* voneinander unterschieden (vgl. Literaturanalyse von Rautenstrauch 1993). Der vierte Integrationsarchetyp *Vereinigung* unterscheidet sich von den drei zuvor präsentierten Integrationsarchetypen fundamental, weil er der einzige Integrationsarchetyp ist, der nicht Elemente miteinander verbindet. Der Integrationsarchetyp Vereinigung zeichnet sich dadurch aus, dass ein hinreichend detailliertes Metamodell von dem System, in dem die Integration durch Vereinigung stattfindet, nach Durchführung der Integration weniger Entitäten enthält als davor.

Es können vielfältige Beispiele für eine Integration durch Vereinigung in der betrieblichen Wirklichkeit gefunden werden. Integration durch Vereinigung findet beispielsweise bei Unternehmenszusammenschlüssen oder -übernahmen statt. In einer solchen Situation können Strategien, Produkte, Prozesse und Systeme miteinander vereinigt werden.

In diesem Unterkapitel soll der Integrationsarchetyp Vereinigung näher dargestellt werden. Das Unterkapitel gliedert sich in einen ersten, analytischen und einen zweiten, praktischen Teil: Im ersten Teil wird der hier vertretene metamodellbasierte Integrationsbegriff beschrieben. Damit wird erstens das Ziel verfolgt abzugrenzen, welche Phänomene unter den Integrationsarchetypen Vereinigung fallen und welche nicht; zweitens wird das Ziel verfolgt, ein Verständnis für den metamodellbasierten Ansatz zu schaffen. Im zweiten, praktischen Teil wird die Unternehmensvereinigung auf das Vorkommen des Integrationsarchetypen Vereinigung näher untersucht.

2.3.4.2 Analyse des metamodellbasierten Integrationsbegriffs „Vereinigung“

Basis des diesem Buch zugrundeliegenden Integrationsverständnisses ist die Unterscheidung zwischen Objektmodell und Metamodell (für die Bezeichnung „Objektmodell“ vgl. Schütte 1998). Ein Modell repräsentiert ein Objektsystem für Zwecke eines Subjekts. In diesem Buch sei als Objektmodell ein Modell bezeichnet, das sich unmittelbar auf Objekte in einem realen Unternehmen bezieht. Das Objektmodell befindet sich also auf Ebene der Instanzen. Als Metamodell hingegen sei in diesem Buch ein Modell bezeichnet, das die Modellierungssprache eines Objektmodells beschreibt. Dies sei an dem Beispiel eines Aufbauorganisationsmodells erläutert: Modelle der Aufbauorganisation auf Instanzenebene sind Organigramme, die einzelne Stellen und Organisationseinheiten zueinander in Beziehung setzen. Metamodelle der Aufbauorganisation beschreiben die sprachlichen Elemente eines solchen Modells, d. h. beispielsweise Stellen oder Organisationseinheiten.

Metamodelle können auf unterschiedlichen Detaillierungsebenen erstellt werden. Ein sehr grobgranulares Metamodell eines Organigramms[7] kann beispielsweise die zwei Typen „Stelle“ und „Organisationseinheit“ voneinander unterscheiden und ihre Beziehungen zueinander darstellen. Ein sehr feingranulares Metamodell kann allerdings auch einzelne Stellentypen voneinander unterschieden, z. B. den Stellentyp „Finanzbuchhalter“ vom Stellentyp „Controller“. Das feingranularste Metamodell differenziert alle Entitäten, die sich betriebswirtschaftlich voneinander unterscheiden lassen. Zwei Stellen für Finanzbuchhalter, deren Verantwortungs- und Kompetenzbereich sich nicht voneinander unterscheidet, müssen auf Metamodellebene zusammengefasst werden. Nachfolgend gehen wir in diesem Unterkapitel jeweils von möglichst feingranularen Modellen aus.

Eine Vereinigung zeichnet sich dadurch aus, dass nach der Vereinigung weniger Elemente vorhanden sind als vor der Vereinigung. Dabei lässt sich unterscheiden zwischen einer Reduktion der Elementzahl auf Instanzenebene und einer Reduktion der Elementzahl auf Metamodellebene. Bei einer Differenzierung zwischen den zwei Fällen „Reduktion der Elementzahl“ und „keine Reduktion der Elementzahl“ auf beiden Ebenen (Instanzen- und Metamodellebene) ergibt sich logisch eine 2 x 2-Matrix mit folgenden vier Fällen, vgl. Tab. 2.2.

1. Weder die Anzahl der Elemente auf Instanzenebene noch die Anzahl der Elemente auf Metamodellebene reduziert sich.
2. Die Anzahl der Elemente auf Instanzenebene reduziert sich, die Anzahl der Elemente auf Metamodellebene allerdings nicht.
3. Die Anzahl der Elemente auf Metamodellebene reduziert sich, die Anzahl der Elemente auf Instanzenebene allerdings nicht.
4. Sowohl die Anzahl der Elemente auf Metamodellebene als auch die Anzahl der Elemente auf Instanzenebene reduziert sich.

Integrationen durch Vereinigung äußert sich immer entweder durch Fall (3) oder durch Fall (4). Allerdings sind nicht alle Erscheinungsformen des Falls (4) das Ergebnis einer Integration durch Vereinigung. Nachfolgend soll anhand der vier Fälle erläutert werden, unter welchen Bedingungen es sich um eine Integration durch Vereinigung handelt und unter welchen nicht.

---

[7] Ein Organigramm auf Instanzenebene beschreibt die Aufbauorganisation eines Unternehmens, d. h. insbesondere die Stellen eines Unternehmens (ggf. mit Attributen wie z. B. Kompetenz- und Verantwortungsbereich) und die hierarchische Gliederung der Stellen.

Tabelle 2.2. Vier Fälle der Elementzahlreduktion in Objekt- und Metamodell

		Instanzenebene: Keine Reduktion der Elementzahl	Instanzenebene: Reduktion der Elementzahl
Metamodellebene	Keine Reduktion der Elementzahl	Fall 1: notwendigerweise keine Integration durch Vereinigung	Fall 2: notwendigerweise keine Integration durch Vereinigung
	Reduktion der Elementzahl	Fall 3: notwendigerweise Integration durch Vereinigung	Fall 4: möglicherweise Integration durch Vereinigung

In Fall (1) reduziert sich die Elementzahl weder auf Instanzen- noch auf Metamodellebene. Dass in einem solchen Fall, vorausgesetzt die Metamodelle sind hinreichend feingranular, niemals eine Integration durch Vereinigung vorliegen kann, ist auf den ersten Blick ersichtlich und bedarf keiner weiteren Erläuterung.

In Fall (2) reduziert sich die Elementzahl auf Instanzenebene, nicht aber auf Metamodellebene. Auf Metamodellebene werden Entitäten, die aus betriebswirtschaftlicher Perspektive gleich sind, zusammengefasst. Wenn sich die Anzahl solch gleichartiger Elemente auf Instanzenebene reduziert, dann ändert sich die Anzahl der Elemente auf Metamodellebene nicht. Ein solcher Fall fällt allerdings nicht unter den Integrationsbegriff. Dies soll anhand eines Beispiels plausibel gemacht werden: In einer Unterabteilung der Buchhaltung eines Unternehmens sind acht Vollzeitstellen für die Erfassung von Rechnungen vorgesehen. In diesem Beispiel sind in einem Organigramm auf Instanzenebene alle acht Stellen und die dazugehörigen Mitarbeiter aufgeführt. In einem Organigramm auf Metamodellebene allerdings werden die acht Stellen zu einer Stelle zusammengefasst, da sich die einzelnen Stellen aus betriebswirtschaftlicher Sicht nicht voneinander unterscheiden. Infolge einer Untersuchung von einer Unternehmensberatung ist das Management der Meinung, die Arbeit lasse sich auch durch sechs Vollzeitstellen erledigen und streicht die Stellen zweier Mitarbeiter. Auf Ebene des Objektmodells findet eine Reduktion der Elementzahl statt, auf Ebene des Metamodells allerdings nicht. Es ist also der Fall (2) erfüllt. Es findet auch eine Vereinigung statt: Die Aufgaben derjenigen Mitarbeiter, deren Stellen gestrichen worden sind, müssen auf die weiteren Mitarbeiter aufgeteilt werden. Allerdings fällt das Beispiel nicht unter den Integrationsbegriff.

In Fall (3) reduziert sich die Anzahl der Elemente auf Metamodellebene, die Anzahl der Elemente auf Instanzenebene bleibt allerdings gleich. Ein Beispiel hierfür ist die Integration zweier Organisationseinheiten, beispielsweise des Controllings und der Buchhaltung. Auf Ebene der Instanzen reduziert sich ceteris paribus die Zahl der Elemente, das sind die Mitarbeiter, nicht. In einem hinreichend detaillierten Metamodell allerdings werden die Organisationseinheiten „Controlling“ und „Buchhaltung“ vor der Integration durch Vereinigung voneinander unterschieden, nach der Integration allerdings zu einer einzigen Organisationseinheit zusammengefasst. Wenn in einem Metamodell Fall (3) auftritt, so hat immer eine Integration durch Vereinigung stattgefunden.

Bei Fall (4) hingegen reduziert sich die Elementzahl sowohl auf Instanzen- als auch auf Metamodellebene. Die Reduktion auf Instanzenebene kann allerdings zwei Ursachen haben. Eine solche Reduktion der Elementzahl kann Ergebnis einer Integration durch Vereinigung sein, sie muss es aber nicht. Die sei an zwei Beispielen erläutert. Das erste Beispiel sei eine Kombination aus den beiden Beispielen von Fall (2) und Fall (3): In einer Unternehmung werden zwei Organisationseinheiten zusammengeführt, z. B. die Finanzbuchhaltung und das Controlling. Dadurch ergeben sich Synergieeffekte, sodass im Rahmen dieser Reorganisation einige Stellen gestrichen werden können. Es handelt sich hierbei um Fall (4), weil sich sowohl auf Instanzenebene (Mitarbeiter) als auch auf Metamodellebene (Organisationseinheiten) die Elementzahlen reduzieren. Die neu entstehende Organisationseinheit „Rechnungswesen“ nimmt alle betrieblich relevanten Aufgaben wahr, die vorher von den zwei Organisationseinheiten getrennt wahrgenommen wurden. Es handelt sich also um eine Integration durch Vereinigung.

In einem zweiten Beispiel wird eine Organisationseinheit aus dem Unternehmen an ein anderes Unternehmen verkauft. So kann beispielsweise das Call-Center eines Unternehmens an einen Fremdanbieter verkauft werden, der dann die Aufgaben des Call-Centers wahrnimmt. In diesem Fall reduziert sich ebenfalls die Elementzahl auf Instanzen- und auf Metamodellebene. Allerdings geht der Verkauf des Call-Centers mit einem Verlust an Aufgaben einher, die das Unternehmen ausführt. Es ist auf den ersten Blick ersichtlich, dass es sich bei dem Verkauf einer betrieblichen Organisationseinheit weder um eine Integration noch um eine Vereinigung handelt. Der Unterschied zwischen beiden Beispielen ist, dass in dem einen Beispiel alle betriebswirtschaftlich relevanten Eigenschaften des Artefaktes, dessen Anzahl sich auf Instanzen- und Metamodellebene reduziert, erhalten bleiben, in dem anderen aber nicht. Betriebswirtschaftlich relevante Eigenschaften von verschiedenen Artefakttypen sind beispielsweise: Aufgaben von Organisationseinheiten, Funktionen von Anwendungssystemen, Informationen von Datenbanken oder Endprodukte von Prozessen.

Zusammenfassend lässt sich festhalten: Notwendige Bedingung für das Vorhandensein einer Integration durch Vereinigung ist die Reduktion der Anzahl der Elemente eines feingranularen Metamodells. Eine erste hinreichende Bedingung für das Vorhandensein einer Integration durch Vereinigung ist die Konstanz der Zahl der Elemente auf Instanzenebene. Eine zweite hinreichende Bedingung für das Vorhandensein einer Integration durch Vereinigung ist eine Reduktion der Zahl der Elemente auf Instanzenebene, wobei alle betriebswirtschaftlich relevanten Eigenschaften derjenigen Artefakte erhalten bleiben, um die sich das Modell reduziert.

Rosemann (1999) weist darauf hin, dass eine Integration durch Vereinigung gleichartige Elemente oder Systembestandteile voraussetzt.[8] Tatsächlich setzt eine Integration durch Vereinigung nach dem hier zugrunde liegenden Verständnis zwei fachlich unterschiedliche Artefakttypen voraus, die sich dennoch strukturell ähneln. Einerseits müssen sich die Artefakttypen voneinander unterscheiden; ansonsten ließen sie sich im Metamodell nicht einzeln abbilden, und die Vereinigung könnt nicht im Metamodell nachvollzogen werden. Andererseits bemerkt Rosemann, dass sich Artefakttypen nicht zu stark voneinander unterscheiden dürfen, um vereinigt werden zu können. So werden beispielsweise Datenbanken mit Datenbanken vereinigt. Es sind allerdings auch andere Fälle denkbar, so z. B. die Integration einer Datenbank in ein Anwendungssystem, das die Datenhaltung selbst organisiert.

2.3.4.3 Beispiel Unternehmensvereinigung

Im Folgenden wird anhand eines komplexen Beispiels eine Integration durch Vereinigung illustriert: einer Unternehmensübernahme oder einem Unternehmenszusammenschluss, kurz einer Unternehmensvereinigung (vgl. dazu ausführlich Unterkapitel 3.2).

Bei einer Unternehmensvereinigung lassen sich zwei grundsätzliche Typen voneinander unterscheiden: Der erste Typ umfasst die Vereinigung zweier Unternehmen, die dieselben Produkte anbieten; der zweite Typ die Vereinigung zweier Unternehmen, die unterschiedliche Produkte anbieten (Penzel u. Pietig 2000). Zwei Unternehmen, die unterschiedliche Produkte anbieten, vereinigen sich, wenn sie sich diversifizieren möchten. Aus dem Finanzbereich lassen sich für diesen Typen beispielhaft die Vereinigung der Deutschen Bank mit Morgan Grenfell im Jahre 1997 oder die Vereinigung der Credit Suisse mit der Winterthur im Jahre 1997 anführen. Wenn sich zwei Unternehmen vereinigen, die dieselben Produkte anbieten, dann ist das Ziel in der Regel, Kosteneinsparungen durch Synergieeffekte zu erzielen. Beispiele für derartige Integrationen im Finanzbereich sind die Vereinigung der Deutschen Bank mit der Bankers Trust im Jahre 1998 oder die Vereinigung der Hypo-Bank mit der Vereinsbank im Jahre 1997 (Penzel u. Pietig 2000).

Die beiden Typen unterscheiden sich fundamental voneinander im Hinblick auf die relevanten Integrationsarchetypen. Wenn gleichartige Produkte angeboten werden, so empfiehlt sich in der Regel eine Vereinheitlichung der Produkte. Nur durch eine Vereinheitlichung lassen sich die erhofften Synergien und die damit verbundenen Kostenreduktionen erzielen. Wenn beide Unternehmen allerdings

---

[8] Die Integrationsarchetypen *Alignment* und *Ableidung* unterscheiden sich von dem Integrationsarchetypen *Bindung* dadurch, dass unterschiedliche Artefakttypen integriert werden. Eine solche Unterscheidung innerhalb des Integrationsarchetyps Vereinigung ist nicht notwendig.

unterschiedliche Produkte anbieten, so ist eine Vereinigung auf Produktebene nicht möglich. Dennoch lassen sich auch in diesem Fall etliche Vereinigungen auf Organisationsebene durchführen. Viele Unterstützungsprozesse lassen sich vereinheitlichen, so z. B. Buchhaltungsprozesse, Personalprozesse, IT-Management-Prozesse oder Logistikprozesse.

Soll der Integrationsarchetyp Vereinigung verwendet werden, lassen sich auf Ebene der Informationstechnik drei Fälle unterscheiden. Im ersten Fall nutzt das neue Unternehmen die kompletten Systeme eines der ursprünglichen Unternehmen. Im zweiten Fall nutzt das neue Unternehmen die Systeme eines der beiden ursprünglichen Unternehmen, die Systeme werden aber um Funktionalitäten für den anderen Unternehmensteil ergänzt. In einem dritten Fall nutzt das neue Unternehmen keines der Systeme der ursprünglichen Unternehmen; anstelle dessen werden die Systeme komplett erneuert (Penzel u. Pietig 2000). Es ist rasch ersichtlich, dass der erste Fall in der Regel der kostengünstigste sein wird. Hier reduziert sich das Integrationsproblem durch Vereinigung auf ein einfaches Datenmigrationsproblem. Im zweiten Fall muss ebenfalls eine einfache Datenmigration durchgeführt werden; zusätzlich fallen aber auch Aufwendungen für Implementierungsarbeiten an. Im dritten Fall muss eine doppelte Datenmigration durchgeführt werden; zusätzlich fallen die Kosten für den Kauf oder die Entwicklung der neuen Systeme an.

Eine weitreichende Vereinigung auf Systemebene setzt eine weitreichende Vereinigung der Produkte und der Prozesse voraus. In Fällen, in denen eine solche Vereinigung nicht möglich ist, kann es wirtschaftlich sein, auf die Vorteile einer Vereinigung auf Systemebene zu verzichten. Wenn starke Implementierungsarbeiten oder teure Einkäufe von Standardsoftware notwendig sind, damit ein einzelnes neues System alle Anforderungen beider Unternehmensteile abdeckt, dann kann es wirtschaftlich sein, beide Systeme der ursprünglichen Unternehmen weiterzuverwenden und sie, wo nötig, über den Integrationsarchetypen Bindung miteinander zu verknüpfen.

Zusammenfassend lässt sich festhalten, dass eine Integration durch Vereinigung auf Metamodellebene nachvollzogen werden kann. Um eindeutig zu bestimmen, ob es sich um eine Integration durch Vereinigung handelt, müssen allerdings auch die Instanzen betrachtet werden. Im Beispiel einer Unternehmensvereinigung lassen sich Formen der Vereinigung auf allen Ebenen identifizieren, z. B. der Produkte, der Prozesse und der Informationssysteme.

2.3.5 Empirische Überprüfung der Archetypen

Die hier vorgestellten Integrationsarchetypen sind im Gegensatz zu phänomenologischen Ansätzen aufgrund konzeptioneller Überlegungen abseits von Integrationsphänomenen der Realität entstanden. Es ist darum nicht selbstverständlich, dass die Integrationsarchetypen den „richtigen“ Schnitt aufweisen und geeignet sind, Integrationsphänomene der Realität abzubilden.

Aus diesem Grund wurde in (Aier et al. 2009) eine empirische Analyse durchgeführt, die auf Basis einer Umfrage verschiedene Integrationsaufgaben bzgl. eines zugrunde liegenden latenten Zusammenhangs untersucht. Wenn diese latenten Zusammenhänge den definierten Integrationsarchetypen entsprechen, kann davon ausgegangen werden, dass die Integrationsarchetypen geeignet sind, die Integrationsphänomene der Realität abzubilden. Die zugrundeliegende Umfrage sowie ihre Analyse werden im Folgenden kurz dargestellt.

Die empirische Analyse beruht auf einem Datensatz, welcher mittels Fragebogen im Rahmen einer 2008 durchgeführten Fachtagung zum Schwerpunkt Integration und Architektur erhoben wurde. Teilnehmende dieser Veranstaltung waren insbesondere Fach- und Führungskräfte aus den Bereichen Integrations- und Architekturmanagement. Der Fragebogen führt verschiedene Integrationsaufgaben an und fragt deren Relevanz in Bezug auf die Situation *unternehmensübergreifende Integration* ab. Dabei wird die Relevanz anhand einer 5-stufigen Likert-Skala erfasst. Im Vorfeld wurde der Fragebogen durch Experteninterviews sowie einen Pre-Test hinsichtlich seiner Verständlichkeit und Vollständigkeit geprüft. Die Analyse beruht auf 127 vollständig konsistent ausgefüllten Fragebögen. Die Zusammensetzung aus hauptsächlich deutschsprachigen Teilnehmern schränkt die Interpretation insofern nicht ein, als dass in erster Linie Einschätzungen von Großunternehmen (32 % mit mehr als 5.000 Mitarbeitenden, sowie zusätzlich 28 % mit mehr als 1.000 Mitarbeitenden) vorliegen, deren Integrationsprojekte ebenso international ausgerichtet sind. Neben demografischen Angaben zum Unternehmenskontext wurde auch der Kenntnisstand der Teilnehmenden abgefragt. Hierbei gaben 79 % der Befragten an, über mindestens fortgeschrittene Kenntnisse zur Thematik Integration zu verfügen.

Um einen Zusammenhang zwischen verschiedenen Integrationsaufgaben zu identifizieren, wurde eine Faktorenanalyse durchgeführt. Die Faktorenanalyse extrahiert dafür eine geringe Anzahl wechselseitig unabhängiger Faktoren aus einer Vielzahl von Variablen. Sie unterstellt, dass es möglich ist, für eine Vielzahl von Variablen eines Datensatzes wenige relevante Einflussgrößen (Faktoren) zu ermitteln. Basis für die Faktorenanalyse ist im vorliegenden Fall ein reduzierter Datensatz von 15 Variablen. Nicht berücksichtigt wurden Variablen, die im Fragebogen die Funktion von Kontrollfragen erfüllten.

Im Folgenden wird die Zuordnung von Integrationsaufgaben zu den jeweiligen Faktoren erläutert sowie eine Interpretation der extrahierten Faktoren nachvollzogen. Im Anschluss wird aufgezeigt, inwiefern diese Faktoren den dargestellten Integrationsarchetypen entsprechen. Für die im Fragebogen abgefragten Integrationsaufgaben wurden vier grundlegende Faktoren identifiziert.

Insgesamt laden vier Variablen auf Faktor 1. Die zugeordneten Aufgaben beinhalten jeweils die Erstellung eines zusätzlichen Artefakttyps im Rahmen der Integration. So ist z. B. die Integration von fachlichen Funktionsblöcken und IT-Systemen durch die Definition und wechselseitige Verankerung des zusätzlichen konzeptionellen Konstrukts der Applikation möglich. Ebenso kann die Verknüpfung von Geschäftsprozessen und strategischen Zielstellungen einer Organisation mit der Einführung eines weiteren konzeptionellen Konstrukts „Geschäftsfähigkeit" umgesetzt werden. Ausschlaggebend ist für diesen Faktor die wechselseitig unabhängige Entwicklung und Bewirtschaftung der zu integrierenden Artefakte in einer Organisation, sodass eine Integration nicht mit Hilfe einer direkten Verknüpfung zwischen den Artefakttypen erfolgen sollte.

Die drei Integrationsaufgaben, die in Faktor 2 gebündelt werden, betonen insbesondere ein gerichtetes Verständnis von Integration. So wird z. B. die Prozessgestaltung derart durchgeführt, dass in erster Linie Vorgaben und Anforderungen aus dem Leistungs- und Zielsystem einer Organisation zu berücksichtigten sind. Analog richtet sich die Gestaltung der Aufbauorganisation maßgeblich nach den Vorgaben, welche die Ablauforganisation definiert. Charakteristisch für Faktor 2 ist somit die einseitige Abhängigkeit der zu integrierenden Artefakttypen: Bei der Integration leiten sich die Eigenschaften eines Artefakttyps direkt aus den Vorgaben des führenden Artefakttyps ab.

Faktor 3 wird durch vier Variablen beschrieben und umfasst Integrationsaufgaben unter dem Gesichtspunkt, den Schnittstellenwildwuchs innerhalb einer Anwendungslandschaft, aber auch einer Prozesslandkarte zu minimieren. Charakteristisch für die Integration ist dabei, dass die Kopplung zwischen z. B. analytischen und operativen Systemen, welche als m:n-Schnittstelle realisiert ist, durch eine n:1-Kopplung der Systeme abgelöst wird. Es wird somit die Komplexität bei der Verknüpfung von Artefakten gleichen Typs adressiert und z. B. durch Einführung von Hub-and-Spoke-Konzepten eine Entflechtung und leichtere Schnittstellenwartung erzielt.

Die vier Integrationsaufgaben, die mit Hilfe von Faktor 4 gemeinsam erklärt werden können, umfassen sämtlich eine Vereinigung von Artefakttypen. Im Zuge eines Integrationsprojektes werden beispielsweise Kundenstämme zusammengelegt oder IT-Landschaften konsolidiert. Faktor 4 umfasst aber auch die Konsolidierung von systemnahen Entitäten, wie z. B. Applikationen oder der gesamten IT-Infrastruktur. Im Gegensatz zu den bereits beschriebenen Faktoren werden bei den Integrationsaufgaben dieses Faktors keine neuen Verbindungen oder Artefakttypen geschaffen, sondern vorhandene Artefakttypen miteinander vereint.

Die in der empirischen Analyse identifizierten Faktoren können unter Berücksichtigung der jeweils zugehörigen Integrationsaufgaben den vorgeschlagenen Integrationsarchetypen zugeordnet werden. Faktor 1 beschreibt genau solche Integrationsaufgaben, die eine gegenseitige Ausrichtung verschiedener Artefakttypen beinhalten, welche autonomen Änderungen unterworfen sind. Auf Basis eines Metamodells empfiehlt sich hierfür die Einführung zusätzlicher Alignment-Artefakte, um die originären Artefakttypen aneinander auszurichten, ohne ihre unabhängige Entwicklung zu beeinflussen. Faktor 1 beschreibt somit ein Alignment unterschiedlicher Metamodellelemente und wird dem Integrationsarchetyp *Alignment* zugeordnet. Charakteristisch für Faktor 2 ist die einseitige Abhängigkeit der zu integrierenden Artefakttypen. Auf Basis des zugrunde gelegten Metamodellverständnisses wird eine solche direkte, gerichtete Verknüpfung zwischen zwei Artefakttypen durch eine neue Verbindung oder Referenz auf einen anderen Artefakttyp realisiert. Eine derartige Modellierungsvorschrift für die Integrationsaufgabe entspricht dem Integrationsarchetyp *Ableitung*. Bezogen auf die Abbildung in einem Metamodell steht bei Faktor 3 die Verknüpfung zwischen Instanzen eines Artefakttyps im Vordergrund. Dies erfolgt entweder durch eine Punkt-zu-Punkt-Verbindung oder durch eine, bei einer großen Anzahl von Artefakten effizienteren, Hub-and-Spoke Architektur und wird durch eine rekursive Beziehung von Metamodell-Elementen abgebildet. Der Integrationsarchetyp *Bindung* beschreibt diese Abbildungsvorschrift und kann auf diesen Faktor zurückgeführt werden. Mit Faktor 4 werden Integrationsaufgaben gemeinsam erklärt, die eine Reduktion von Artefakttypen im Metamodell bedingen: Durch die Verschmelzung von zwei verschiedenen Artefakttypen entsteht ein neuer Typ. Faktor 4 entspricht somit dem Integrationsarchetyp *Vereinigung*, der diese Metamodelländerungen beschreibt.

2.4 Übersetzung der Archetypen in Integrationsaufgaben

Grundlage für die Kombination von Methodenfragmenten und damit für situationsspezifische Integrationsmethoden ist das Verständnis der „Elementarteilchen“ der Integration sowie ihres Zusammenwirkens. Sind die Elementarteilchen und ihr Verhalten nicht bekannt, bleibt zur Problemlösung nur „Trial-and-Error“. Deshalb wird für das Integrationsmanagement der Versuch unternommen, ausgehend von „Elementarteilchen“, also den identifizierten Archetypen die konzeptionelle Struktur von Integration (im Sinne eines modellhaften Verständnisses) sowie die Dynamik von Integration (im Sinne von Zusammenhängen zwischen Aktivitäten und Ergebnissen) zu analysieren. Es wird eine Verbindung benötigt, welche die konstruktionsorientierte Perspektive (Bottom-up) der Elementarteilchen mit der anwendungsbezogenen Perspektive der Integrationsprojekte (Top-down) in Beziehung setzt. Ohne diese „Zwischenschicht“ kann die Verortung von Integrationsarchetypen in Integrationsprojekten und vice versa nicht aussagekräftig genug sein, um später die situative Selektion von Methodikfragmenten zu unterstützen.

Im Hinblick auf Bereitstellung einer situativen Methode für das Integrationsmanagement kann unterschieden werden zwischen dem Nutzungs- und dem Konstruktionsprozess (in Anlehnung an Fettke u. Loos 2002). Der Konstrukteur hat die Aufgabe, Fragmente zur Verfügung zu stellen, sodass der Anwender daraus eine situativ angepasste Methode erstellen kann. Vor dem Hintergrund einer konkreten Problemstellung im Rahmen eines Integrationsprojektes kombiniert der Nutzer die für ihn in Frage kommenden Methodenfragmente. Abbildung 2.9 visualisiert diese beiden Prozesse und ihre Verbindung.

Aus Konstruktionssicht wird dafür ein exemplarischer Katalog an Integrationsaufgaben vorgeschlagen. Jede Integrationsaufgabe spezifiziert dabei genau einen Integrationsarchetyp, wobei jeder Integrationsarchetyp durch mehrere Aufgaben repräsentiert werden kann (Beziehung 1:n). Abb. 2.10 visualisiert die Verwendung von Integrationsaufgaben als Bindeglied zwischen der Konstruktionssicht und der Nutzersicht. Integrationsaufgaben sowie ihre möglichen Kombinationen in Form von Aktivitäten sind darüber hinaus der Anknüpfungspunkt zur Bildung von Methodenfragmenten für eine situative Integrationsmethode.

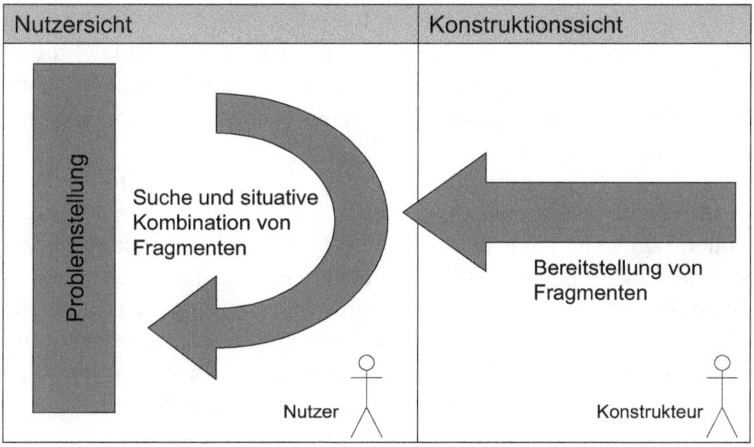

Abb. 2.9. Nutzer- und Konstruktionssicht

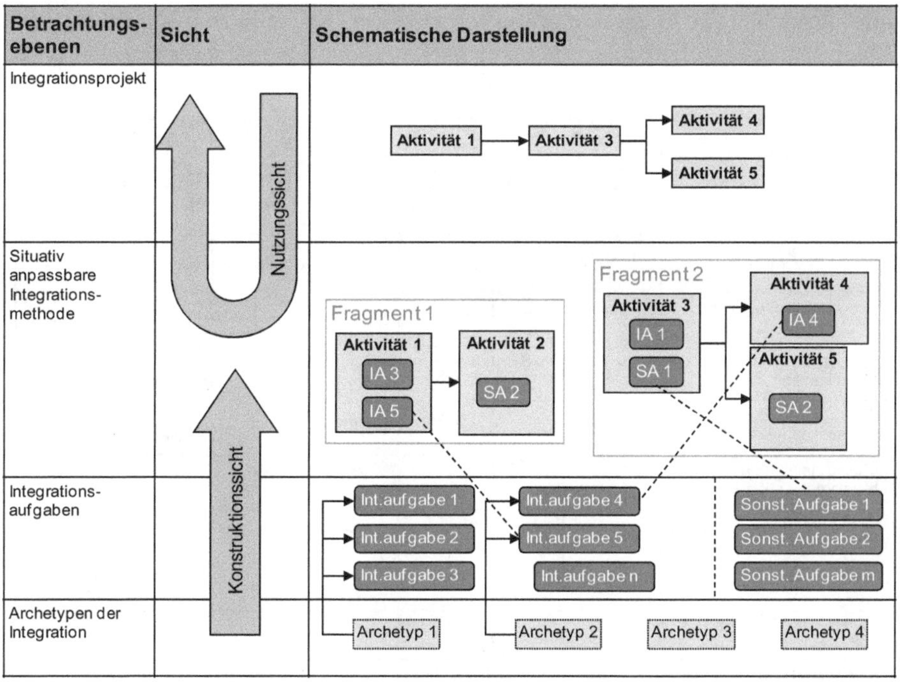

Abb. 2.10. Integrationsaufgaben als Bindeglied

Die Zusammenstellung von Integrationsaufgaben trifft noch keine Aussage über die Relevanz für bestimmte Integrationsprojekte und deren Eigenschaften. Integrationsaufgaben dienen aus Sicht der Konstruktion dazu, die Integrationsarchetypen so zu beschreiben, dass letztendlich eine Übersetzung in Methodenfragmente ermöglicht wird. Zur Bildung einer situativen Integrationsmethode werden dann Aktivitäten definiert, welche u. a. durch Integrationsaufgaben bzw. Bündel dieser charakterisiert sind. Weitere sonstige Aufgaben, z. B. aus dem Bereich des Projektmanagements, vervollständigen solche Aktivitäten, sind jedoch nicht Gegenstand der Betrachtung in diesem Buch.

Die Konfiguration einer Integrationsmethode geschieht durch die situative Kombination von Methodenfragmenten, welche Aktivitäten zusammenfassen. Einzelne Methodenfragmente können kombiniert und dabei selbst konfiguriert werden, um die benötigte situative Methode zu erstellen. Einzelne Aktivitäten innerhalb der Methodenfragmente können dabei ausgetauscht werden (Abbildung 2.10). Um die Bildung solcher Methodenfragmente zu unterstützen, bedarf es zusätzlich Aussagen zur sachlogischen Kombinierbarkeit und zeitlichen Ablauffolge von Aktivitäten und damit auch von Integrationsaufgaben. Diese Aussagen lassen sich im Detail nur nach Analyse von Integrationsprojekten und den dort getroffenen Entscheidungen zur Durchführung einzelner Integrationsaufgaben treffen. Eine erste Annäherung aus Konstruktionssicht kann jedoch unter bewusster Umgehung spezifischer Projekteigenschaften durch die Angabe generischer Konfigurationsvorschläge für Integrationsaufgaben erfolgen. Exemplarisch stellt dazu Abb. 2.11 Integrationsaufgaben sowie deren sachlogische Kombinierbarkeit und zeitliche Ablauffolge dar.

Zusammenspiel von Integrationsaufgaben	Definieren von Geschäfts-fähigkeiten	Definieren von Domänen	Strategische Kennzahlen aus Zielen ableiten	Prozessge-staltung aus Zielsystem ableiten	Aufbauorga aus Ablauforga ableiten	Geschäfts-prozess via Workflowmg-mt. Verbinden	...	Integrations-aufgabe (n)
Definieren von Geschäftsfähigkeiten	X							
Definieren von Domänen	vor	X						
Strategische Kennzahlen aus Zielen ableiten	vor	vor	X					
Prozessgestaltung aus Zielsystem ableiten			vor	X				
Aufbauorganisation aus Ablauforganisation ableiten				vor	X			
Geschäftsprozess via Workflowmgmt. verbinden		vor		vor		X		
...	...	...	...	...	...	...	X	
Integrationsaufgabe (n)	...	...	...	...	...	...	...	X
Die Matrix ist von den Zeilen links zu den Spalten rechts zu lesen.								

Abb. 2.11. Generische Konfiguration von Integrationsaufgaben aus Konstruktionssicht

So ist es z. B. ohne weiteres denkbar, die Definition von Geschäftsfähigkeiten sowie die Definition von Domänen innerhalb eines Integrationsprojektes durchzuführen. Jedoch wird empfohlen, zunächst Geschäftsfähigkeiten als mögliche fachliche Ausgangsbasis für die Ableitung von Domänen zu definieren.

Insgesamt ermöglicht die Angabe von Integrationsaufgaben die Überführung abstrakter Integrationsarchetypen in Kandidaten für Methodenfragmente. Aus Nutzersicht müssen diese Methodenfragmente und damit auch die hierin abgebildeten Integrationsaufgaben entsprechend der Eigenschaften des vorliegenden Integrationsprojektes kombiniert werden. Dazu ist es notwendig, Integrationssituationen (Kapitel 3) und Fallbeispiele aus der Praxis (Kapitel 4) zu analysieren. Erst die Analyse konkreter Integrationsprojekte, ihrer Auslöser, Ziele und durchgeführten Integrationsaufgaben gibt Aufschluss darüber, welche Integrationsaufgaben zu Aktivitäten zusammengefasst und als Methodenfragmente einer Integrationsmethodik auf bestimmte Weise konfiguriert werden können (Kapitel 5).

3 Situationen für Integrationsprojekte – Auswahl und Beschreibung

3.1 Vorgehensweise

Die eingeführte Taxonomie von Archetypen für die Integration wird im folgenden Kapitel um die Beschreibung verschiedener Integrationssituationen erweitert. Ziel ist es, die vorgestellte konstruktionsbezogene Unterscheidung (vgl. Kapitel 2) zu ergänzen, indem anwendungsbezogene Situationen für Integrationsprojekte beschrieben werden. Dies ermöglicht es, die abstrakte Taxonomie von Integrationsarchetypen und -aufgaben im Kontext praktischer Integrationsprojekte zu verankern.

Als Grundlage für die Ableitung und Beschreibung von Integrationssituationen dient eine Analyse einschlägiger Literaturquellen (Aier et al. 2009). Im Rahmen dieser Analyse wurden einerseits Publikationen untersucht, die wissenschaftliche Beiträge beinhalten und Integrationsprojekte als Forschungsgegenstand behandeln. Ebenso wurden Publikationen analysiert, in denen Integration und Integrationsprojekte aus Sicht der Praxis dargestellt werden. Im Ergebnis wurden stellvertretend für eine große Anzahl denkbarer Kandidaten sechs typische Integrationssituationen identifiziert:

- Mergers & Acquisitions (Unterkapitel 3.2)
- Unternehmensübergreifende Integration (Unterkapitel 3.3)
- System-Migration (Unterkapitel 3.4)
- Standardsoftwareeinführung (Unterkapitel 3.5)
- Outsourcing (Unterkapitel 3.6)
- Unternehmensinterne Reorganisation (Unterkapitel 3.7)

Die genannten Integrationssituationen sind dabei nicht disjunkt. So ergibt sich u a. sowohl für die Situation *Mergers & Acquisitions* als auch für die Situation der *System-Migration* eine Überschneidung, wenn es darum geht, verschiedene Anwendungslandschaften zu einer gemeinsamen zusammenzuführen. Jedoch sind oftmals unterschiedliche Treiber und Zielstellungen für die Integration ausschlaggebend, weshalb eine gesonderte Betrachtung als unterschiedliche Integrationssituationen notwendig ist.

Anknüpfend an die Ausführungen zu Auslösern und Zielen von Integrationsprojekten (Unterkapitel 1.4 und 1.5) wird aufgezeigt, welche Ziele aus betriebswirtschaftlicher aber auch aus informationstechnischer Perspektive typischerweise in einer Integrationssituation verfolgt werden können. Darin wird bereits ein Indikator für eine mögliche angepasste methodische Unterstützung von Integrationsprojekten sichtbar (vgl. Kapitel 5). Neben dieser Verfeinerung von Projektzielen und Treibern finden sich ebenfalls Beispiele für die Instanziierung von Archetypen der Integration in der jeweiligen Situation.

3.2 Mergers & Acquisitions

Auch wenn es für das fest in der deutschsprachigen Betriebswirtschaftslehre verankerte Begriffspaar Mergers & Acquisitions (M&A) keine allgemein akzeptierte Übersetzung gibt, kann es sinngemäss mit „Unternehmenszusammenschlüsse und Unternehmensübernahmen" beschrieben werden (Picot 2005). Mergers & Acquisitions bezeichnen Transaktionen, deren Gegenstand Eigentumsrechte und Kontroll- und Leitungsbefugnisse an Unternehmen sind. Als Merger, zu Deutsch „Fusion", werden Unternehmenszusammenschlüsse bezeichnet, bei denen mindestens eines der beteiligten Unternehmen die eigenständige Rechtsform verliert. Bei Akquisitionen werden ganze Unternehmen, Teile davon oder strategische Anteilspakete zugekauft (Müller-Stewens et al. 1999). M&A haben somit neben Unternehmenszusammenschlüssen und Unternehmensübernahmen vielfältige Erscheinungsformen, z. B. Allianzen, Kooperationen, Joint Ventures, Unternehmenssicherungen und -nachfolgen, sowie Management Buy-In (Führung eines Unternehmens durch externes Management, meist forciert durch einen Investor, MBI) bzw. Management Buy-Out (Übernahme der Mehrheitsanteile eines Unternehmens durch das Management, MBO) oder Börsengänge (auch Initial Public Offering, IPO) (Picot 2005).

Ziele, die mit M&A verfolgt werden, lassen sich grob in Wachstum des Stammgeschäftes, Realisierung von Kostensynergien, Zukauf neuer Technologien, Attackieren des Wettbewerbs und Erzielen von Steuervorteilen unterteilen (Picot 2005; Ungerath u. von Hoyningen-Huene 2005; Spill 2007). Letztendlich liegt die Motivation also immer in dem Wunsch nach Wachstum; dies entweder im eigenen Kerngeschäft (Economies of Scale) oder in verwandten oder anderen Märkten (Economies of Scope) (vgl. u.a. Penzel 1999). Als zentrale Erfolgsfaktoren hierfür werden die richtige Auswahl des Übernahmeobjektes, ein dedizierter Integrationsplan, angemessene Kommunikation zur Förderung der Kooperationsbereitschaft der Mitarbeiter sowie Bereitstellung ausreichender Managementkapazitäten während der Integration genannt. Zusätzlich wird die Bedeutung einer zentralen Entscheidungsfindung, d. h. eine begrenzte Kompromissbereitschaft betont (Ungerath u. von Hoyningen-Huene 2005; Robbins u. Stylianou 1999).

Seit Anfang des 19. Jahrhunderts lassen sich immer wieder Perioden mit verstärkter M&A-Aktivität, so genannte M&A-Wellen (Müller-Stewens et al. 1999; Reed u. Lajoux 1998), feststellen. Nachdem das Transaktionsvolumen von M&A weltweit im Jahr 2007 4.191 Mrd. US-Dollar betrug, ist diese Zahl im ersten Quartal 2008 mit 489 Mrd. US-Dollar Transaktionsgegenstand stark rückläufig, was auf ein Ende der insgesamt sechsten M&A-Welle hindeutet (Tschöke et al. 2008).

M&A bieten Unternehmen die Möglichkeit, sich zielgerichtet zu verändern. So kann eine Veränderung oder Anpassung an sich ändernde Marktbedingungen des Unternehmens durch M&A wesentlich schneller erfolgen, als durch organisches internes Wachstum (Müller-Stewens et al. 1999).

Auch wenn M&A seit langem Gegenstand breiter Forschungsaktivitäten sind und in Grossunternehmen oftmals dedizierte Einheiten zur Abwicklung von M&A-Transaktionen existieren, enden viele Projekte, ohne dass die angestrebten Ziele erreicht werden. Empirische Untersuchungen zur Erfolgsquote (Spill 2007) ergeben, dass ungefähr jede zweite Transaktion scheitert. Aufgrund der Komplexität, die M&A mit sich bringen, gibt es eine Vielzahl von möglichen Ursachen für die schlechte Erfolgsquote. Von zentraler Bedeutung ist das Integrationsmanagement, also in diesem Kontext das Zusammenführen der Partner (Spill 2007; Kromer u. Stucky 2002). Neben kommunikationspolitischen und kulturellen Aspekten der Organisation ist in der Phase der operativen Verschmelzung die Gestaltung von integrierten Informationssystemen erheblich für den Transaktionserfolg. Letztendlich ist die Technologieintegration mitentscheidend für die Sicherstellung der operativen Handlungsfähigkeit des Unternehmens und zudem hängt die Innovationsfähigkeit massgeblich von ihr ab. Bei der Vereinigung von Unternehmen und der Zusammenführung der Informationssysteme können abhängig von der Gleichheit und der Kombinierbarkeit folgende Verwandtschaftsbeziehungen entstehen (im Folgenden Grimpe u. Weber 2005):

- Die Informationssysteme (bzw. Teile davon) sind identisch und kombinierbar: In diesem Fall kann ein System das andere ersetzen, bzw. die gewünschte Funktionalität kann durch ein System abgedeckt werden.
- Die Informationssysteme (bzw. Teile davon) sind nicht identisch und kombinierbar: Die Systeme ergänzen einander.
- Die Informationssysteme (bzw. Teile davon) bieten identische Funktionalität, sind jedoch nicht kombinierbar: Die Systeme werden zunächst parallel betrieben, Wertsteigerungspotentiale ergeben sich aus der Eliminierung von Redundanzen bzw. aus der langfristigen Überführung in eine einheitliche Lösung.
- Die Informationssysteme (bzw. Teile davon) sind nicht identisch und nicht kombinierbar: Die Systeme werden unverbunden betrieben, woraus sich idealerweise Synergien ergeben.

Neben den genannten, klar abgrenzbaren Formen gibt es immer wieder Mischformen, in denen beispielsweise Teilsysteme als Subsysteme verbunden werden und andere konsolidiert oder aufeinander abgestimmt werden. Da jede M&A-Transaktion anders ist, sind stets unterschiedliche Ausgangssituationen der beteiligten Parteien und Kontextfaktoren der Integration zu berücksichtigen. Zur Entscheidungsunterstützung, welcher Grad und welcher Typ der Informationssystemintegration unter welchen Bedingungen sinnvoll sind, werden in der Literatur verschiedene Frameworks vorgeschlagen (Giacomazzi et al. 1997; Penzel 1999; Henningsson u. Carlsson 2006). In einer Studie unterteilen Kromer und Stucky (2002) wesentliche Aspekte der Integration von Informationssystemen in drei Gruppen von Ressourcen und beschreiben Einflussfaktoren auf den Integrationserfolg: Rechenzentren, Anwendungssysteme und IT-Organisation:

1. Rechenzentren. In den meisten Fällen werden die Rechenzentren nach M&A-Transaktionen separat fortgeführt. Die am zweithäufigsten durchgeführte Form ist die Konsolidierung von Rechenzentren und die Umstellung auf eine der vorhandenen Architekturen. In nur zehn Prozent der betrachteten Fälle wird eine neue Architektur entwickelt, auf die dann beide Transaktionspartner umgestellt werden. Weitere zehn Prozent betreiben landes- oder regionenspezifische Konsolidierung. Wesentliche Kontingenzfaktoren in diesem Zusammenhang sind die Anzahl der Rechenzentren, die Entfernung der Rechenzentren, freie Speicher- und Verarbeitungskapazitäten, Homogenität der Plattformen sowie die Kompetenzen und die Mobilität der Mitarbeiter.
2. Anwendungssysteme. Vollständige Standardisierung von Anwendungssystemen ist gemäß o. g. Studie mit 50 Prozent der häufigste Integrationsansatz. Weiterhin kommen als Lösungen parallele Fortführung (35 Prozent) und weitgehende Standardisierung (15 Prozent) in Betracht. Beeinflusst wird die Auswahl dieser Möglichkeiten unter anderem durch den Integrationsgrad der Fachbereiche, durch die Häufigkeit des Standortwechsels der Fachbereichsmitarbeiter, sowie durch die relative Qualität der vorhandenen Anwendungssysteme.
3. IT-Organisation. In den meisten Fällen nimmt das IT-Management eine M&A-Transaktion als Anlass für umfassende Reorganisation. In 35 Prozent der betrachteten Fälle werden die IT-Organisationen der Transaktionspartner vollständig in eine neue Organisation verschmolzen, während in 20 Prozent eine Verschmelzung bei Selektion einer der bestehenden Organisationen vorgenommen wird. In 30 Prozent der Fälle werden die Organisationen autonom fortgeführt. Des Weiteren finden Teilverschmelzungen und regions- bzw. landesspezifische Verschmelzungen statt. Die Auswahl des Integrationsansatzes wird hierbei vom Grad der Zustimmung des Erwerbsobjekts, vom Führungsstil während des Integrationsprozesses und von der Mobilität der Mitarbeiter der IT-Organisation beeinflusst. Weitere Kontingenzfaktoren bilden die relative Qualität der Prozesse und Strukturen sowie der Integrationsgrad der Fachbereiche.

Für die dargestellten Ressourcengruppen weisen Kromer und Stucky (2002) einen positiven Zusammenhang zwischen Integrationsintensität, d. h. Grad der Verschmelzung und dem Integrationserfolg nach. Vor dem Hintergrund unterschiedlicher Realisierungen von M&A-Transaktionen gilt dies primär für den Integrationstyp Vereinigung. In der Literatur ist dieser Fall am häufigsten im Kontext von M&A zu beobachten, da es in der Regel darum geht, entweder auf Modell- oder aber auf Instanzebene, die Anzahl der Artefakte durch Zusammenschluss zu reduzieren.

Wenn die beteiligten Einheiten einer M&A-Transaktion durch physisch getrennte IT-Ressourcen, wie separate Rechenzentren, Applikationen und IT-Organisationen getrennt fortgeführt werden, sind diese offenbar nicht dem Integrationstyp Vereinigung zuzuordnen. Werden nach einem Unternehmenskauf beide

Organisationen weiterhin als getrennte Einheiten betrieben, erfolgt die Integration der Informationssysteme beispielsweise mit Hilfe weniger Schnittstellen, über die wichtigste Kennzahlen zur Konzernrechnungslegung konsolidiert werden. In diesem Fall liegt der Integrationstyp Bindung vor. Geht es beispielsweise um das Verbinden von Anwendungssystemen, kann dies über EAI- und Middleware-Technologien erfolgen.

Die Integrationsarchetypen Alignment und Ableitung finden sich im Zusammenhang mit M&A-Transaktionen auch primär bei separat fortbestehenden Ressourcen. So ist etwa denkbar, dass ein Geschäftsprozess des ehemaligen Unternehmens A nach einer Fusion durch IT-Ressourcen des ehemaligen Unternehmens B unterstützt wird, was eine wechselseitige Abstimmung im Sinne eines Alignment notwendig macht. Ebenso ist möglich, dass das Organigramm des ehemaligen Unternehmens B aus den ehemaligen Geschäftsprozessen von A, die nun teilweise oder ganz von B übernommen werden, abgeleitet wird.

3.3 Unternehmensübergreifende Integration

Bei der unternehmensübergreifenden Integration handelt es sich um eine Verbindung bzw. Kopplung von Artefakten über Unternehmensgrenzen hinweg. Im Unterschied zur Situation der Mergers & Acquisitions bleiben die beteiligten Unternehmen erhalten bzw. ist die Frage ihrer Selbständigkeit nicht berührt.

In der betriebswirtschaftlichen Literatur wurde die interorganisationalen Netzwerke prägnant von Powell (1990) charakterisiert, der mit diesen die klassische Organisation über Markt oder Hierarchien nach Coase (1937) ergänzt. Für die Fragestellung der Integration ist dabei von besonderem Interesse, dass Powell insbesondere den fortlaufenden Informationsaustausch neben dem gemeinsamen Lernen herausstellt. Neben der langen Laufzeit der Kooperation sowie der Eignung dieser Organisationsform für ein unsicheres Unternehmensumfeld betont er auch, dass implizites Wissen und technische Innovationen in Netzwerken leichter erschlossen werden können.

Die Abwicklung von Transaktionen in einem Netzwerk erfordert die Integration der Informationssysteme auf beiden Seiten (Alt u. Zbornik 2002). Im Kontext des Business Engineering haben verschiedene Arbeiten zum Business Networking aufgezeigt, dass die Integration zwischen den im Netzwerk beteiligten Unternehmen Artefakte auf allen Ebenen der Unternehmensarchitektur involvieren kann (Österle et al. 2001; Legner et al. 2007; Legner u. Wende 2006; Leist u. Winter 2002). Schließlich haben Alt und Smits (2007) aufgezeigt, dass die Vernetzung im Netzwerk über die Vernetzung der einzelnen Partner direkt miteinander auch die Vernetzung von Netzwerken beinhalten kann und somit Partner erreicht, mit denen (zuvor) keine direkt Beziehung bestand.

Da die Integration zwischen den beteiligten Organisationen auf allen Architekturebenen erfolgen kann, erfolgt hier eine Fokussierung auf die von Winter und

Schelp (2005) beschriebenen Ebenen Strategie, Organisation, Integration, Software und Infrastruktur.

Auf der strategischen Ebene kann eine gemeinsame Strategie definiert werden, z. B. für den Einkauf. Gegenstand der Integration auf dieser Ebene können daneben aber z. B. auch gemeinsame Produkte bzw. Leistungsbündel sein, die auf gemeinsame oder getrennte Kundensegmente abgestimmt sind.

Auf Ebene der Organisation können Prozesse gemeinsam durchgeführt werden oder Prozesse in Form des Out- bzw. Insourcing aufgeteilt werden (siehe zur Integration in diesem Kontext Unterkapitel 3.6).

Auf der Integrationsebene können gemeinsame Systeme wie z. B. Portale betrieben werden. Als Beispiel bieten sich hier insbesondere die zur Umsetzung einer gemeinsamen Einkaufsstrategie verwendeten Portallösungen an. Im Bereich der Chemie liegt mit Chemplorer ein von Cäsar et al. (2004) beschriebenes Beispiel vor.

Auf der Softwareebene kann eine Integration nicht nur zwischen den bestehenden Systemen der beteiligten Unternehmen erfolgen, es kann in Form eines Business Bus auch eine dedizierte Plattform geschaffen werden, wie z. B. Hugentobler et al. (2002) aufgezeigt haben.

Auf der Ebene der Infrastruktur kann schließlich ebenfalls eine Integration erfolgen. Hier ist sowohl der Betrieb einer gemeinsamen Hardwareplattform denkbar, als auch die Abstimmung der verwendeten Infrastruktur, um gemeinsam eingekaufte Softwarekomponenten in identisch strukturierter Umgebung getrennt zu betreiben.

Integrationsprojekte können in der Praxis durchaus mehrere Ebenen zugleich betreffen – auch wenn dies nicht zwangsläufig zu einer ebenenübergreifenden Integration der Artefakte führen muss.

In einer Supply-Chain kann die Abstimmung von der Definition gemeinsam definierter Standards bis zum Betrieb gemeinsamer Infrastruktur reichen. Bei der ETA SA Fabriques d'Ebauches in Grenchen zum Beispiel, wurde zunächst einseitig ein Produktkatalog aufgebaut, der schrittweise um Funktionalität erweitert wurde, um zunächst einzelne Transaktionen, später ganze Teilprozesse abzubilden (Alt et al. 2002). Schließlich können ganze Leistungsbündel über Service-Portale angeboten werden (Cäsar 2005).

Neben der Integration zwischen Unternehmen können auch natürliche Personen z. B. als Konsumenten in solchen Netzwerkstrukturen eingebunden werden. Ein Beispiel hierfür ist Expedia, das als Reiseportal einerseits eine Vernetzung mit den Produkten, Prozessbestandteilen und Informationssystemen der Hotel-, Flug-, Bahn- und Mietwagenanbieter ermöglicht und andererseits den kompletten anbieterseitigen Reiseprozess gegenüber den Endkunden integriert und damit dessen Kundenprozesse bedient (Kagermann u. Österle 2006).

Ist der gemeinsame Betrieb einer Infrastruktur in einer losen Netzwerkstruktur aufgrund der zu tätigenden Investitionen schwierig, so lässt sich diese Situation in einer stärker hierarchisch koordinierten Situation leicht antreffen: In Konzernverbünden wird nicht selten der Betrieb der IT-Infrastrukturen in einer Gesellschaft gebündelt. In einer weniger stark hierarchisch geprägten Form kann dies aber z. B.

bei dem deutschen Sparkassenverbund angetroffen werden, bei dem die selbständigen Sparkassen ihre IT-Infrastruktur in unterschiedlichem Ausmaß bei einem gemeinsamen Dienstleister wie der Sparkassen-Informatik betreiben (Neumann u. Klage 2003).

3.4 System-Migration

Der Begriff System-Migration kann aus zwei Blickwinkeln verstanden werden: Einerseits bezeichnet System-Migration den Umstieg eines Systems oder den Transfer eines Produktes in eine andere technische Umgebung (Simon 1992; Sneed et al. 2005). Dies wird meistens durch eine technische Innovation oder eine grundlegende Neustrukturierung oder -ausrichtung der IT-Landschaft ausgelöst (Simon 1992). Während in den 90er Jahren vorwiegend der Umstieg auf eine Client-Server-Architektur oder eine objektorientierte Technologie zu Migrationsprojekten führten (Simon 1992), ist heute die Migration auf serviceorientierte Architekturen (SOA) ein verbreiteter Auslöser für Migrationen (Höß et al. 2007; Stutz u. Aier 2007). Neben System-Migration unterscheiden Gimnich u. Winter (2005) noch Architekturmigration, Migration der Entwicklungsumgebung und Hardware-Migration. Die Migration monolithischer Strukturen auf eine SOA (Höß et al. 2007) kann somit als Architekturmigration gekennzeichnet werden.

Auf der anderen Seite gilt als zentraler strategiegetriebener Auslöser für Migrationsprojekte die Zusammenlegung zweier Unternehmen (vgl. zu Mergers and Acquisitions Unterkapitel 3.2) oder Unternehmenseinheiten. Eine solche organisatorische Zusammenführung bedingt eine Zusammenführung zweier verschiedener Systeme, was ebenfalls als Migration bezeichnet wird (Penzel u. Pietig 2000). Dabei gibt es die Variante, die existierenden Systeme zu einem Mischsystem zusammen zu führen oder Elemente eines Systems in das andere System zu migrieren. Zusammenfassend steht am Ende einer System-Migration ein einziges System, welche die je nach Situation notwendigen Funktionalitäten aus allen vorher existierenden Systemen beinhaltet.

Eine Migration kann auf einen Schlag erfolgen („Big Bang“), sodass zu einem definierten Zeitpunkt das komplett migrierte System zum Einsatz kommt, oder in mehreren Phasen. Der Big Bang ist oft nicht empfehlenswert, da die Systeme während der Umstellung üblicherweise noch kontinuierlich eingesetzt werden (Penzel u. Pietig 2000). Andererseits sind bei dieser Variante keine temporären Schnittstellen oder Zwischensysteme notwendig (Glöckle 2007). Bei der Entscheidung für die richtige Strategie können die Anzahl der Schnittstellen, die Anzahl der betroffenen Mitarbeiter sowie der Umfang des Datenbestands als Kriterien dienen (Glöckle 2007).

Unabhängig von der gewählten Vorgehensweise steht zu Beginn des Migrationsprojektes – wie bei einer Neuentwicklung – der Entwurf eines detaillierten Zielbildes bezüglich der notwendigen Funktionalitäten und zu unterstützenden Prozesse im Vordergrund (Simon 1992). Zunächst muss genau analysiert werden, welche Systeme migriert werden sollen und welche ggf. neu entwickelt werden müssen oder, im Falle von M&A, bereits in der Ziellandschaft existieren und weiterhin genutzt werden. Hierbei müssen auch nicht-funktionale Anforderungen beachtet werden: Bei der Erweiterung eines Systems um Elemente eines anderen Systems kann z. B. eine erhöhte Rechenleistung und damit ggf. eine andere Hardware notwendig sein (Penzel u. Pietig 2000). Neben der Migration von Daten und Systemkomponenten ist auch die Zusammenführung der unterschiedlichen Organisationsmodelle von großer Relevanz für ein Migrationsprojekt (Glöckle 2007). Da das Ziel der System-Migration auch eine verbesserte Unterstützung von Geschäftsprozessen ist, müssen auch Prozesse bzw. Prozessmodelle migriert werden (Glöckle 2007).Wie auch bei anderen IT-Projekten müssen ein Governance-Konzept für das neu zu gestaltende System entwickelt und Mitarbeiter geschult werden (Schwarze et al. 2007).

Um die Komplexität bei der schrittweisen Migration zu beherrschen, werden strukturierte Modelle und Migrationsmethoden benötigt. In der Regel wird die Aufteilung nach Datenmigration, Migration von Applikationen und Migration der technischen Plattformen vorgenommen (Glöckle 2007). Der Einsatz einer Unternehmensarchitektur kann dabei eine sinnvolle Hilfestellung für die Definition der einzelnen Migrationsschritte geben.

Datenmigration ist die entscheidende Aufgabe im Rahmen einer System-Migration: Die Daten müssen zusammengeführt, Redundanzen aufgedeckt und verhindert werden (Glöckle 2007). Kritisch ist hierbei einerseits die Struktur der Daten (Simon 1992), die dazu führen kann, dass Repräsentationen und Datentypen migriert werden müssen. Andererseits muss die Semantik vereinheitlicht werden, sodass im Zielsystem ein einheitliches Begriffsverständnis existiert. Bei einer System-Migration im Finanzdienstleistungssektor müssen beispielsweise Kontonummern aus verschiedenen Systemen vereinheitlicht werden (Penzel u. Pietig 2000). Darüber hinaus ist auch die Reihenfolge der migrierten Daten relevant, z. B. sollten Stamm- und Kundendaten zuerst und historische Daten später in das neue System überführt werden. Die Datenmigration selbst kann nur bei ruhendem Betrieb (z. B. am Wochenende) durchgeführt werden.

Das Risiko bei Migrationsprojekten ist besonders hoch, da die Migration und teilweise Neuentwicklung während des laufenden Betriebs stattfindet (Simon 1992) und vorhandene Anwendungen und modellierte Prozesse nicht einfach ersetzt werden können (Glöckle 2007). Zusätzliches Risiko besteht, wenn wenig internes Know-how bezüglich der neuen technologischen Umgebung vorhanden ist; viele Unternehmen greifen daher auf externe Berater zurück.

Je nach Treiber des betrachteten Projektes verfolgt die System-Migration unterschiedliche Ziele: Sind technische Innovationen Auslöser für die Umstellung von Informationssystemen, erhoffen sich Unternehmen durch das Integrationsprojekt eine bessere Wettbewerbssituation bzw. einen Innovationsvorteil. Dadurch werden eine schnellere Bereitstellung der Produkte oder Dienstleistungen möglich. Gleichzeitig gilt die Zielsetzung, dass die neue Lösung effizienter einsetzbar ist und somit Kosten bei gleich bleibendem oder sogar verbessertem Output reduziert. Idealerweise ist die neue Lösung gleichzeitig flexibler gegenüber zukünftigen Änderungen.

Werden Systeme im Zuge einer Unternehmenszusammenführung migriert, können ebenfalls verschiedene Zielstellungen verfolgt werden. Naheliegend ist die Verbesserung der Profitabilität und Effizienz durch die Konsolidierung von Systemen gegenüber dem Betrieb paralleler Systeme. Da System-Migration in diesem Zusammenhang eher eine Teilaufgabe ist, werden die Ziele Geschwindigkeit, Flexibilität, Innovation und Qualität nicht primär verfolgt. Diese Ziele spielen eher eine untergeordnete Rolle im Rahmen der allgemeinen Zielsetzung von IT-Projekten.

System-Migration führt zu Integrationsbedarfen auf den Ebenen der technischen Plattformen, der Informationssysteme sowie der Prozesse. Zunächst ist naheliegend, dass auf allen drei genannten Ebenen der Integrationstyp Vereinigung eine große Rolle spielt: Bei der Migration im Sinne einer Zusammenlegung von Systemen ist die Umsetzung des Typs Vereinigung im Rahmen der Integration inhärent. Hierbei werden Plattformen, Systeme und Datenbestände vereinigt, sodass anschließend die Anzahl der existierenden Elemente reduziert ist. Dabei entstehen notwendigerweise neue Arten von Elementen, also Artefakttypen, da die vorher enthaltenden Funktionalitäten aus beiden Ausgangselementen im neu entstandenen Element vereinigen. Werden beispielsweise bei einer Unternehmenszusammenführung Datenbestände zusammengeführt, weist die konsolidierte Datenbank nach Abschluss des Integrationsprojektes typischerweise eine andere Struktur auf als vorher. Ähnlich verhält es sich auf der Ebene der Geschäftsprozesse. Auch diese müssen ggf. konsolidiert werden und sind anschließend anders gestaltet.

Bei der System-Migration im Sinne eines Transfers in eine andere Systemumgebung wird ebenfalls teilweise der Integrationstyp Vereinigung angewendet: Wenn beispielsweise Anwendungssysteme auf eine Client-Server-Architektur migriert werden, fallen alte Systeme oder Plattformen weg und neue werden eingeführt.

Die Migration von Informationssystemen auf neue technische Umgebungen kann ebenfalls Änderungen auf anderen Ebenen nach sich ziehen. So kann es notwendig sein, dass Prozessabläufe angepasst werden und nach den neuen Vorgaben modelliert werden müssen. Hierbei wird der Integrationstyp Ableitung gemäß der Definition in Abschnitt 2.3.2 realisiert. Je stärker die Änderungen auf den technischen Ebenen sind, desto stärkeren Einfluss hat dies auf die Gestaltung der Verbindung zwischen Business und IT. Um die neu gestaltete Systemlandschaft nach einer System-Migration effektiv an Geschäftsprozesse anbinden zu können, kann die Einführung neuer Applikationen zur Strukturierung der IT-Systeme notwendig sein. In einem solchen Fall handelt es sich um den Integrationstyp Alignment.

Abschließend kann festgehalten werden, dass trotz des Fokus auf die Vereinigung von Systemen, in der Situation System-Migration vielfältige Formen der Integration realisiert werden. Integration von Systemen kann gleichzeitig Integrationsbedarfe auf systemfernen Ebenen auslösen. Aus diesem Grund bedarf es eines umfassenden Integrationsmanagements, was die verschiedenen Integrationstypen und ihre Abhängigkeiten untereinander berücksichtigt.

3.5 Standardsoftwareeinführung

Unter Standardsoftware werden allgemein Anwendungssysteme verstanden, die ohne Änderung in unterschiedlichen Unternehmen einsetzbar sind (Gronau 2001). Im Gegensatz zu Individualsoftware wird Standardsoftware für einen zunächst unbekannten Nutzer/Unternehmen entwickelt (Kirchmer 1996). Entscheidende Merkmale von Standardsoftware sind die Branchen- und oft auch Plattformneutralität sowie die Möglichkeit, über Parameter die Anwendungssysteme an die unternehmensspezifischen Gegebenheiten anzupassen (customizing) (Gronau 2001). Standardsoftware ist inhaltlich auf bestimmte betriebliche Einsatzbereiche abgestimmt und ermöglicht zumeist explizit eine internationale Verwendung, d. h. Mehrsprachigkeit. Mit der Durchsetzung der prozessorientierten Unternehmensgestaltung gewann außerdem die Prozessorientierung von Standardsoftware an Bedeutung. Mit Standardsoftware sollen heute gesamte Geschäftsprozesse, z.T. auch über- und zwischenbetrieblich unterstützt werden (Kirchmer 1996; Staud 2006).

Kirchmer (1996) listet die Vor- und Nachteile von Standardsoftware auf. Zu den wichtigsten Vorteilen von Standardsoftware zählen die im Vorfeld mögliche Kosteneinschätzung, die Integrationsmöglichkeiten beim Einsatz von Softwarefamilien sowie vor allem die Kosten- und Zeitvorteile, die durch das Auslagern der Entwicklung bzw. Anpassung und teilweise auch des Betriebs der neuen Anwendungssoftware entstehen. Gronau (2001) nennt zusätzlich die meist hohe Qualität der Softwareprodukte sowie psychologische Aspekte, die bei der Nutzung eines renommierten Standardproduktes ein positives Grundgefühl erzeugen. Den Vorteilen gegenüber stehen insbesondere die Anpassungs- und Integrationsprobleme mit vorhandenen Systemen sowie die Abhängigkeit vom Softwarelieferanten auf lange Zeit. Durch den Einsatz von Standardsoftware werden zudem Wettbewerbsvorteile durch die einheitliche Abwicklung und Unterstützung von Geschäftsprozessen gemindert.

Die Einführung von Standardsoftware umfasst die Aktivitäten, die notwendig sind, um die Software im betrieblichen Umfeld einzusetzen. Gronau (2001) nennt fünf Phasen zur Einführung von Standardsoftware: Zunächst muss ein Projekt organisiert werden. Hierbei ist insbesondere die Entscheidung über den Einbezug externer Dienstleister zu treffen, ggf. wird hier auf die Dienstleistungen des Standardsoftwareanbieters zurückgegriffen. Danach folgt die Feinspezifikation der Anwendungssoftware, welche die Abbildung der Organisationsstruktur und der Geschäftsprozesse im System umfasst. Gleichzeitig wird in dieser Phase das Customizing durchgeführt, d. h. die Parameter der Software an die Gegebenheiten des Unternehmens angepasst. In der darauf folgenden Prototyp-Phase werden die Einstellungen der Standardsoftwareparameter mit Testdaten und Testnutzern simuliert. Vor dem endgültigen Produktivbetrieb wird in einer Pilotphase mit einem Ausschnitt von Echtdaten simuliert.

Die entscheidende Phase bei der Einführung von Standardsoftware ist das Customizing. Hierbei besteht ein Anpassungsaufwand hinsichtlich der Organisation des Anwenderunternehmens, der Geschäftsprozesse, aber auch der verwendeten

Geschäftsdokumente und vereinbarten Standards, wie beispielsweise Nummernsysteme (Gronau 2001). Dieser Anpassungsaufwand ruft komplexe Integrationsbedarfe hervor. Die Einführung eines neuen Anwendungssystems bedingt die Integration mit vorhandenen Informationssystemen und insbesondere der im Unternehmen existierenden und verwendeten Datenbeständen (Kirchmer 1996).Während der Integration kann es notwendig werden, zusätzliche Schnittstellen oder Tools zu entwickeln, die eine reibungslose Zusammenarbeit mit der neuen Standardsoftware ermöglichen (Lessweng et al. 2004).

Bei der Integration verschiedener Informationssysteme kann zwischen der Integration der neuen Standardsoftware mit vorhandenen Applikationen und der Integration verschiedener Standardsoftwareprodukte unterschieden werden (Lessweng et al. 2004). Insbesondere letzteres führt häufig zur Nutzung von Softwareproduktfamilien, die bereits hinsichtlich ihrer verwendeten Modelle aufeinander abgestimmt sind (Gronau 2001).

Der Integrationsproblematik bei der Einführung von Standardsoftware wird durch verschiedene Entwicklungsrichtungen begegnet. Konfigurierbare Systeme decken umfassend mögliche Einsatzszenarien im Hinblick auf verwendete Applikationen, Serverlandschaften aber auch Geschäftsprozesse ab und halten somit für viele Einsatzgebiete passende Konfigurationen bereit. Komponentenbasierte Systeme sind modular aufgebaut und einzelne spezielle Komponenten können je nach Bedarf beliebig eingesetzt und kombiniert werden (Gronau 2001).

Als Lösung für die Integrationsprobleme, die mit zunehmender Verwendung von Standardsoftware auftreten, setzte sich das Konzept der Enterprise Application Integration durch (Erasala et al. 2003; Keller 2002) (vgl. Abschnitt 2.3.3). EAI unterstützt die horizontale Integration von Anwendungssystemen mit Hilfe von Middleware-Komponenten (Ruh et al. 2001; Conrad et al. 2006). Ziel der EAI ist einerseits die Konsistenzsicherung von mehrfach gespeicherten Daten, indem durch eine zentrale Datenbasis Mehrfacherfassungen vermieden werden sollen. Andererseits soll die Systemintegration dazu beitragen, einen globalen Zugriff auf alle unternehmensrelevanten Daten zu ermöglichen (Conrad et al. 2006). Um diese Ziele realisieren zu können, wird bei der Integration an Anwendungssystemen zwischen Datenbankintegration, Applikationsintegration und Präsentationsintegration unterschieden (Ruh et al. 2001). Hinsichtlich des Integrationsprozesses kann zwischen einem Bottom-Up-Vorgehen und einem Top-Down-Ansatz differenziert werden (Conrad et al. 2006).

Mit der Einführung von Standardsoftware sollen die Geschäftsprozesse in einem Unternehmen besser unterstützt werden. Im Gegensatz zu individuell entwickelten Anwendungssystemen wird Standardprodukten häufig eine höhere Qualität attestiert (Gronau 2001). Außerdem liefern sie oft Ansätze für die Integration von verschiedenen Geschäftsbereichen mit. Dadurch kann mit Standardsoftware das strategische Ziel einer qualitativ höherwertigen Produktionsstruktur – sei es im Hinblick auf zu produzierende Produkte oder auch zu erbringende Dienstleistungen – verfolgt werden. Darüber hinaus hat Standardsoftware den Vorteil, dass entstehende Kosten und Zeitaufwände im Vorfeld besser abgeschätzt und dadurch besser kalkuliert werden können (s.o.). Somit kann gleichzeitig das Ziel einer verbesserten Profitabilität unterstützt werden.

Im Gegensatz dazu führt die Einführung und Nutzung von Standardsoftwareprodukten häufig zu starren Strukturen in den Geschäftsprozessen, welche nicht selten an die Vorgaben der Anwendungssysteme angepasst werden müssen. Auch Änderungen in den Ablaufstrukturen bedingen dann eine vorherige Änderung in den Modellen der zugrunde liegenden Standardsoftware. Aus diesem Grund hat die Einführung von Standardsoftware häufig einen negativen Einfluss auf das Ziel der Flexibilität. Auch eine pro-aktive Innovation, welche das Agilitätsziel, wie es in Unterkapitel 1.5 definiert ist, unterstützt, kann durch die Verwendung von Standardprodukten nur bedingt realisiert werden. In der Literatur wird kontrovers diskutiert, ob der Einsatz von Standardsoftware Wettbewerbsvorteile im Hinblick auf Innovations- und Wettbewerbsfähigkeit negativ beeinflusst (Gronau 2001; Österle 2001).

Bei der Einführung von Standardsoftware sind primär Informationssysteme, technische Infrastrukturen sowie Geschäftsprozesse von der Integrationsaufgabe betroffen. Auf Ebene der Informationssysteme wird das Ziel verfolgt, das neue System an die bestehenden Anwendungs- und vor allem Datensysteme anzubinden. Durch die Einführung einer neuen Software, die ursprünglich nicht auf die bereits vorhandene Informationssystemlandschaft ausgerichtet ist, entsteht zusätzliche Komplexität. Einer solchen Komplexität durch geeignete Integrationsmechanismen auf Systemebene zu begegnen, ist die Kernaufgabe von EAI-Tools, welche meist eine Kopplungsaufgabe übernehmen (Schissler et al. 2002). Diese Form der Integration entspricht dem Integrationstyp Bindung.

Gleichzeitig kann die Einführung von Standardsoftware auch bedeuten, dass vorhandene Altsysteme ganz oder teilweise abgelöst werden, da ihre Funktionalität von der gekauften Standardsoftware übernommen wird. Da Standardsoftwareprodukte oft gesamte Geschäftsprozesse oder sogar die Prozesse eines gesamten Geschäftsbereichs abdecken (z. B. ERP-Systeme), kann dies dazu führen, dass bestehende Systeme zur Datenhaltung vereint werden müssen, um eine konsolidierte Datenbasis für die Standardsoftware bieten zu können. In diesem Fall wird der Integrationstyp Vereinigung realisiert: Beispielsweise wird aus den bestehenden Artefakttypen Kundendatenbank und Planungssystem der gemeinsame Artefakttyp ERP-System[9]. Eine solche Vereinigung kann ebenfalls auf Ebene der technischen Infrastruktur stattfinden, wenn durch die Einführung der Standardsoftware die Konsolidierung von Servern notwendig oder sinnvoll wird.

Neben den Auswirkungen, die eine Einführung von Standardsoftware auf technischen Ebenen hat, ist oft auch die Anpassung von Geschäftsprozessen notwendig. Je nachdem, wie flexibel sich die modellierten Prozesse in der Standardsoftware an die Gegebenheiten des Unternehmens anpassen lassen, müssen im Umkehrschluss die Geschäftsprozesse im Betrieb an die Vorgaben des neuen Anwen-

[9] Für dieses Beispiel gilt wie bei den Ausführungen in Unterkapitel 2.3.4: Voraussetzung ist eine entsprechende Detaillierung des Metamodells in die verschiedenen Typen von Informationssystemen.

dungssystems angepasst werden (Integrationstyp Ableitung). Ein Beispiel für eine solche Anpassung ist die Definition des Zeitpunkts, an welcher Stelle im Prozessablauf einer Bestellung eine Bestellnummer generiert werden muss.

3.6 Outsourcing

Outsourcing im Kontext von Informationssystemen bezeichnet die mittel- oder langfristige Auslagerung bisher innerbetrieblich erfüllten IT-Aufgaben an ein oder mehrere rechtlich unabhängige Dienstleistungsunternehmen (Heinzl 1991). Es wird generell zwischen selektivem und totalem Outsourcing unterschieden. Totales IT-Outsourcing bedeutet in diesem Kontext, dass externe Dienstleister Leistungen für ein Volumen von mehr als 80 Prozent des IT-Budgets erbringen. Eine selektive Outsourcing-Strategie bedeutet, dass Teilaufgaben ausgegliedert werden, dies entweder dauerhaft oder etwa während interner Migrationsprojekte oder tiefgreifender Architekturveränderungen (sog. transitionales Outsourcing) (Lacity u. Willcocks 2001). Je nachdem, ob IT-Outsourcing vorrübergehend für ein einzelnes Projekt oder dauerhaft erfolgt, lassen sich verschiedene Integrationstypen identifizieren. Unterschiedliche Realisierungsformen werden durch die jeweiligen Ziele determiniert:

- Kostenreduktion: Durch Variabilisierung der Fixkosten, d. h. durch verursachungsgerechte Abrechnung der bezogenen Leistungen ergibt sich beim Auftraggeber Kostensenkungspotenzial (Hodel et al. 2004; Schwarze u. Müller 2005). Ein Nebeneffekt hiervon ist, dass in vielen Fällen erst im Zuge von Outsourcing eine Kostentransparenz der IT-Leistungen in Unternehmen entsteht, da interne Leistungen nicht immer genau dokumentiert und verrechnet werden (Schwarze u. Müller 2005).
- Konzentration auf das Kerngeschäft: Angelehnt an den Grundgedanken des Scientific Management (Taylor 1913) wird davon ausgegangen, dass Unternehmen Effizienzsteigerungen durch Arbeitsteilung erzielen können – und dies nicht nur innerhalb des Unternehmens, sondern im gesamten Wertschöpfungsnetzwerk. In vielen Unternehmen wird die IT nicht zu den Kernkompetenzen gezählt. Indem Unternehmen die Bereiche ausgliedern, die nicht Gegenstand des Kerngeschäftes sind, können vorhandene Ressourcen effizienter genutzt werden (Schwarze u. Müller 2005).
- Leistungsoptimierung: Da durch Outsourcing-Beziehungen sowohl Auftraggebern als auch Dienstleistern ein höherer Spezialisierungs- und damit Professionalisierungsgrad ermöglicht wird, besteht ein weiteres Ziel des Outsourcing in der Leistungsoptimierung. Outsourcing bietet den Auftraggebern durch den Zukauf gebündelter Dienstleistungen Zugang zu Experten, ohne Spezialwissen zu allen Bereichen selbst aufbauen und vorhalten zu müssen. Die zu beziehenden Leistungen werden in Verträgen konkret und vollständig spezifiziert. Diese Verträge enthalten so genannte Service Level Agreements (SLAs) und Operati-

onal Level Agreements (OLAs), die wesentliche Qualitätsmerkmale der gehandelten IT-Leistungen, wie etwa Verfügbarkeit, Support, Antwortzeiten, Performance- und Sicherheitsaspekte definieren Schwarze und Müller (2005).

Zur Abwicklung eines Outsourcings werden in der Literatur verschiedene Referenzprozesse vorgeschlagen. Abb. 3.1 skizziert den Ansatz von Hodel et al. (2004), der einen umfassenden Überblick über die Phasen und Aktivitäten gibt.

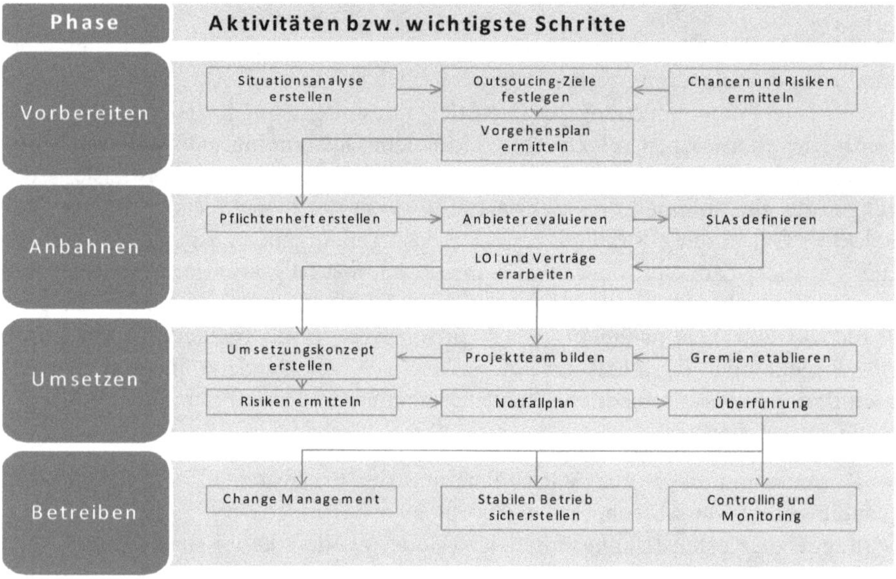

Abb. 3.1. Phasen und Aktivitäten des IT-Outsourcing (Hodel et al. 2004)

Kernelement der Vorbereitungsphase ist die genaue Analyse der eigenen Fähigkeiten und der Kostenfunktion der IT-Leistungserstellung (Lacity u. Willcocks 2003). Davon ausgehend kann eine dezidierte Strategie entwickelt werden. Zur Strukturierung der auszugliedernden Elemente der betrieblichen IT wird von Lancelotti et al. (2003) ein Stacksystem aus Infrastruktur, Applikationen und Prozessen eingeführt.

In der Anbahnungsphase wird erster Kontakt mit potenziellen Dienstleistern als Partnern aufgenommen. Der Auswahl der Partner kommt offensichtlich erfolgskritische Bedeutung zu. Zur Prüfung der Eignung von Outsourcingpartnern existieren diverse Methoden. Hierzu zählen beispielsweise Scoringverfahren und beidseitige Due-Diligence Prozesse (Lassig et al. 2003). Hierbei werden von Auftraggeber und Dienstleister jeweils detaillierte Prüfungen des potenziellen Partners durchgeführt um somit klare Regeln für die Zusammenarbeit entwerfen zu können. Die Verwendung von Interoperabilitätsstandards, wie etwa der semantischen Auszeichnung von Services durch XML oder Ontologien haben hierbei großen Einfluss auf die Auswahl der Partner und die Möglichkeiten der Zusammenarbeit. Je höher der Grad der Standardisierung beider Partner ist, desto feingranularer können Elemente (z. B. einzelne Services oder Aktivitäten) an externe Partner ausgegliedert werden (Braunwarth u. Heinrich 2008). Kritische Punkte der Vertragsgestaltung betreffen unter anderem die Haftungsfrage bei Ausfällen, die zu signifikanten Beeinträchtigungen in der Geschäftsabwicklung führen (Schwarze u. Müller 2005). Hierbei können Probleme im Sinne der Prinzipal-Agent-Theorie entstehen. Demnach kann der Dienstleister bei Einwilligung der Übernahme allfälliger Risiken diese in seine Angebote einpreisen und hat im Gegenzug, wenn er Ausfallrisiken nicht abdeckt, Anreize zu opportunistischem Verhalten. Beispielsweise könnte er es unterlassen, aufwendige Vorsichtsmassnahmen zu treffen, die das Ausfallrisiko minimieren könnten (Aubert et al. 2003).

In der Umsetzungsphase findet die eigentliche Überführung der Dienstleistungen von intern nach extern statt. Hierzu existieren zahlreiche Best Practices, einige Autoren sprechen sogar von Industrialisierung des IT-Sourcings (von Jouanne-Diedrich et al. 2005) und stellen unter diesem Stichwort Methoden, Prozessen und Ablauforganisation für die Umsetzungsphase vor.

Nach der Überführung folgt der Betrieb. In dieser Phase zeigt sich, ob die Auswahl der Partner und die Vertragsgestaltung tatsächlich erfolgreich waren. Zur Überwachung der bezogenen Dienstleistungen werden häufig im Rahmen umfangreicher Qualitätsmanagementinitiativen, z. B. kennzahlenbasierte Monitoring- und Controllingmaßnahmen ergriffen (Bernroider u. Koch 2005). In diesem Zusammenhang sei die Bedeutung von Compliance Anforderungen genannt. Die Überwindung von kulturellen Differenzen (gemeint ist sowohl Landeskultur als auch Unternehmenskultur) erfordert ein dediziertes Change Management, dessen Leistungsfähigkeit letztlich schon in der Vorbereitungs- und insbesondere der Anbahnungsphase bei der Auswahl der Anbieter evaluiert werden muss.

In Outsourcingsituationen findet unabhängig vom Zeithorizont des Dienstleistungsverhältnisses Integration in Gestalt von Alignment statt. Dieses gegenseitige Ausrichten der Partner erfolgt über Kosten- und Leistungsvereinbarungen, insbesondere SLAs. So wird etwa das Diensleistungsportfolio des Outsourcingunternehmens anhand der strategischen Positionierung des Auftraggebers determiniert.

Im häufig auftretenden Fall, dass die betriebliche Informationsverarbeitung an einen externen Partner vergeben wird erfolgt Integration durch Bindung. Hierbei entstehen Punkt-zu-Punkt-Verbindungen oder auch Hub-and-Spoke-Verbindungen zwischen Artefakten des gleichen Typs der beiden Vertragspartner. Beispielsweise entsteht eine Verbindung von Prozessen oder Anwendungssystemen.

Integration im Sinne der Vereinigung ist bei Outsourcingsituationen beispielsweise dann gegeben, wenn Ressourcen der Vertragspartner zusammengelegt werden und somit auf Metamodell- oder Instanzebene nach der Integration weniger Elemente vorhanden sind als vorher.

Der Integrationstyp Ableitung kommt dann vor, wenn ein Artefakt auf Grundlage eines anderen konstruiert wird. Dies ist bei Outsourcing beispielsweise dann der Fall, wenn das Dienstleistungsunternehmen intern auf Grundlage der Anforderungen des Kunden bestimmte Strukturen schafft.

3.7 Unternehmensinterne Reorganisation

Die unternehmensinterne Reorganisation kann unterschiedliche Ursachen mit verschiedenen Auswirkungen auf die verschiedenen Architekturebenen haben. Als Ursachen bzw. Treiber lassen sich fachliche Innovationen, technische Innovationen und Maßnahmen zur Vereinfachung bestehender Systeme im Sinne des in Kapitel 1 schon angesprochenen Housekeeping nennen.

Um nicht jede Änderung einer betrieblichen Struktur zu betrachten bzw. unter dem Integrationsbegriff zu berücksichtigen, seien die hier betrachteten Fälle auf diejenigen beschränkt, welche zu Änderungen mit Integrationscharakter auf mindestens einer der anderen Architekturebenen des Unternehmens führen.

Unter Berücksichtigung der Architekturebenen lassen sich unter den *fachlichen Innovationen* z. B. folgende Situationen erfassen:

- Einführung eines neuen Produktes mit der Schaffung geeigneter Prozesse und diese unterstützende Informationssysteme.
- Änderung der fachlichen Prozesse mit der Folge geänderter Informationssysteme.
- Adressieren eines neuen Marktsegments mit der Folge eines geänderten Geschäftsprozesses.

In der Wirtschaftsinformatik-Literatur finden sich zahlreiche Beispiele, welche diese Änderungsketten veranschaulichen. Im Kontext des Retail-Bankings findet sich für eine auf strategischer Ebene angestoßene Änderung z. B. bei der Credit Suisse (Braun 2002) oder der Migrosbank (Reich u. Stucki 2002) das Beispiel der Einführung neuer Vertriebskanäle, welche neben neuen und geänderten Prozessen auch die Schaffung neuer Informationssysteme bedingen und insbesondere deren Anbindung an bestehende Kundenstammdaten- und Kontenführungssysteme erfordern.

Für ein Integrationsprojekt ist in diesem Kontext relevant, dass nicht einfach eine Änderung an einem bestehenden System vorgenommen wird, sondern zugleich fachlich motivierte Integrationsbedarfe auftreten: In beiden Beispielfällen sind es die vorhandenen Produkte, die über die neuen Kanäle vertrieben werden und über die bestehenden Systeme abgerechnet werden. Folglich ist eine Anbindung der neuen Vertriebskanäle an die bestehenden Systeme erforderlich. Falls in einem vergleichbaren Fall die Fachseite keinen Integrationsbedarf explizit äußert, kann dieser dennoch seitens der betrieblichen IT erkannt werden, um die Kostensenkungspotentiale (Wiederverwendung schon bestehender Lösungen) und Vereinfachungspotentiale (Vermeidung von Redundanz) zu heben.

Neben den fachlichen können auch *technische Innovationen* ein Integrationsprojekt auslösen. Hierbei kann sowohl der Fall auftreten, dass von der Fachseite eine technische Innovation gewünscht wird, als auch dass die betriebliche IT eine technische Innovation aufnimmt. Als Beispiel für eine fachlich motivierte technische Innovation mag die Einführung von RFID-Etiketten in der Handelslogistik dienen. In der von Schwindt (2004) beschriebenen Situation ermöglichen RFID-

Etiketten eine vereinfachte Wareneingangs- und -ausgangsabwicklung, da die Etiketten auch dann ausgewertet werden können, wenn die palettierten Waren in Folie eingeschlagen sind. Durch die technische Innovation werden kürzere Standzeiten und eine geringere Fehlerquote bei der Qualitätskontrolle ermöglicht. Unabhängig von der Frage, ob die Annahme dieser technischen Innovation von der Fachseite oder der betrieblichen IT vorgebracht wurde, ergeben sich Änderungen über verschiedene Architekturebenen hinweg, die in Kombination mit einem Integrationsbedarf auftreten. Auch hier ist es die Integration mit bestehenden Stammdatensystemen.

Schließlich ist das zuvor erwähnte „Housekeeping“ zu erwähnen, das auf eine Vereinfachung der Strukturen abzielt, die sich im Zeitablauf entwickelt haben. Es kann sowohl von der Fachseite wie von der betrieblichen IT initiiert werden, stellt aber im Wortsinne keine Innovation dar. Sind im Fall der fachlichen und technischen Innovation Änderungen denkbar, die keine Integrationsbedarfe nach sich ziehen, können sie hier kaum ausgeschlossen werden. Als Beispiel sei der Fall einer Schweizerischen Versicherung genannt, bei der die zuvor getrennten Bereiche Leben und Nicht-Leben zusammengeführt wurden (zum Fallbeschrieb vgl. Schelp u. Winter 2008). Da die Informationssysteme, mit denen die zuvor getrennten Geschäftsprozesse unterstützt wurden, auch getrennt entwickelt wurden, zeigten sich in der Applikationslandschaft erhebliche Redundanzen. Mit diesen kann dabei unterschiedlich umgegangen werden: Neben der Auflösung ist auch die bewusste Beibehaltung der Redundanzen denkbar.

Eine Auflösung der Redundanzen kann erreicht werden, indem die betroffenen Systeme miteinander verschmolzen werden und die ursprünglichen Systeme dabei untergehen. In diesem Fall liegt der Integrationsarchetyp Vereinigung vor (vgl. Unterkapitel 3.4). Sofern die ursprünglichen Systeme erhalten bleiben, können sie auch teilweise um die redundanten Funktionen bereinigt und die verbleibende Funktionalität miteinander verbunden bzw. gekoppelt werden.

Bei Beibehalten der Redundanz, wofür technische wie fachliche Gründe sprechen können, kann eines der beteiligten Systeme eine führende Rolle übernehmen, die übrigen Systeme werden mit diesem verbunden bzw. gekoppelt. Technische Gründe für das Beibehalten von Daten- oder funktionaler Redundanz können z. B. Zugriffszeiten oder eine Erhöhung der Ausfallsicherheit sein. Diese wiederum können auch fachlich erwünscht sein, um z. B. fachliche Zuständigkeiten oder Offlinefähigkeit abzubilden (Schwinn u. Schelp 2005).

4 Fallstudien zu Integrationsprojekten

Nachdem in Kapitel 2 die Integrationsarchetypen eingeführt und in Kapitel 3 zu Integrationssituationen in Beziehung gesetzt wurden werden in diesem Kapitel reale Integrationsprojekte durch Fallstudien beschrieben. In Kapitel 5 werden die realen Fälle dann durch die Integrationsarchetypen und die Integrationsaufgaben erklärt.

4.1 Neugestaltung des Schadenmanagements der AXA Winterthur – Integration und komponentenbasierte IT-Architektur im Claims-Programm

Fiorenzo Maletta, Stefan Müller, Markus Werder

AXA Winterthur

Christian Riege

Universität St.Gallen

4.1.1 Unternehmensprofil

Die AXA Winterthur ist seit dem 1.1.2007 die Schweizer Tochtergesellschaft der AXA. Die AXA Gruppe ist mit 52 Millionen Kunden und einem Umsatz von 79 Mrd. Euro einer der weltweit führenden Versicherungskonzerne. Die AXA Gruppe beschäftigt 150'000 Mitarbeiter und ist in 47 Ländern vertreten. Innerhalb dieser Gruppe repräsentiert die AXA Winterthur die Ländereinheit Schweiz. Tabelle 4.1 gibt einen Überblick über das Schweizer Geschäft der AXA Winterthur.

Die strategische Ausrichtung der AXA Winterthur umfasst dabei u. a. folgende Teilziele:

- Entwicklung bzw. Ausbau des Multikanalansatzes zur Erhöhung der Vertriebskraft
- Etablieren des Servicegedankens und Kundenfokus zur Differenzierung im Versicherungsgeschäft

- Erhöhung der Produktivität und Servicequalität in den bestehenden Geschäftsprozessen

Tabelle 4.1. Unternehmensprofil AXA Winterthur (AXA Winterthur 2008)

AXA Winterthur	
Gründung (als Winterthur Versicherungen)	1875
Firmensitz	Winterthur
Branche	Versicherungen
Geschäftsfelder	All-Branchen Versicherer
Privat- und Geschäftskunden	1,8 Mio.
Geschäftsvolumen (in 2007)	10,5 Mrd. CHF
Verwaltetes Vermögen (per Ende 2007)	62 Mrd. CHF
Mitarbeitende (per Ende 2007)	4'100
Kontakt	www.axa-winterthur.ch

Die angeführten strategischen Ziele werden flankiert durch branchenbezogene Herausforderungen (Ackermann et al. 2005): Insbesondere die verschärfte Wettbewerbssituation, z. B. aufgrund zunehmender Deregulierung des Versicherungsmarktes, führt zu erhöhtem Kostendruck, welcher u. a. auf der internen Leistungserstellung beruht. Hinzu kommen geänderte Anforderungen aufsichtsrechtlicher Natur, welche zum einen Transparenz bei der Leistungserstellung bedingen und zum anderen zusätzliche Dokumentationspflichten beinhalten. Darüber hinaus ist für die Nachfrageseite charakteristisch, dass aufgrund zunehmender Wechselbereitschaft sowie erhöhter Preissensibilität die Kundenorientierung für die Versicherungswirtschaft von hervorgehobener Bedeutung ist.

4.1.2 Anforderungen im Schadenmanagement

Das Schadenmanagement, respektive darunter subsumierte Prozesse (vgl. Abb. 4.1) stellen Kerngeschäftsprozesse in der Assekuranz dar (Farny 2000, S. 334). Unter Berücksichtigung der genannten strategischen Ziele und Herausforderungen ergibt sich für das Schadenmanagement die Forderung, einen Beitrag zu leisten sowohl unter dem Aspekt der Kostenreduktion als auch unter dem Aspekt der verstärkten Kundenorientierung.

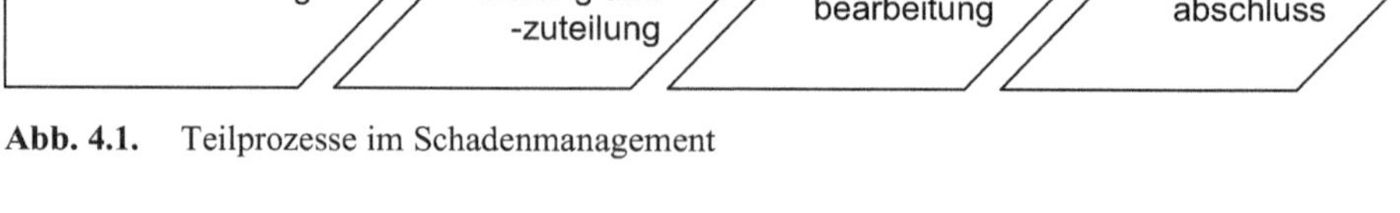

Abb. 4.1. Teilprozesse im Schadenmanagement

Als Kerngeschäftsprozess ist das Schadenmanagement ein wichtiger Ansatzpunkt zur Realisierung von Effizienzpotenzialen. Zum einen können Risikokosten, bspw. durch Reduktion der Schadenquote[10], adressiert werden. Zum anderen existiert ein Hebel bei den Betriebskosten, indem bspw. Prozessabläufe standardisiert und verfahrenstechnische Innovationen bei den zugrunde liegenden IT-Systemen für die Schadenbearbeitung genutzt werden (Farny 2000, S. 432f).

Darüber hinaus ist das Schadenmanagement eine wichtige Stellschraube, um dem Wunsch nach verstärkter Kundenorientierung zu entsprechen. So ist der Kundenkontakt im Schadenfall gleichzeitig der Einstiegspunkt für die Schadenregulierung respektive der Leistungserstellung im Versicherungsunternehmen. Dessen Qualität und Orientierung an den Kundenbedürfnissen stellt demzufolge einen wichtigen Indikator für die Kundenzufriedenheit dar. Nicht zuletzt muss auch die informationstechnische Unterstützung des Schadenmanagements in der Lage sein, diese Anforderungen abzubilden. Dabei ist es wünschenswert, dass auch zukünftige Änderungsbedarfe flexibel mit diesen IT-Systemen adressiert werden können (Dern 2006).

Die Situation im Schadenmanagement zu Beginn des Jahres 2001 erlaubte es nicht in hinreichendem Maße, die Ziele hinsichtlich Kostenreduktion und Differenzierung im Wettbewerbsumfeld zu erreichen. Im Einzelnen waren dafür folgende Gründe ausschlaggebend:

- Einerseits wiesen die Schadenprozesse der AXA Winterthur eine manuelle, spartenspezifische Fallzuteilung innerhalb vergleichsweise starrer regionaler Strukturen (Profitcenter-Gedanke) auf.
- Die Schadenbearbeitung erfolgte zu diesem Zeitpunkt i. d. R. auf Basis von Papierdossiers.
- Kennzeichnend war eine oftmals unflexible Lastverteilung in der Schadenbearbeitung bedingt durch die starke Regionalisierung.
- Ein fachliches Controlling war insofern nur unzureichend möglich, als dass SOX-Anforderungen (bspw. das Erstellen von Auswertungen zu Zahlungsflüssen im Schadenmanagement) nicht umsetzbar waren.
- Die Prozessschritte nach Fallabschluss waren zu unflexibel. So war z. B. die Umsetzung eines so genannten zentralen *Closed File Review* in der klassischen Applikation nicht vorgesehen.
- Es wurde ein unzureichender Kundenservice attestiert, u. a. hervorgerufen durch die eingeschränkte Auskunftsfähigkeit zum Bearbeitungsstand von Schadenfällen.
- Zusätzlich befand sich die zugrunde liegende Altanwendung für die Informationsverwaltung nach 30 Betriebsjahren am Ende ihres Lebenszykluses.
- Die klassische Applikation bot kaum flexible Anpassungs- bzw. Erweiterungsmöglichkeiten um Qualitätsanforderungen, bspw. gemäß Zahlungspflichten oder Fallerledigung, gerecht zu werden.

---

[10] Die Schadenquote gibt den Perioden bezogenen Anteil der Schadenaufwendungen an den entfallenen Prämien wieder (Farny 2000, S. 311).

Hieraus ergab sich der Bedarf nach einer Umgestaltung des Schadenmanagements. Dies schließt die Planung, Erstellung und Integration dem Schadenmanagement zugrunde liegender IT-Systeme ein.

4.1.3 Claims-Programm

Für die Ausrichtung des Schadenmanagements an zukünftigen Anforderungen sowie die dafür notwendige Umgestaltung der IT-Unterstützung wurde 2001 in der AXA Winterthur das Claims-Programm[11] initiiert.

4.1.3.1 Projektziele

Die Ziele im Claims-Programm[12] leiteten sich aus den vorgängig angeführten Anforderungen an die Prozesse im Schadenmanagement sowie den Unzulänglichkeiten der vorhandenen Implementierung ab. Sie lassen sich wie folgt zusammenfassen:

- *Prozessoptimierung*: Es galt, schlanke und effiziente Erfassungs- und Abwicklungsprozesse im Schadenmanagement aufzubauen, welche differenziert und anpassbar an einzelne Fallbedürfnisse sind.
- *Zentralisierung*: Es wurde eine einzige, standort- und organisationsunabhängige, gesamthaft vernetzte Schadenwelt (Systeme/Front-end) angestrebt.
- *Performance Management*: Es sollte das Führen über Kennzahlen im Schadenmanagement ermöglicht werden.
- *Flexibilität*: Stabilität und Modularisierung sollten einen mehrjährigen Lebenszyklus der im Schadenmanagement zu nutzenden Applikationen zulassen.

Initiiert wurde das Claims-Programm vom Ressort Schaden P&C (Property & Casualty) der AXA Winterthur. Gestützt auf die Ausführungen zu generellen Zielen und Auslösern von Integrationsprojekten (vgl. Kapitel 2) positioniert sich das Claims-Programm wie folgt, (vgl. Tabelle 4.2).

Eine relevante Integrationssituation, in welche sich das Claims-Programm einordnet, ist die unternehmensinterne Reorganisation (vgl. Kapitel 3).

---

[11] Projektlaufzeit: März 2001 bis Oktober 2008.

[12] Die Projektziele sind Ergebnis einer internen Studie mit dem Titel „ECHO Efficient Claims&Health Organization".

Tabelle 4.2. Generische Einflussgrößen auf Integrationsprojekte und ihre Operationalisierung im Claims-Programm

Einflussgrößen	Situation im Claims-Programm
Projektauslöser	
– fachliche Veränderung	Prozessoptimierung im Schadenmanagement
– Housekeeping	Wartbarkeit zugrunde liegender Systeme
Formale Projektziele	
– Profitabilität	Kostenziel, d. h. Verringerung Schadenquote
– Qualität	Kundenorientierung im Schadenmanagement
Sachziele im Projekt	
– Flexibilität	Modularisierung und lose Kopplung von implementierter Funktionalität

4.1.3.2 Projektschritte und -durchführung

Das Claims-Programm untergliedert sich in verschiedene Projekte. Ausgangspunkt der Umgestaltung des Schadenmanagements und verbundener IT-Systeme war der Prozess Schadenmeldung – umgesetzt im Rahmen des Projekts Tele-Claims. Ein Schwerpunkt war hierbei die Schadenentgegennahme via Telefon. Zeitlich nachgelagert werden im Teilprojekt Claims-Core die verbliebenen Prozesse des Schadenmanagements sowie der Einbezug aller Sparten umgesetzt.

Bei der Neugestaltung der im Rahmen des Schadenmanagements betroffenen Applikationen wurde aus strategischen Überlegungen heraus die Komponentenorientierung als zugrunde liegendes Architekturparadigma gewählt. Neben dem Ziel der Wiederverwendung von definierten Komponenten versprach die Komponentenorientierung in erster Linie die gewünschte Wartbarkeit und Handhabbarkeit bei der Softwareentwicklung im Rahmen des mehrjährigen Claims-Programms. Wartbarkeit und Handhabbarkeit als Eigenschaften der konzipierten IT-Architektur unterstützen zusätzlich einen mehrjährigen Lebenszyklus[13], indem auch zukünftige Änderungen flexibel, d. h. möglichst ohne Auswirkungen auf andere Komponenten, umgesetzt werden können.

Charakteristisch für den Entwicklungsprozess war dabei, dass oftmals unterschiedliche Komponenten zur gleichen Zeit weiterentwickelt wurden. Entscheidend an dieser Stelle ist die Granularität der zu entwerfenden Komponenten: Einerseits gilt es, eine fachlich sinnvolle Kapselung von Funktionalität zu erreichen, um u. a. die Wiederverwendung von Komponenten zu fördern sowie andererseits die Wartbarkeit der Applikation nicht durch unnötige Schnittstellenkomplexität bzw. zu enge Kopplung zwischen den Komponenten zu gefährden.

Beim Schnitt der Komponenten wurde aus diesem Grund ein Top-down Ansatz gewählt, welcher die Dekomposition anhand fachlicher Domänen in der AXA

[13] Typischer Weise wird von einer Laufzeit von 10 bis 15 Jahren ausgegangen.

Winterthur als Ausgangspunkt definiert. Domänen als fachliche Funktionsbündel weisen die notwendige zeitbezogene Stabilität auf. Daraus resultierten in einer weiteren Entwicklungsstufe verteilte, fachliche Services, die gemäß einer Ebenenarchitektur bestehend aus Präsentations-, Business-Aktivität- und Business-Objekt-Ebene strukturiert sind.

Die technische Umsetzung beinhaltet auf Frontend-Seite die Ablösung der alten 3270-Umgebung durch eine Java-basierte Implementierung des Intranet/Web Clients. Die Implementierung der Middleware erfolgte unter Nutzung von CORBA[14] im Rahmen eines Enterprise Service Bus. Die komponentenbasierte Realisierung mittels CORBA erforderte ebenfalls den Ausbau der zugrunde liegenden Hardware-Infrastruktur. Dies beruht in erster Linie auf der zu erwartenden hohen Anzahl wechselseitiger Aufrufe der Komponenten innerhalb des Systems als auch an Aufrufen der Komponenten zu den Umsystemen.

Unter dem Gesichtspunkt der Integration bestand für die Projektdurchführung eine maßgebliche Aufgabe darin, die neue Lösung in die bestehende Anwendungslandschaft einzubinden. So führt die eingeforderte Flexibilität in den Schadenbearbeitungsprozessen, bspw. Ad-hoc-Auskünfte zum Bearbeitungstand, dazu, dass auf einen bestimmten Fall bezogene Informationen in Echtzeit zur Verfügung stehen müssen. Diese zusätzlichen Informationen werden in verschiedenen Lieferapplikationen wie dem Vertragsverwaltungssystemen oder dem Dokumentenmanagementsystem geführt. Wird die Datenhaltung im Rahmen einer verteilten Komponentenarchitektur redundanzfrei organisiert, so entstehen in den Schadenbearbeitungsprozessen ggf. prozesskritische Abhängigkeiten zu den entsprechenden Lieferapplikationen. Demgegenüber ist abzuwägen, in welchem Umfang eine redundante Datenhaltung zusätzliche Anforderungen an die Synchronisierung mit den entsprechenden Lieferapplikationen erhebt. Die Komponentenorientierung in den Systemen für das Schadenmanagement und deren Integration führte in jedem Fall zu einer Anpassung der Servicelevel der Lieferapplikationen.

4.1.3.3 Neue Lösung

Die Umgestaltung des Schadenmanagements sowie der dazugehörigen Applikationen unter zu Hilfenahme einer komponentenbasierten IT-Architektur führte im Rahmen des Claims-Programms zu folgenden Entwicklungen:

- *Flexibilität*: Es besteht Transparenz, Stabilität und Unabhängigkeit bei Ausbau und Wartung der Lösung, d. h. an unterschiedlichen Funktionen kann gleichzeitig gearbeitet werden, unter Umgehung des Risikos von Kollisionen. Weiterhin ist es möglich, den Komponententest isoliert durchzuführen.
- *Performance Management*: Deutliche qualitative Verbesserung in den Prozessen des Schadenmanagements, d. h. insbesondere im Rahmen des Controllings, können nun Analysen und Auswertungen für Fallzahlen und Durchlaufzeiten

[14] Common Object Request Broker Architecture

erhoben werden. Darüber hinaus gestaltet sich die Einarbeitung von neuen Mitarbeitern in die Schadenregulierung intuitiver im Vergleich zur klassischen Applikation.

- *Prozessoptimierung*: Datenqualität, Konsistenz und Detaillierungsgrad in der Schadenbearbeitung haben deutlich zugenommen. Ein Beispiel ist die Zuweisung bzw. Koordination der Bearbeitung von Schadenfällen zwischen den involvierten Sachbearbeitern, bspw. bei Ressourcenengpässen oder kritischer Systemlast. Darüber hinaus ist eine regelbasierte Vorselektion bzw. Missbrauchsprüfung von Schadenfällen möglich.
- *Zentralisierung*: Auskunftsbereitschaft besteht nun zu jedem Bearbeitungszeitpunkt, d. h. der Zugriff auf relevante Dokumente ist unabhängig vom physischen Standort der Sachbearbeiter.

Eine abschließende Kosten- und Nutzenbetrachtung kann für das Projekt zum jetzigen Zeitpunkt noch nicht gegeben werden, da das Programm noch nicht abgeschlossen ist. Zum einen wird die transparente Gegenüberstellung von IT-Betriebskosten durch den derzeit notwendigen Parallelbetrieb von klassischen und neu gestalteten Applikationen im Schadenmanagement erschwert. So werden z. B das Zahlungssystem und die Korrespondenz weiterhin über die klassische Applikation abgewickelt. Zum anderen fallen zusätzliche Kosten für die Synchronisation mit den Altsystemen an. Ein Fokus ausschließlich auf die IT-Betriebskosten greift jedoch insgesamt zu kurz, da hier von vornherein mit einem insgesamt höheren Aufwand kalkuliert wurde. Der Return on Investment soll in erster Linie auf der Fachseite generiert werden, bspw. unter Ausnutzung der angebotenen neuen Funktionalitäten.

Bezug nehmend auf die Integrationsarchetypen im Rahmen des Integrationsmanagements (vgl. Kapitel 2) gibt Tabelle 4.3 einen Überblick zu den im Claims-Programm identifizierten Integrationsaufgaben bzw. Integrationsarchetypen. Insbesondere die Integrationsarchetypen *Ableitung* und *Bindung* können demnach im vorliegenden Projekt identifiziert werden.

4.1.4 Lerneffekte und Ausblick

Ein wesentlicher Erfolgsfaktor für Projekte von Umfang und Dauer des Claims-Programms besteht in der Führung durch eine starke Persönlichkeit, welche über die entsprechende Verankerung im Management verfügt. Des Weiteren ist ein klar definiertes, iteratives Vorgehen in der Projektarbeit von Bedeutung. Dazu gehören auch qualitätssichernde Maßnahmen, die mit der Architektur abgestimmt sind.

Tabelle 4.3. Integrationsarchetypen und exemplarische Integrationsaufgaben im Claims Programm

Integrationsarchetypen	Claims-Programm
Ableitung	Die Qualitätslevel bzw. Service Level Agreements (SLA) von Lieferapplikationen werden auf Basis der Anforderungen in den Schadenbearbeitungsprozessen angepasst. Die Gestaltung der Komponenten orientiert sich an den existierenden fachlichen Domänen um die gewünschte Stabilität zu gewährleisten.
Bindung	Ein Enterprise Service Bus dient der Kopplung und Schnittstellenminimierung zwischen den Komponenten.

Als Architekturparadigma zur Umsetzung bzw. Neugestaltung der IT-Systeme fungiert die Komponentenorientierung. Komponentenbasierte Systeme sind keinesfalls Inselsysteme, sondern sind in besonderem Maße abhängig von Lieferapplikationen. Aus Sicht der Anwender kann die eingeschränkte Verfügbarkeit von Liefersystemen u. U. zur Einschätzung führen, die Kernanwendung im Schadenmanagement, basierend auf fachlichen Services, erfülle die in sie gesetzten Erwartungen nur teilweise. Ein bedeutender Erfolgsfaktor im Claims-Programm war eine detaillierte Anforderungsanalyse aus Geschäftssicht. Insbesondere wurde aufgenommen, welche Informationen aus Drittapplikationen für die Fallbearbeitung zu einem bestimmten Zeitpunkt obligatorisch und welche unkritisch sind.

Nächste Phasen im Claims-Programm schließen die Ablösung des Korrespondenz- und Zahlungssystems der klassischen Applikation ein. Im Anschluss daran stehen die Ablösung der Hintergrundprozesse und Datenlieferungen, sowie die Vernetzung zu analytischen Informationssystemen im Vordergrund.

Da eine weitere Verringerung der Wertschöpfungstiefe in der Versicherungswirtschaft zu erwarten ist (Ackermann et al. 2005), wird auch in Zukunft die Integration von Systemen externer Partner im Schadenmanagement eine wichtige Rolle spielen. Hier schafft die komponentenbasierte Architektur durch die lose Kopplung und Kapselung die notwendigen Voraussetzungen, bspw. um Informationen eines externen Sachverständigen in den Prozess der Schadenbearbeitung einzubinden.

Weitere Optionen, welche sich durch den gestiegenen Informationsgehalt in den Schadenbearbeitungsprozessen ergeben, werden gegenwärtig intensiv diskutiert, bspw. in Form einer regelbasierten stochastischen Missbrauchsprüfung. Hier wird davon ausgegangen, dass sich in Zukunft weiteres Nutzenpotential identifiziert lässt. Die im Zuge des Claims-Programms entwickelte komponentenbasierte IT-Architektur wird darüber hinaus in weiteren Projekten der AXA Winterthur als Referenzarchitektur herangezogen.

4.2 Integration von Business Objects in die SAP Organisation – Eine Fallstudie aus Perspektive des Controllings

Helen-Ingrid Arnold

SAP

Frederik Marx

Universität St.Gallen

4.2.1 Einführung

Mitte des Jahres 2007 hat die SAP AG die Akquisition der Business Objects S.A. durch eine freundliche Übernahme (share deal) bekannt gegeben und zu Beginn des Jahres 2008 erfolgreich rechtlich abgeschlossen. Durch diese strategische Akquisition soll das Portfolio der SAP im Bereich Business Intelligence signifikant erweitert und Synergien zwischen den beiden Software-Unternehmen realisiert werden. Um die angestrebten Ziele der Akquisition zu realisieren, wurde eine vollständige Integration der Business Objects Organisation in die SAP Organisation durchgeführt.

Setzte die SAP bisher auf organisches Wachstum und akquirierte eher kleinere bis mittlere Unternehmen, so stellte die Akquisition von Business Objects mit einem Gesamtpreis von 4,8 Mrd. € eine neue Größenordnung dar. Durch die Akquisition erhöhte sich der Umsatz der SAP um ca. 12,5%. Die Anzahl der Mitarbeiter wuchs um ca. 12%. Die Umsetzung einer solchen Integration betrifft alle Unternehmensebenen und Unternehmensbereiche und stellt daher für beide Organisationen, die SAP als „Akquirierende" aber auch Business Objects als „Akquirierte", eine Herausforderung dar.

Nachfolgende Tabelle 4.4 stellt die Daten und Fakten der beiden Unternehmen kurz gegenüber, um die Rahmenbedingungen der Integration zu verdeutlichen:

Tabelle 4.4. Unternehmensprofile SAP und Business Objects

	SAP AG	Business Objects S.A.
Gründung	1976	1990
Firmensitz	Walldorf/Deutschland	San Jose/USA, Paris/ Frankreich
Branche	Software Lizenzen und Software Related Services	Software Lizenzen und Software Related Services
Geschäftsfelder	Unternehmensanwendungen	Business Intelligence-Anwendungen
Geschäftsvolumen 2007	ca. 10 Mrd. US$	ca. 1,25 Mrd. US$
Mitarbeitende 2007	43.800	5.400

Im Fokus der vorliegenden Fallstudie stehen die Herausforderungen und Aufgabenstellungen, die das Corporate Controlling der SAP AG im Rahmen der vorangehend beschriebenen Integration zu bewältigen hatte. SAP Corporate Controlling bündelt unternehmensweit die konzeptionelle und prozessuale Verantwortung für das Controlling der SAP und ist dem Finanzvorstand unterstellt. Die vom SAP Corporate Controlling gewählte Strategie und Vorgehensweise in der Integration werden im Rahmen der Fallstudie dargestellt.

4.2.2 Ausgangssituation im Controlling

Um den fachlichen Rahmen der Integration aus Controllingperspektive aufzuspannen, werden nachfolgend die Steuerungs- und Controllingansätze der beiden Unternehmen vorgestellt. Da SAP und Business Objects in ähnlichen Geschäftsfeldern und mit einem ähnlichen Geschäftsmodell am Markt agieren, wurden in beiden Unternehmen zwar vergleichbare, aber dennoch unterschiedliche Ansätze eingesetzt. Diese Unterschiede wurden in der Ausgestaltung der Unternehmensstrukturen sowie der vom zentralen Controlling der jeweiligen Organisationen betreuten Instrumente „Kosten- und Erlösrechnung (Cost Accounting)“, „Planung“ und dem „internen Berichtswesen (Reporting)“ deutlich, welche im Folgenden näher erläutert werden. Aufgrund der fachlichen Verantwortung des Controllings für die Controlling-relevanten IT-Systeme werden auch diese vorgestellt.

Die *Unternehmensstruktur* und weitere *Steuerungssichten* auf das Unternehmen bilden die Grundlage für die Plan- und Berichtseinheiten des Unternehmens, d. h. für die Allokation von Ist-, Plan- und Wird-Werten. Die führende Steuerungsstruktur der SAP entspricht der Managementstruktur, geschnitten nach den Vorstandsressorts der SAP. Weitere relevante Strukturen stellen die Gliederung nach Legaleinheiten (und Regionen) und die Unterteilung nach Funktionsbereichen[15] dar. Führende Struktur bei Business Objects war eine Gliederung nach Legalein-

[15] Die Gliederung nach Funktionsbereichen (engl. Line of Business) erlaubt die Erfassung und Auswertung der Ertrags- und Aufwandspositionen entsprechend dem Umsatzkostenverfahren nach Funktionsbereichen wie Marketing, Administration etc.

heiten (und Regionen). Weiterhin wurde das Unternehmen nach Funktionsbereichen unterteilt. Eine Strukturierung nach Managementeinheiten erfolgte nicht.

Weiteres zentrales Element des SAP-Controllingsystems ist das weltweit integrierte System der Finanzbuchhaltung und der *Kosten- und Erlösrechnung*, in dem die Ist-Daten Erfassung und Allokation erfolgt. Kennzeichnend für die Kosten- und Erlösrechnung sind die Elemente Kontenrahmen (externer und interner SAP-Kontenrahmen), das Konzept einer direkten Leistungsverrechnung mit parallelen externen und internen Verrechnungspreisen, sowie eine definierte Gemeinkostenverrechnung. Management- und Legaleinheiten sowie Funktionsbereiche werden intern als Profit Center geführt und modelliert. Das System von Business Objects unterschied sich konzeptionell von dem der SAP. Es wurde lediglich ein externer Kontenrahmen eingesetzt. Die direkte Leistungsverrechnung erfolgte nur für Legaleinheiten. Im Innenverhältnis wurde im Wesentlichen nur eine Gemeinkostenverrechnung zwischen Managementeinheiten genutzt.

Eine weitere zentrale Komponente des Controllingsystems stellt das *Planungssystem* dar. SAP setzt in diesem Bereich ein abgestimmtes System aus einer finanziellen strategischen Planung mit einem zeitlichen Horizont von drei Jahren, einer operativen Budgetplanung mit einem Zeithorizont von einem Jahr und einen rollierenden Forecast für vier Quartale ein. Die Planungseinheiten der SAP stellen Managementeinheiten bzw. Profit Center höherer Hierarchieebenen der Unternehmensstruktur dar. Business Objects nutzte keine finanzielle strategische Planung. Es wurde allerdings ebenso eine 1-Jahres Budgetplanung durchgeführt. Weiterhin wurde ein Forecast mit einem deutlich kürzeren Horizont – ein wöchentlicher Forecast mit Quartalsfokus – erhoben. Die Planungseinheiten von Business Objects stellten Kombinationen aus Legaleinheiten und Funktionsbereichen dar.

Planungs- und Berichtsinhalte des zentralen *Management Reportings* der SAP stellen dem Profit Center Konzept zufolge in erster Linie die Gewinn- und Verlustrechnung sowohl im Gesamtkosten- als auch im Umsatzkostenverfahren dar. Hinzu kommen verschiedene Aufgliederungen des Umsatzes, z. B. nach Kunden-, Marktsegmenten etc. sowie Personalzahlen. Business Objects berichtete ebenfalls eine Gewinn- und Verlustrechnung, allerdings nur im Umsatzkostenverfahren. Weiterer zentraler Bestandteil des Berichtswesens von Business Objects waren die Deckungsbeiträge pro Produktlinie.

Die *IT-Systemumgebung* von SAP Corporate Controlling besteht zum einem aus einer weltweit integrierten transaktionalen SAP ERP-Umgebung (insbesondere SAP FI und SAP CO, aber auch SAP HR). Auf diese setzt ein SAP-BW Data Warehouse auf, welches die Grundlage sowohl für die Planungsumgebung (SAP SEM-BPS) als auch für die Berichtsumgebung (SAP-BEx) bildet. Business Objects nutzte eine transaktionale Peoplesoft-Umgebung (insbesondere PSFT Financials), in der auch die Plan- und Forecast Werte in entsprechenden Modulen erfasst wurden. Die verschiedenen Daten wurden in einem Data Warehouse gesammelt und analytischen Business Objects Berichtsapplikationen zur Verfügung gestellt.

Die nachfolgende Tabelle 4.5 stellt die eingesetzten Instrumente zusammenfassend gegenüber:

Tabelle 4.5. Controllinginstrumente von SAP und Business Objects

Instrumente	SAP Corporate Controlling	Business Objects Controlling
Strukturen / Sichten	Managementsicht Legale & regionale Sicht Sicht nach Funktionsbereichen	Legale & regionale Sicht Sicht nach Funktionsbereichen
Kontenrahmen	Externer und interner Kontenrahmen, nach US-GAAP und IFRS, d. h. auch Sekundärkosten	Externer Kontenrahmen nach US-GAAP, nur Primärkosten
Kosten- und Erlösrechnung	Direkte Leistungsverrechnung auf Basis paralleler interner und externer Verrechnungspreise, Definierte Ansätze der Gemeinkostenverrechung	Direkte Leistungsverrechnung nur extern, intern im Wesentlichen nur Gemeinkostenverrechnung
Planung	Finanzielle strategische Planung (3 Jahre), Operatives Budget (1 Jahr), Forecast (4 Quartale rollierend)	Operatives Budget (1 Jahr), Forecast (13 pro Quartal)
Planungs- und Berichtsinhalte	GuV nach UKV und GKV, Umsatzaufgliederungen	GuV nach UKV und GKV Deckungsbeitrag pro Produktlinie
IT-Systeme	SAP CO, SAP FI, SAP HR SAP BW, SAP SEM-BPS, SAP BEx	Peoplesoft FI, Peoplesoft HR Business Objects Universum (Data Warehouse) Business Objects BI

Neben den dargestellten konzeptionellen Unterschieden in den Controllingansätzen bestanden auch inhaltliche Differenzen, die vom Corporate Controlling im Rahmen der Integration zu berücksichtigen waren. Hierzu zählten insbesondere Unterschiede in den definierten Positionen und Ansätzen im Kontenrahmen, in den definierten Funktionsbereichen, in der unterschiedlichen Bündelung von Intellectual Properties (IP), in den Lizenzmodellen und in den Kundendefinitionen.

4.2.3 Integrationsprojekt

Das Integrationsprojekt ist aus zwei Perspektiven zu betrachten. Zunächst wird die Integration aus Gesamtunternehmensperspektive skizziert (4.2.3.1). Diese liefert neben den fachlichen Inhalten aus Kap. 4.2.2 die weiteren Rahmenbedingungen und Anforderungen für die Ausgestaltung der Integration aus Controllingperspektive. Letztere wird im Anschluss (4.2.3.2) dargelegt.

4.2.3.1 Gesamtunternehmen

Die Integration von Business Objects kann, wie oben bereits festgestellt, mit dem Integrationsgrad der „vollständigen Integration“ bezeichnet werden (vgl. Paprottka 1996). Diese wird im Aufbau eines neuen Vorstandsressorts „Business User“ und in der Verschmelzung der administrativen Bereiche deutlich. Das neue Vorstandsressort bündelt die Gesamtverantwortung für die neuen Produktsegmente der SAP und unterstützt so die angestrebte strategische Ausrichtung (vgl. Kap.4.2.1). Das neue Vorstandsressort wird weite Teile des akquirierten Unternehmens, aber auch zugehörige Teilbereiche der SAP selbst aufnehmen. Nachfolgende Abbildung 4.2 zeigt die erweiterte Vorstandsstruktur der SAP.

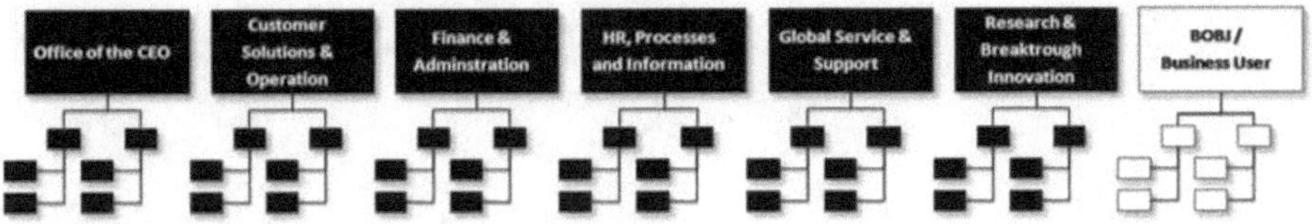

Abb. 4.2. Erweiterte Vorstandsstruktur der SAP

Primär bei administrativen (z. B. im Controlling und HR), aber auch bei weiteren Funktionsbereichen (z. B. Entwicklung) wurde eine Vollverschmelzung verschiedener Teilbereiche angestrebt, um Synergien zu realisieren. Entsprechend wurde eine vollständige Zusammenlegung der unternehmensweiten analytischen und operativen Systeme als Zielsetzung festgelegt. Unter Rückgriff auf das Business Engineering Framework (vgl. Winter 2003b) lässt sich der angestrebte Zielzustand wie folgt zusammenfassen:

Tabelle 4.6. Zielzustand der Integration

Ebene	SAP AG
Strategieebene (Was?)	Vollständige Integration durch die Aufnahme und Eingliederung der neuen Produkte und Marktsegmente von Business Objects in die SAP-Produktstrukturen und -Marktsegmente.
Organisations-ebene (Wie?)	Eingliederung und Harmonisierung der Legal- und Managementstruktur von Business Objects in die SAP-Strukturen sowie Einbindung der neuen Unternehmensteile in die Management-, Leistungs- und Supportprozesse des Unternehmens.
Systemebene (Womit?)	Vereinheitlichung sowohl der vorhandenen transaktionalen als auch der analytischen Systeme: Ablösung der Peoplesoft-Umgebung zugunsten einer vollständig integrierten SAP-Umgebung.

Eine solche vollständige Integration auf allen Ebenen des Unternehmens kann aufgrund der damit verbundenen Komplexität nicht in einem Schritt erfolgen. Vielmehr ist ein umfangreiches Integrationsprojekt erforderlich, in dem ein definierter Integrationspfad durch die sukzessive Erfüllung von Teilaufgaben realisiert wird (vgl. Lucks 2007). Im Zuge dieser Realisierung nimmt die Integrationsintensität, d. h. die Tiefe der Zusammenarbeit der beiden Unternehmen durch die Integrationsaktivitäten stetig zu (vgl. Sperling 2007). Nachfolgende Abbildung 4.3 stellt den durch das Integrationsprojekt zu gestaltenden Integrationspfad in Form eines Modells des Ausgangs- und des Zielzustands der Integration dar. Die Modellierung umfasst aus Gründen der Übersichtlichkeit nur die zwei Dimensionen der Systemebene und der Organisationsebene. Auf die Darstellung der dritten „Dimension", der Strategieebene, wird an dieser Stelle verzichtet.

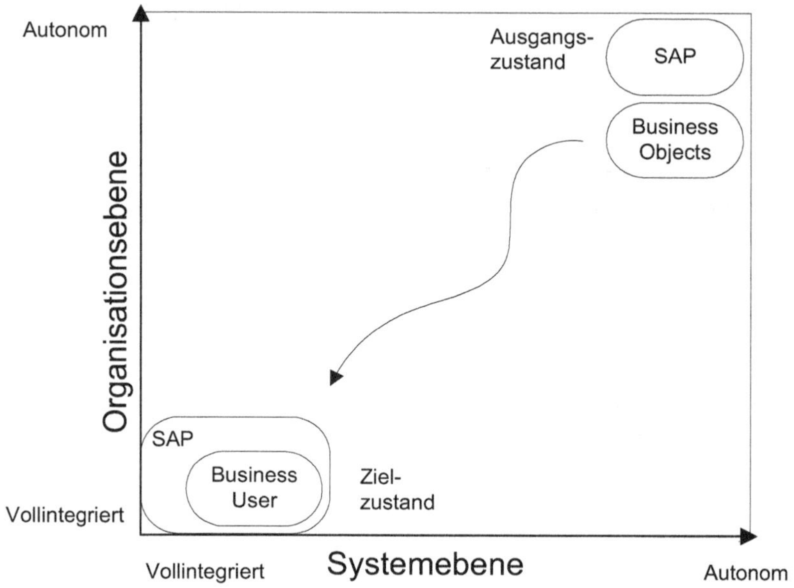

Abb. 4.3. Integrationspfad

Für die Umsetzung dieses Integrationspfades wurde ein entsprechend umfangreiches Integrationsprojekt mit Governance-Strukturen und fachlichen Teilprojekten aufgesetzt. Für den Finanzbereich wurde das Teilprojekt FI-PSI (Finance - Process & System Integration) initiiert, welches in die Gesamtprojektorganisation eingebettet wurde. Dieses umfasst die Teilprojekte Shared Services, Finance, Treasury und Controlling. Nachfolgende Abbildung 4.4 zeigt die Strukturierung des Gesamtprojektes und des Teilprojekts FI-PSI.

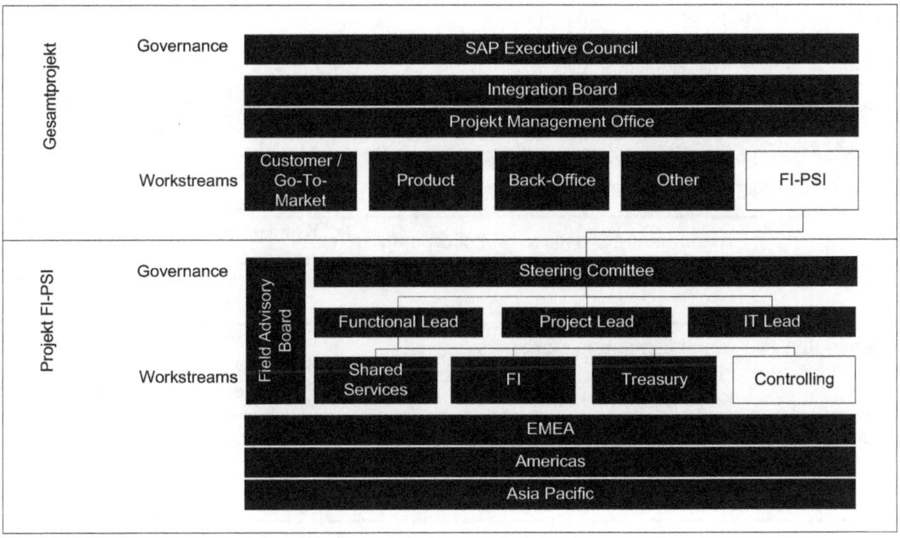

Abb. 4.4. Projektorganisation im Bereich Finance - Processes

4.2.3.2 Integration aus Controllingperspektive

Abgeleitet aus der Gesamtzielsetzung „Vollständige Integration“ wurden die Zielsetzungen für den Finanzbereich inklusive dem Controlling abgeleitet: Der neue Vorstandsbereich und somit der Großteil der Business Objects Einheiten müssen die SAP-Standardcontrollinginstrumente (vgl. Abschnitt 4.2.2) übernehmen. Gleichzeitig war bereits zu Beginn der Integration klar, dass es auch Steuerungsanforderungen seitens des Business Objects Managements geben kann, welche nicht durch die SAP-Standardinstrumente abgedeckt werden. Es wurde festgelegt, dass diese Anforderungen im Integrationsprojekt zu erfassen und zu bewerten sind. Sollte es sich um rechtlich notwendige Erweiterungen und/oder geschäftsgefährdende Risiken handeln, sind entsprechende Sonderlösungen des SAP-Standards zu entwickeln.

Um diese Aufgaben wahrzunehmen, wurden im Teilprojekt Controlling die Teilprojekte Stammdaten, HR, Kosten- und Erlösrechnung, Planung und Management Reporting aufgesetzt. Die Aufgabenstellungen und zugehörige (Beispiel-) Aktivitäten der Teilprojekte werden in der nachfolgenden Tabelle 4.7 dargestellt.

Aufgrund der Notwendigkeit, eine Integration in der beschriebenen Größenordnung sukzessiv vornehmen zu müssen, hat SAP Corporate Controlling ein vierstufiges Vorgehensmodell zur Umsetzung der Integration verfolgt. Der Integrationspfad ist in der nachfolgenden Abbildung 4.5 schematisch modelliert und zeigt die Entwicklung in den Dimensionen der Organisations- und Systemebene. Die einzelnen Phasen werden in den nachfolgenden Abschnitten erläutert.

Tabelle 4.7. Teilprojekte im Controlling

Teilprojekte	Aufgabenstellung	Aktivitäten
Stammdaten	Anlage der Stammdaten für die Umsetzung der Integration in den von SAP Corporate Controlling verwalteten Systemen	▪ Analyse der Business Objects-Stammdaten ▪ Mapping ▪ Anlage der Stammdaten ▪ Pflege der Stammdaten
HR	Abstimmung zwischen SAP Corporate Controlling und der SAP Personalabteilung (HR)	▪ Konzeption HR-Struktur ▪ Anlage HR-Struktur ▪ Pflege HR-Struktur ▪ Vergabe Autorisierungen
Kosten- und Erlösrechnung	Implementierung einer konzernweit einheitlichen direkten und indirekt. Leistungsverrechnung	▪ Definition Verrechnungspreise ▪ Schulung ▪ Pflege der Daten der KLR
Planung	Einbindung der Business Objects/Business User Einheiten in die Planungsprozesse der SAP	▪ Definition Planungseinheiten ▪ Schulung ▪ Eingabe Planungswerte ▪ Pflege der Planungseinheiten
Management/ Revenue Reporting	Neue Mitarbeiter mit den Standardberichtswesen von SAP vertraut machen; neue Berichtsanforderungen umsetzen	▪ Schulung ▪ Vergabe Autorisierung ▪ Konzeption neuer Berichtsdimensionen

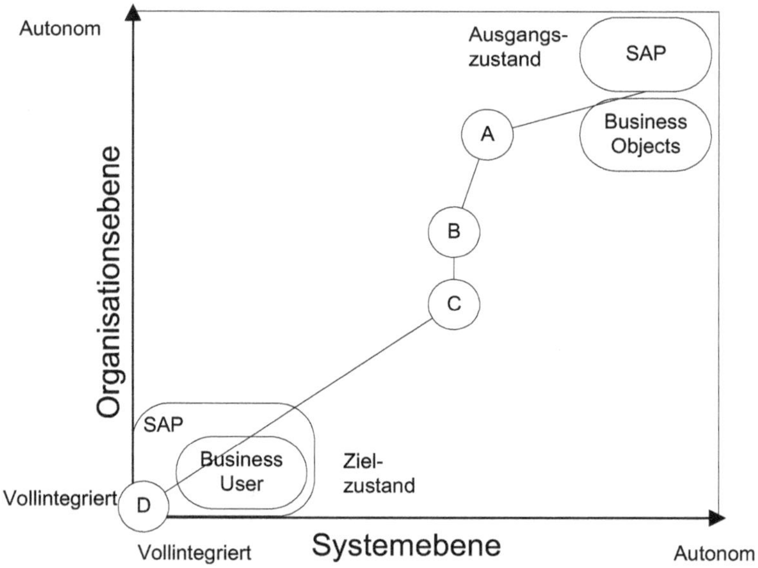

Abb. 4.5. Integrationspfad im Controlling.

Situation (A): Erste Einbindung

Bereits zu Beginn der Integration war der neue Vorstandsbereich „Business User" im Zielsystem (Budget) der SAP zu erfassen, um so die Steuerung des Gesamtunternehmens zu ermöglichen. Neben dem Budget zählten zu den anvisierten Zielen auch die Quantifizierung der Synergien, die mit der Akquisition erreicht werden sollten und die Festlegung der einmaligen Investitionen, die durch die Akquisition notwendig wurden. In dieser ersten Phase operierte die Business Objects Organisation weiterhin in ihrer gewohnten Struktur und mit den gewohnten Controllinginstrumenten und -systemen, d. h. weitestgehend autonom und dezentral. Diese geringe Interdependenz zwischen den beiden Organisationen lag auch dem ersten Budgetansatz zu Grunde, der von getrennten Organisationen ausging. Entsprechend wurde der neue Vorstandsbereich „Business User" in der Controllinglandschaft der SAP nur mit einer ersten initialen Struktur von geringer Detailtiefe zur Aufnahme des Budgets abgebildet. Dieser erste Integrationszielzustand lässt sich als „Erste Einbindung" beschreiben.

Tabelle 4.8. Situation (A): Erste Einbindung

Ebene	Zielzustand	Beschreibung Zielzustand
Strategieebene (Was?)	Autonom bis partiell integriert	Die Steuerungsansätze in beiden Unternehmen wurden noch nicht vereinheitlicht. Lediglich auf sehr aggregiertem bzw. Konzernniveau hat eine erste Integration auf gemeinsame Steuerungsansätze stattgefunden.
Organisationsebene (Wie?)	Autonom bis partiell integriert	Die Controllingprozesse und -organisation in beiden Unternehmen waren noch unterschiedlich. Die Erfassung der Daten erfolgte nicht durch Standardcontrollingprozesse, sondern durch erste Übergangsprozesse.
Systemebene (Womit?)	Autonom bis partiell integriert	Die Controllingapplikationen existierten parallel. Es erfolgte ein geringer Austausch von harmonisierten finanziellen Informationen über definierte manuelle Schnittstellen.

Situation (B): Vorbereitung der Standardisierung

Die zweite Phase bereitete die Einbindung des neuen Vorstandsbereiches und damit der neuen Organisationsbestandteile in die Standardsteuerungsansätze der SAP vor. Weiterhin wurde die Ausrichtung der Gesamtorganisation auf das Integrationsvorhaben angestrebt. Ziel war eine einheitliche, gleichzeitig die Integration vorantreibende Steuerung des Unternehmens. Kennzeichnend für diese Phase war die Detaillierung des neuen Vorstandsbereichs in den SAP-Controllingsystemen und -strukturen. Den neuen Managementeinheiten konnte so ein Budget zugeordnet werden und sie konnten in die Forecast-Ermittlung und Ist-Daten-Erfassung, d. h. Kostenrechnung und Berichterstattung eingebunden werden. Diese erste Detaillierung wurde durch Mappings der Business Objects Stammdaten auf die SAP Stammdaten umgesetzt. Da es sich um eine abgeleitete und noch nicht final gültige Struktur handelte, basierte das Budget zu diesem Zeitpunkt allerdings noch immer auf der Prämisse zweier getrennter Unternehmen. Durch die Zuordnung der angestrebten Synergien (als Budgetziele) und der einmaligen Investitionen wurde das Gesamtunternehmen weiterhin auf die Umsetzung der Integrationsziele ausgerichtet. Da die Systemumgebungen der beiden Unternehmen zu diesem Zeitpunkt noch getrennt voneinander existierten, waren Übergangsprozesse und -systemlösungen einzuführen, die den Austausch von Daten sicherstellen, und so eine einheitliche Steuerung ermöglichen. Insbesondere die Kosten- und Erlösrechnung benötigte eine gemeinsame Datenbasis zur einheitlichen Verrechnung zwischen allen Einheiten des Unternehmens. Gleichzeitig wurde im Zuge der ersten Nutzung des SAP-Standardinstrumentariums durch das neue Management deutlich, dass dessen Anforderungen nicht vollständig erfüllt wurden. Die Business Objects Struktur, Steuerungsansätze und Systeme existierten in dieser Phase weiterhin.

Tabelle 4.9. Situation (B): Vorbereitung der Standardisierung

Ebene	Zielzustand	Beschreibung Zielzustand
Strategieebene (Was?)	Partiell integriert	Die Steuerungsansätze wurden prinzipiell vereinheitlicht. Die Steuerungsansätze von Business Objects lagen allerdings (noch) parallel vor, da nicht alle Anforderungen des neuen Managements durch den SAP-Standard erfüllt wurden.
Organisationsebene (Wie?)	Partiell integriert	Die Controllingorganisationen waren noch separiert. Die Controllingprozesse wurden zum Teil standardisiert (z. B. im Forecast) oder wurden durch standardisierte Übergangslösungen realisiert (z. B. in der Kosten und Erlösrechnung).
Systemebene (Womit?)	Autonom bis partiell integriert	Die Controllingapplikationen existierten noch parallel. Es erfolgte ein umfangreicher Austausch von harmonisierten finanziellen Informationen über definierte Schnittstellen.

Situation (C): Standardisierung

Die dritte Phase der Integration war durch die intensive Nutzung der SAP-Instrumente durch die neuen Organisationseinheiten und durch die Konzeption und Umsetzung von notwendigen Erweiterungen der SAP-Controllinginstrumente geprägt. Kennzeichnend für die Nutzung der SAP-Instrumente war die Anpassung der abgeleiteten Unternehmensstrukturen an die Bedürfnisse des Managements. Hierzu zählten vor allem Umgliederungen der Strukturen aufgrund von falschen Überleitungen, Anpassungen durch neue fachliche Auslöser (z. B. Vereinheitlichung der Legalstrukturen) aber auch einfache Anpassungen, die sich durch die Geschäftstätigkeit im neuen Vorstandsbereich ergaben. Das Budget basierte erstmals auf der Annahme eines verbundenen Unternehmens. Die Konzeption und Umsetzung von notwendigen Erweiterungen war vor allem im Aufbau von neuen Berichtsdimensionen deutlich. Hierzu zählten die Abbildung einer neu zugeschnittenen einheitlichen Produktstruktur, die Vereinheitlichung von Kundendefinitionen und die korrekte Abbildung der Umsätze der neu geschnittenen Verkaufsorganisation.

Tabelle 4.10. Situation (C): Standardisierung

Ebene	Zielzustand	Beschreibung Zielzustand
Strategieebene (Was?)	Voll-integriert	Die Steuerungsansätze wurden vereinheitlicht. Anforderungen von Business Objects wurden aufgenommen.
Organisationsebene (Wie?)	Partiell integriert	Die Controllingorganisationen waren noch separiert. Die Controllingprozesse wurden zum Teil standardisiert (z. B. FC) oder wurden durch standardisierte Übergangslösungen realisiert (z. B. in der Kosten und Erlösrechnung).
Systemebene (Womit?)	Autonom bis partiell integriert	Die Controllingapplikationen existierten noch parallel. Es erfolgte ein umfangreicher Austausch von harmonisierten finanziellen Informationen über definierte Schnittstellen.

Situation (D): Vollintegriert

Die Integration wurde nach einem Zeitraum von ca. einem halben Jahr aus Finanz- und Controllingperspektive weitestgehend abgeschlossen. Das Gesamtunternehmen verfügte zu diesem Zeitpunkt über eine einheitliche Steuerung, d. h. über SAP-Standardansätze und notwendige Erweiterungen. Kennzeichnend für diese letzte Phase war vor allem der Umstieg auf eine einheitliche transaktionale und analytische SAP-Umgebung. Konzipierte Übergangslösungen wurden in die SAP-Umgebungen überführt. Die ERP-Umgebung von Business Objects wurde mit dem Beginn dieser Phase stillgelegt.

Tabelle 4.11. Situation (D): Vollintegriert

Ebene	Zielzustand	Beschreibung Zielzustand
Strategieebene (Was?)	Voll-integriert	Die Steuerungsansätze waren vereinheitlicht. Anforderungen von Business Objects wurden aufgenommen.
Organisationsebene (Wie?)	Voll-integriert	Die Controllingprozesse wurden vereinheitlicht und standardisiert.
Systemebene (Womit?)	Voll-integriert	Die Controllingapplikationen wurden vereinheitlicht.

4.2.4 Erfolgsfaktoren und Ausblick

SAP Corporate Controlling hat die durch die Gesamtintegration vorgegebenen Aufgaben erfolgreich bewältigt. Am Ende der eigentlichen Integrationsaktivitäten steht eine vereinheitlichte, dem alten und neuen Geschäftsmodell entsprechende Controllingumgebung.

Wesentliche Treiber dieser erfolgreichen Integration waren aufgrund der maßgeblich analytischen Tätigkeiten vor allem die Controllingmitarbeiter von SAP und Business Objects sowie der IT-Abteilungen. Der Einsatz von gemeinsamen Teams (sog. „Buddy Concept"), die frühe Zusammenarbeit, der Rückgriff auf Mitarbeiter, die auch im Tagesgeschäft diese Aufgaben wahrnehmen, und ein Projektzuschnitt der den Verantwortungsstrukturen von SAP Corporate Controlling nachempfunden wurde, hat sich bewährt.

Als weiterer Erfolgsfaktor ist die gewählte Integrationsstrategie im Controlling (vgl. Unterabschnitt 4.2.3.2) zu nennen. Der klare Fokus auf die SAP-Standardsteuerungsansätze und die damit verbundene starke Position des SAP Corporate Controllings zur Durchsetzung der eigenen Ansätze ermöglichten eine rasche und konsequente Umsetzung der Integration. Die systematische Gestaltung des Integrationspfades durch ein Phasenmodell gestattete es, die Aktivitäten in den verschiedenen Teilprojekten des Controllings aufeinander abzustimmen.

Die Betrachtung des Integrationspfades im Controlling hat allerdings auch gezeigt, dass in der Integration auf verschiedenen Ebenen und in verschiedenen Teilprojekten unterschiedliche Integrationsgrade erreicht werden können. Es ist deutlich geworden, dass die Integration auf Strategieebene ohne gleichzeitige Integration auf Organisations- bzw. Systemebene nicht vollständig realisiert werden kann. Solange Business Objects noch eigene etablierte Controllinginstrumente und -systeme zur Verfügung standen, wurden diese vom Business Objects Management auch genutzt. Es handelte sich somit um eine Standardisierung ohne reale Implikation. Vor diesem Hintergrund kann die Zusammenführung zweier ERP-Systeme als kritische Komponente in der Integration betrachtet werden. In den Übergangsphasen sind somit Regeln zu konzipieren, welche die Nutzung der neuen Controllinginstrumente sicherstellen, auch wenn systemtechnisch noch zwei Systeme vorliegen.Im Zuge der Integration ist auch deutlich geworden, dass Anforderungen auftreten, die nicht antizipiert wurden. Solche Fälle verlangten oftmals die aufwendige Anpassung der schon realisierten Integrationslösungen. Diese Fälle weisen auf die Bedeutung eines guten Integrationsdesign hin. Gleichzeitig zeigen sie die Notwendigkeit auf, die Erfahrungen aus einem Integrationsprojekt für die Organisation nutzbar zu machen und in weiteren Integrationsprojekten umzusetzen (vgl. Lucks 2007).

Das in dieser Fallstudie dokumentierte Vorgehensmodell bietet Potential für ein Standardvorgehen in zukünftigen Integrationen der SAP. Da es sich hier um eine vollständige Integration handelt, können Teile des Vorgehensmodells herangezogen werden, um den Integrationspfad auch für andere Integrationsgrade (partielle Integration, Erhaltung etc. (vgl. Haspeslagh u. Jemison 1992)) auszugestalten. Um das Vorgehensmodell weiter zu verfeinern, sind Projekterfahrungen und weitere Literaturansätze in das Vorgehensmodell einzuarbeiten. Weiterhin sollten auch vorangegangene Integrationen der SAP analysiert werden, um das Vorgehensmodell allgemeingültiger zu gestalten und weitere Einflussfaktoren, wie z. B. Ähnlichkeit des Geschäftsmodells, Tiefe der Integration etc. (vgl. Lucks 2007) zu erfassen. Ein solches Standardintegrationsmodell verspricht die effektive und effiziente Handhabung zukünftiger Integrationen aus Perspektive des Controllings.

4.3 Integration von Prüfsystemen in die Leistungsabrechnung von Krankenversicherungen

Michael Hutter

Global Side GmbH

4.3.1 Mechanismen der privaten Krankenversicherungen

Grundsätzlich ist jede Person mit Wohnsitz in Deutschland verpflichtet, eine Krankheitsvollkostenversicherung abzuschließen. Dieser Versicherungspflicht kann entweder durch die Mitgliedschaft in einer gesetzlichen Krankenversicherung oder durch eine Vollkostenversicherung bei einer privaten Krankenversicherung nachgekommen werden. Die privaten Krankenversicherungen sind gewinnorientierte Gesellschaften, deren Leistungen und Preise von den Verträgen mit ihren Kunden abhängen. Der Zugang zur privaten Krankenversicherung wird für Arbeiter und Angestellte durch das Überschreiten einer Jahresarbeitsentgeltgrenze erreicht.

Bei der gesetzlichen Krankenversicherung ist die Versicherungsprämie abhängig vom Einkommen des Versicherungsnehmers, die Leistungen sind jedoch für alle identisch. Bei den privaten Krankenversicherungen bemisst sich die Prämie nach der Wahl des individuellen Versicherungsschutzes.

Auch bei der Abwicklung der Honorierung und deren Bemessungsgrundlagen bestehen Unterschiede zwischen der privaten und der gesetzlichen Krankenversicherung. Bei der gesetzlichen Krankenversicherung nimmt der Patient Leistungen zur Krankenbehandlung in Anspruch, ohne dafür eine Rechnung vom Leistungserbringer zu erhalten. Im Gegensatz dazu bezahlt der Patient bei den privaten Krankenversicherungen die Leistungen selbst und fordert dann vom Versicherungsunternehmen die Kosten zurück. Der eingereichte Beleg wird erfasst und nach unterschiedlichen Kriterien geprüft, um schließlich den Erstattungsbetrag auszubezahlen (Eckhardt u. Schmidt 2006).

4.3.2 Motivation für die Projektdurchführung

Die demographische Entwicklung und der medizinische Fortschritt führen im Gesundheitssystem in Deutschland zu einer immer größer werdenden Diskrepanz zwischen Einnahmen und Ausgaben. Ebenfalls steigen die Ansprüche der Versicherungsnehmer an die Transparenz der Leistungsabrechnung und an die Qualität der zu erbringenden Dienstleistungen. Da weitere Erhöhungen der Beitragssätze zu Wettbewerbsnachteilen führen, muss eine Krankenversicherung die Effizienz der internen Verwaltung optimieren und damit auch die Kosten senken.

Da viele Aufgaben in der Leistungssachbearbeitung heute noch manuell durchgeführt werden, entsteht ein hoher Personalaufwand mit langen Durchlaufzeiten. Die manuelle, oft situative Bearbeitung eines Leistungsfalls in Kombination mit einem hohen Zeitdruck bedingt oft einen Abrechnungsprozess mit geringer Transparenz und steigender Fehleranfälligkeit.

Die Einbindung von maschinellen Prüfsystemen in den Abrechnungsprozess ist ein wichtiger Ansatzpunkt, um die Defizite zu beheben. Da die vorhandenen Systeme eines Krankenversicherers über Jahre hinweg gewachsen und oftmals technisch nicht mehr aktuell bzw. schwer erweiterbar sind, ist die Integration dieser Prüfsysteme eine große Herausforderung.

Die Prüfsysteme enthalten ein umfangreiches Regelwerk, das sich an den verschiedenen Gebührenordnungen und Rechtsprechungen orientiert. Dies erfordert eine permanente Aktualisierung. Die meisten Krankenversicherungen wollen aus Kostengründen oder aus fehlendem „*Know-how*" diesen Entwicklungs- und Wartungsprozess nicht mehr selbst durchführen und greifen daher auf Standardsoftware zurück.

4.3.3 Beschreibung der Projekte

In den letzten Jahren entschieden sich Unternehmen zunehmend, Standardsoftware einzusetzen. Um die Anzahl an Schnittstellen und damit die Integrationskomplexität zu reduzieren, sollen möglichst viele Geschäftsprozesse durch die Software eines Herstellers unterstützt werden. Im Sinne dieser Vereinfachung werden auch Leistungseinbußen akzeptiert. Speziallösungen („Best-of-Breed") mit einer hohen Leistungsfähigkeit implementieren kritische Bereiche eines Unternehmens. In diesem Fall bildet ein System nicht mehrere Geschäftsprozesse ab, sondern ein Geschäftsprozess läuft meist über mehrere Applikationen. Das hat zur Folge, dass die Integration in eine bestehende Anwendungslandschaft bei Speziallösungen wesentlich komplexer ist (Oehler 2005).

Die Global Side GmbH[16] ist ein deutscher Software-Produktanbieter mit dem Branchenschwerpunkt *Versicherungsunternehmen*. Das Unternehmen entwickelte im Jahr 2003 das regelgesteuerte Expertensystem ZABAS für das Leistungsmanagement von gesetzlichen und privaten Krankenversicherern, Beihilfestellen und kassenärztlichen Verbänden im Sinne einer Standardsoftware. Es prüft und korrigiert Honorarabrechnungen nach den aktuellen Gebührenordnungen. Hierbei werden die gängigen Abrechnungskommentare sowie die medizinische Rechtsprechung zur Prüfung herangezogen.

---

[16] Informationen über das Unternehmen sind auf der Internet-Seite www.globalside.com zu finden.

In den Jahren 2005 bis einschließlich 2008 wurde das Prüfsystem bei sechs deutschen privaten Krankenversicherungen erfolgreich integriert. Dabei sollte das Prüfsystem in die bestehende Anwendungslandschaft eingefügt und in den Geschäftsprozess Leistungsabrechnung harmonisch eingebettet werden.

Die Integration erfolgte mit Unterstützung einer Methode, deren konzeptioneller Hintergrund das *Business Engineering* bildet. Die Elemente der Methode (Vorgehensmodell, Metamodell, Techniken, Aktivitäten, Ergebnisdokumenten und Rollen) wurden auf Basis theoretischer Überlegungen konstruiert (siehe hierzu die Ansätze von Alpar et al. 2008; Hansen 1998; Krcmar 2005; Kirchmer 1998; Knöll et al. 2001; IMG 1997b; Scheer 2001; Stahlknecht u. Hasenkamp 2005; Wiegand et al. 2003).

Jede Fallstudie stellte ein unabhängiges Ereignis dar, deren Ergebnisse das Vorgehen in den anderen Fallstudien nicht beeinflusste. Nach Abschluss aller Fallstudien wurden die Schlussfolgerungen gezogen und die ursprünglich generische Integrationsmethode an die spezifische Projektsituation angepasst.

Die Methode besteht aus fünf Phasen, die jeweils unterschiedliche Schwerpunkte adressieren:

- *Phase 1 – Initialisierung:* Voraussetzungen und Rahmenbedingungen für das Projekt schaffen
- *Phase 2 – Grobkonzept:* Entwicklung von ersten Lösungsideen für zukünftige Organisations- und IT-Strukturen unter Berücksichtigung der Möglichkeiten der Standardsoftware
- *Phase 3 – Detailkonzept:* Validierung und Verfeinerung des Grobkonzepts
- *Phase 4 – Realisierung:* Umsetzung der organisatorischen und technischen Konzepte
- *Phase 5 – Einführung:* Übergabe des Systems in den produktiven Betrieb und Feintuning

Die Aktivitäten lassen sich phasenübergreifend zu folgenden Arbeitspaketen bündeln: *Projektmanagement*, *Geschäftsprozessmodellierung*, *Architektur & Integration*, *Systembetrieb*, *Customizing der Fachkomponenten*, *Testmanagement* und *Change-Management*.

Die Geschäftsprozesse, die durch die Einführung der Standardsoftware betroffen sind, wurden entsprechend den neuen Möglichkeiten überarbeitet. Die Modellierung berücksichtigte neben den einzelnen Aufgaben und Daten der Geschäftsprozesse auch die Aufbauorganisation. Die benötigten Daten wurden gesammelt und deren Beziehungen in einem Informationsmodell aufgezeigt. Informationsmodelle lieferten die Basis für die Definition der Eingangs- und Ausgangsobjekte der einzelnen Aktivitäten im Ablaufmodell.

Der Abgleich mit den Funktionen der Standardsoftware definierte den Wirkungsbereich der Standardsoftware im Soll-Geschäftsprozess und sorgte für eine erste Plausibilisierung der Anforderungen. Zusätzlich half das erstellte Informationsmodell, eventuelle Unterschiede zwischen der Begriffswelt des Unternehmens und des Softwareherstellers in Einklang zu bringen.

Zur Entkopplung der dynamischen fachlichen Ebenen (*Strategie* und *Organisa-*

tion) von den stabileren Systemebenen wurde ein (virtuelles) Informationssystem definiert, das den modellierten Geschäftsprozess unterstützt. Die Bestandteile des Informationssystems stellten logische Bündel von fachlichen Aktivitäten dar, die aus der Untersuchung des Geschäftsprozesses gewonnen wurden. Die Architekturebene *Integration* sorgte damit für den Übergang von den organisatorischen Prozessen zu den Systemkomponenten. Um die Applikationsbeziehungen zu identifizieren, wurde die Verkettung der Aufgaben des Geschäftsprozesses untersucht. Eine konsistente Verkettung liegt dann vor, wenn jede Aufgabe alle benötigten Eingabeobjekte erhält und auch die für die Folgeverarbeitung notwendigen Ergebnisse produziert. Komponentenmodelle lieferten eine statische Sicht auf die Bestandteile der Architektur. Zur Betrachtung der dynamischen Aspekte wurden Workflow-Modelle konstruiert.

4.3.4 Zusammenfassung der Fallstudienergebnisse

In allen Fallstudien wurden Ziele definiert, die durch die Integration des Prüfsystems erreicht werden sollten. Folgende Liste enthält die wichtigsten Punkte:

1. Standardisierte sachbearbeiterunabhängige Einschätzung
2. Dokumentation aller medizinischen Abrechnungsvorgänge
3. Erhöhte Transparenz für Kunden
4. Zentrale Definition der Abrechnungsregeln in einem Repository
5. Kürzere Durchlaufzeiten der Geschäftsvorfälle
6. Produktivitätssteigerungen pro Mitarbeiter
7. Reduktion der Verwaltungskosten
8. Reduktion der Erstattungsausgaben
9. Wartungsgarantie bei Änderungen in der Rechtsprechung
10. Ergänzung des Expertenwissens

Das Ziel (9) motivierte den Kauf einer Standardsoftware, da die Unternehmen zu der Einschätzung kamen, dass vergleichbare Leistungen bei einer internen Implementierung auf Grund von Ressourcenengpässen nicht realisierbar wären oder wesentlich höhere Herstellungskosten erzeugen würden.

Die Integration der Prüfsysteme und die dadurch mögliche Automatisierung des Gesamtprozesses führten zu organisatorischen Verbesserungen und Senkung der Kosten (Ziele (5), (6), (7), (8)). Dort konnte die Zielerreichung auch anhand von Kennzahlen und Zielwerten überprüft werden.

Der Geschäftsprozess *Leistungsabrechnung* ließ sich in allen untersuchten Fallstudien in die Prozessaufgaben *Posteingang verarbeiten*, *Beleg prüfen* und *Posteingang erstatten* gliedern. Tabelle 4.12 vergleicht drei unterschiedliche Stufen der Leistungsbearbeitung, bezogen auf den Grad der Prozessautomatisierung.

Tabelle 4.12. Automatisierungsstufen in der Leistungsbearbeitung

Stufe 1: Weitgehend manuelle Bearbeitung	
	Prozessaufgabe: Posteingang verarbeiten Manuelle Vorsortierung Manuelle Verteilung der Post
	Prozessaufgabe: Beleg prüfen Vollständig manuelle Prüfung
	Prozessaufgabe: Posteingang erstatten Manuelle Eingabe der Belegdaten Maschinelle tarifliche Regulierung
Stufe 2: Maschinelle Unterstützung	
	Prozessaufgabe: Posteingang verarbeiten Maschinelle Unterstützung Automatische Verteilung der Post
	Prozessaufgabe: Beleg prüfen Vollständig manuelle Prüfung
	Prozessaufgabe: Posteingang erstatten Manuelle Eingabe der Belegdaten Maschinelle tarifliche Regulierung
Stufe 3: Weitgehend maschinelle Bearbeitung	
	Prozessaufgabe: Posteingang verarbeiten Maschinelle Unterstützung Weitergehende Datenextraktion
	Prozessaufgabe: Beleg prüfen Automatische Vorprüfung Automatische Verteilung der Post Manuelle Kontrolle bei komplexen Belegen
	Prozessaufgabe: Posteingang erstatten Automatische Übergabe der Belegdaten Maschinelle tarifliche Regulierung

Die Integration eines Prüfsystems zielt auf eine weitgehende maschinelle Bearbeitung entsprechend *Stufe 3*. Bei wenig komplexen Geschäftsvorfällen soll ein hoher Grad der Automatisierung („Dunkelverarbeitung") und damit eine signifikante Reduzierung der Bearbeitungsdauer erreicht werden. Geschäftsvorfälle, die nicht automatisiert abschließbar sind, können gezielt an kompetente Sachbearbeiter weitergeleitet werden, die sich dann auf die wesentlichen Aspekte der Prüfung beschränken können. Nach abgeschlossener gebührenrechtlicher Prüfung werden die Daten im Leistungssystem weiterverarbeitet, um dort tarifbezogene Erstattungsberechnungen durchzuführen.

Mit der Einführung von automatisierten Prüfsystemen ergaben sich häufig neue

Rollen und Zuständigkeiten in der Sachbearbeitung. Ein Rollenmodell beschreibt die zukünftigen Aufgaben und Kompetenzen in der Leistungssachbearbeitung. Meist wird zwischen *Generalisten*, die möglichst belegübergreifend einsetzbar sind und *Spezialisten*, die sich auf bestimmte Fachgebiete (z. B. Zahnimplantologie) konzentrieren, unterschieden. Durch diese Rollenaufteilung sollen fachlich versierte Mitarbeiter effizient eingesetzt und nicht mit Standardgeschäftsvorfällen „belastet" werden.

Grundsätzlich wurde bei allen Versicherungsunternehmen der Sendungsbezug bei der Erstattung beibehalten. Das bedeutet, dass der Versicherungsnehmer die Erstattungsfähigkeit seiner eingereichten Rechnungen umfassend in einem Schreiben mitgeteilt bekommt und nicht sukzessiv, je nach Bearbeitungsdauer, nacheinander in gesonderten Mitteilungen. Durch die Verteilung der Belege an unterschiedliche Sachbearbeiter wird die Sendung getrennt und die Belege werden ggf. parallel bearbeitet. Nach der Prüfung müssen die Belege einer Sendung wieder zusammengeführt werden, um den Sendungsbezug bei der Erstattung wieder herzustellen.

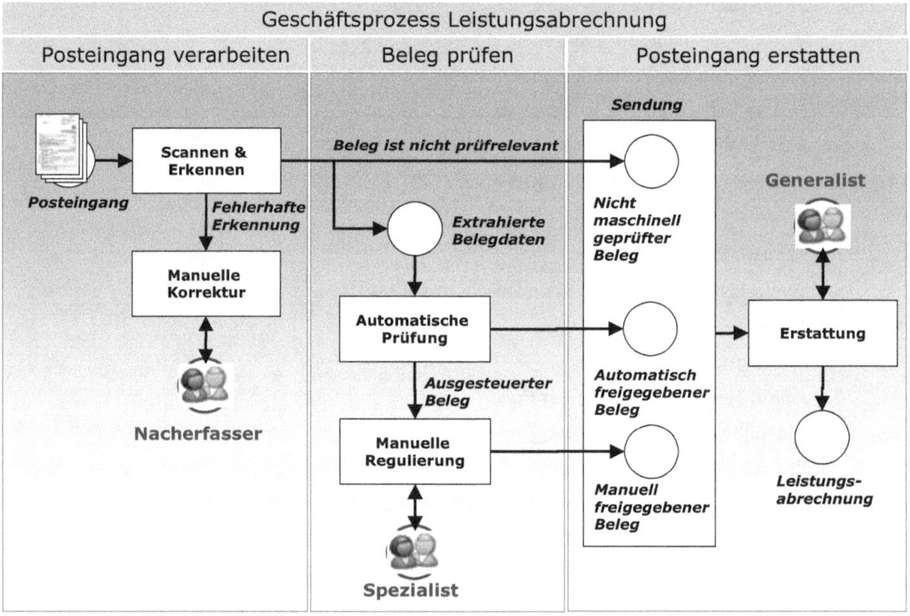

Abb. 4.6. Vereinfachte Darstellung des Geschäftsprozesses

Abbildung 4.6 illustriert eine vereinfachte Darstellung des Geschäftsprozesses, in dem sie sich auf die wesentlichen Aspekte beschränkt. Die Anwender des Informationssystems sind entsprechend ihres Profils nur für bestimmte Abschnitte des Geschäftsprozesses zuständig. Diese Organisation reduziert die Komplexität des jeweiligen Arbeitsplatzes, da die benötigte Menge an unterschiedlichen Dialogschritten und Applikationen so gering wie möglich gehalten wird.

Die Konstruktion eines virtuellen Informationssystems für die Domäne *Leis-*

tungsabrechnung ließ sich aus den benötigten fachlichen Aktivitäten unter Berücksichtigung der tatsächlich verfügbaren Software-Services ableiten. Damit entstand ein konsistenter Übergang von den organisatorischen Prozessen zu den vorhandenen Systemkomponenten.

Die Zuordnung von Aktivitäten zu den Komponenten des Informationssystems lies sich nicht analytisch gewinnen. Einfluss darauf haben die zur Verfügung stehenden Software-Services und die Nähe der Aktivitäten zueinander in der Prozesskette bzw. die Verwendung identischer Informationsobjekte. Die Bildung dieser Integrationsebene ermöglichte eine fachlich getriebene Konstruktion des Gesamtsystems und ein exakte Festlegung der benötigten Funktionen.

Abbildung 4.7 stellt eine durchgängige Gestaltung der Ebenen des Business Engineering dar.

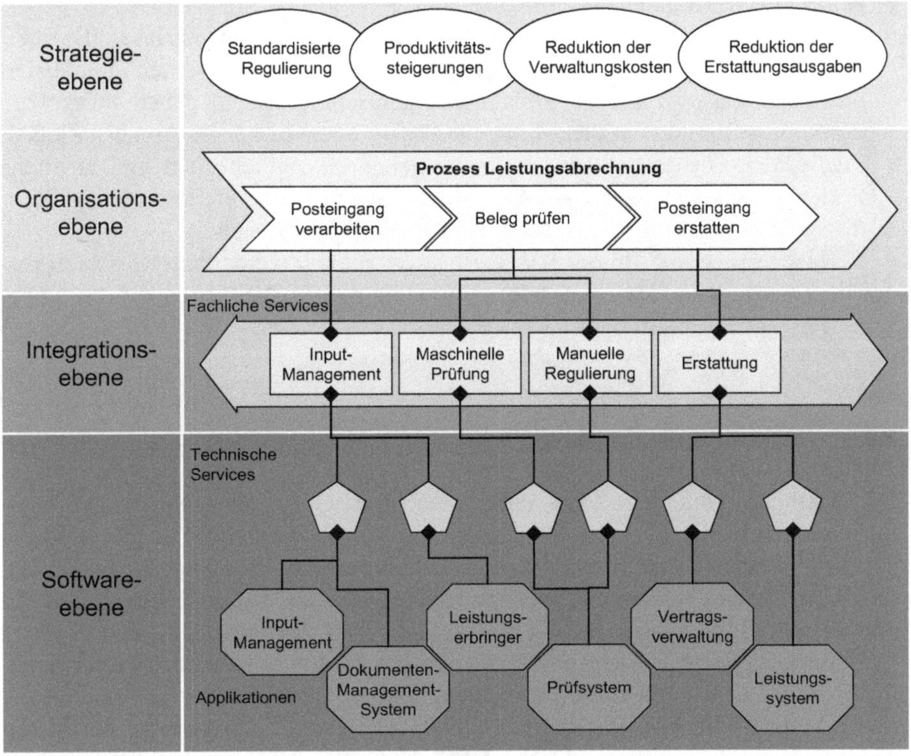

Abb. 4.7. Gestaltung der Ebenen des Business Engineering

Betrachtet man die Fachanwendungen der vorhandenen Applikationslandschaft, sind die Inhalte und Bezeichnungen in den einzelnen Unternehmen nahezu deckungsgleich:

- *Dokumenten-Management-System*: Das Dokumenten-Management-System ist für das Verwalten und insbesondere Archivieren von elektronischen Dokumenten zuständig. Damit können diese Dokumente (z. B. Rechnungen, Schriftverkehr etc.) allen berechtigten Nutzern an beliebigen Orten zur Verfügung gestellt werden.

- *Input-Management*: Input-Management-Systeme scannen und klassifizieren eingehende Dokumente. In weiteren Bearbeitungsstufen kann eine ausführlichere Datenextraktion und -plausibilisierung erfolgen. Die gewonnenen Daten können bei fehlerhafter Erkennung manuell korrigiert und nachfolgenden Systemen zur Verfügung gestellt werden. Ein Belegdatenpool dient bei vielen Implementierungen als Speichermedium für die extrahierten Daten.
- *Leistungserbringer*: Das System Leistungserbringer enthält die Namen, Adressen und Fachrichtungen von Ärzten und Labors.
- *Leistungssystem*: Das KV-Leistungssystem ist hauptsächlich für die Abrechnung von Leistungen (ambulant, stationär, Tagegelder etc.) und das Fallmanagement (z. B. Krankenhausfall) zuständig.
- *Postkorb*: Der elektronische Postkorb unterstützt den papierlosen Bearbeitungsablauf von Unternehmen. Eingehende Dokumente werden digitalisiert und abhängig von der Unternehmensorganisation verschiedenen Postkörben zugeordnet. Einträge in den Mitarbeiter-Postkörben dienen als Arbeitsanstoß.
- *Prüfsystem*: Dieses System ist für die gebührenrechtliche und ggf. tarifliche Prüfung von verschiedenen Belegen (z. B. Arztrechnung etc.) aus dem medizinischen Bereich hinsichtlich der Erstattungsfähigkeit zuständig.
- *Vertragsverwaltung*: In der KV-Vertragsverwaltung werden alle Geschäftsvorfälle (Neuzugang, Tarifwechsel, Storno etc.), die den Versicherungsvertrag betreffen, durchgeführt.

4.3.5 Erkenntnisse für diesen Projekttyp

Die Methode konnte in den Fallstudien durchgängig angewandt und weiterentwickelt werden. Neben der Bereitschaft der Unternehmen, methodisch vorzugehen, bestand zudem die Erwartungshaltung an den Produkthersteller, Erfahrungen aus vorangegangenen Projekten einfließen zu lassen und anhand von Referenzmodellen auf Organisations- und Softwareebene Varianten aufzuzeigen.

Ein entscheidender Faktor für die Akzeptanz der Modelle bei den Projektbeteiligten war die Komplexitätsbeherrschung durch hierarchische Verfeinerungen. Somit konnten die Modelle in unterschiedlichen Detaillierungsgraden zur Kommunikation mit fachlichen und technischen Ansprechpartnern verwendet werden.

Die Architekturebenen des Business Engineering wurden bei diesem Projekttyp weder strikt *top-down* noch *bottom-up* modelliert. Die Modellierung der Organisationsebene beeinflusst die Auswahl der benötigten Funktionen auf der Softwareebene. Das Funktionsangebot der Standardsoftware erzeugt wiederum eine Rückkopplung auf Organisationsebene. Diese Wechselwirkung führt in der Bearbeitung der Architekturebenen zu einem sich abwechselnden *top-down-* und *bottom-up-*Vorgehen (vgl. hierzu auch die Diskussion in Kapitel 2).

4.4 Ein Integrationsprojekt auf Applikations- und Datenebene – Review der Datenarchitektur der ICT-Management-Systeme (DAIMS) bei Atel

Gerrit Lahrmann, Florian Stroh

Universität St.Gallen

4.4.1 Unternehmensprofil Atel

Die Atel-Gruppe[17], eine Holding mit Hauptsitz in Olten (Schweiz), ist ein privater Energiedienstleister. Für Privat- und Geschäftskunden, Industriebetriebe sowie regionale und lokale Energieunternehmen in über 20 Ländern bietet Atel Lösungen rund um das Kerngeschäft Energie an. Aktivitäten finden insbesondere in der Energieerzeugung, Energieübertragung, im Handel, Vertrieb und Energieservice statt. Dabei besitzt das Unternehmen insbesondere in den Märkten Italien, Deutschland, Zentraleuropa und Frankreich starke Positionen (Atel 2008).

Tabelle 4.13. Unternehmensprofil Atel (Stand: Ende 2007)

Aare-Tessin AG für Elektrizität (Atel)	
Gründung	1894 als Elektrizitätswerke Olten-Aarburg AG
Firmensitz	Olten
Branche	Energie
Geschäftsfelder	Energiehandel, Energieerzeugung, Energiedienstleistungen
Geschäftsvolumen	13‘500 Mio. CHF (Nettoumsatz)
Produktionskapazitäten	~ 4‘100 MWe, 920 MWth ~ 17‘800 GWhe/a
Mitarbeitende	9‘400

In der Zukunft sind u. a. der Neubau von weiteren Kraftwerken, wie z. B. ein Großkraftwerk in der solothurnischen Region Gösgen, für das vor Kurzem ein Rahmenbewilligungsgesuch gestellt wurde, sowie eine Expansion im Bereich der erneuerbaren Energien angedacht. In der Schweiz hat Atel die Atel EcoPower AG

[17] Per 01.02.2009 wurde die Atel-Gruppe nach dem Zusammenschluss mit EOS in die Alpiq-Holding überführt. Da das Projekt vor dem Zusammenschluss durchgeführt wurde, wird im Folgenden der Name Atel verwendet.

gegründet. Sie hat bereits Beteiligungen an mehreren Kleinwasserkraftwerken erworben. Damit wird ein ökologisch ausgewogener Energiemix angeboten. Des Weiteren steht nach der Fusion in den nächsten Jahren die industrielle Integration mit einem großen Energieversorger aus der Westschweiz – Energie Ouest Suisse (EOS) – an.

4.4.2 Ausgangssituation

Da sich die Atel-Gruppe historisch bedingt aus teilweise eigenständigen, geographisch europaweit verteilten Konzerngesellschaften, wie z. B. Atel Energia S.p.A. (in Italien) und Atel Hellas S.A. (in Griechenland), zusammen setzt, sind teilweise uneinheitliche Strukturen im Bereich des Information & Communication Technology (ICT)-Managements vorzufinden. In der Applikations- und Datenlandschaft der ICT-Management-Systeme lassen sich ähnlich heterogene Strukturen wiederfinden, die u. a. auf Phasen des organischen Wachstums und auf Akquisitionen zurückzuführen sind (vgl. Abbildung 4.8).

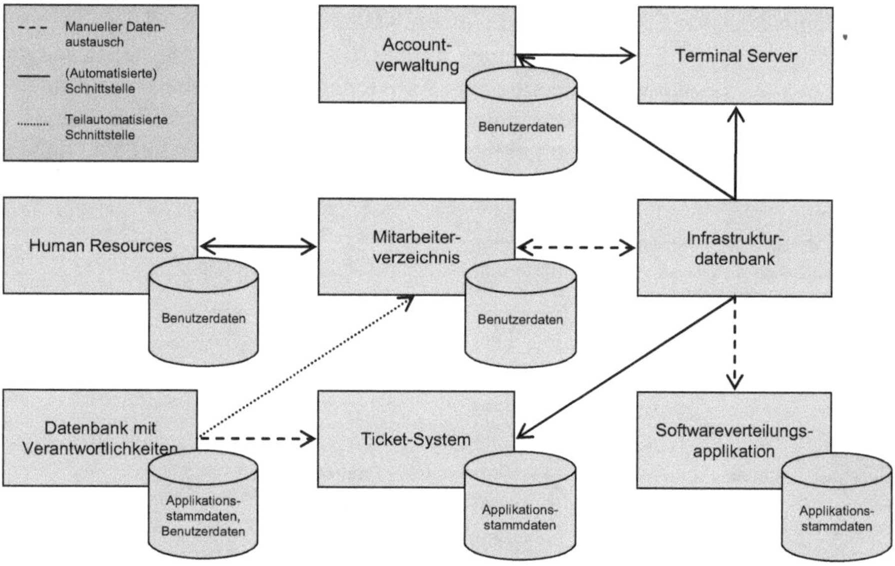

Abb. 4.8. Auszug aus der Applikations- und Datenlandschaft der ICT-Management-Systeme mit manuellen und automatisierten Schnittstellen (vereinfachte Darstellung, ausschließliche Betrachtung von Benutzer- und Applikationsstammdaten)

Der Leidensdruck durch die heterogene Applikations- und Datenlandschaft wurde kontinuierlich grösser, da die Ausführung administrativer Prozesse mehr und mehr Ressourcen verschlang. Aus Perspektive der Corporate IT wurden subjektiv u.a. die folgenden Probleme wahrgenommen:

- Die Erstellung einer Inventurliste zur übersichtlichen Darstellung der sich im Einsatz befindlichen Hardware (Laptops, etc.) und darauf installierter Software sowie deren Nutzer ist aufgrund einer fragmentierten Datenbasis sehr zeitaufwändig und fehleranfällig.
- Organisatorische Abhängigkeiten sind teilweise nicht adäquat in der Systemlandschaft hinterlegt.
- Atel beschäftigt – auf die unterschiedlichen Konzerngesellschaften verteilt – sowohl interne als auch externe Mitarbeiter (Berater etc.). Diese Mitarbeiter werden z.T. zentral in einem Human Resources (HR)-System geführt, z.T. findet eine Ressourcenverwaltung über unterschiedliche andere Systeme statt. Die Erstellung einer Übersicht des Mitarbeiterstammes der Atel-Gruppe für sämtliche Mitarbeiter, insbesondere externe Mitarbeiter sowie Mitarbeiter ausländischer Gesellschaften, ist daher mit hohem Aufwand verbunden und stellt sich als eine komplexe Aufgabe dar.
- Der IT Support setzt zur Verwaltung der eingehenden Anfragen von Anwendern ein System ein, dessen Datenbasis einige Inkonsistenzen zu den in anderen wichtigen ICT-Management-Systemen gehaltenen Daten birgt.
- Aufgrund fehlender Abgleichmechanismen zwischen den Systemen zur Verwaltung von Applikationsverantwortlichkeiten und zur Pflege von weiteren Applikationsstammdaten treten beispielsweise bei der Einführung einer Applikation vereinzelt Unstimmigkeiten und Redundanzen auf. Hieraus resultieren häufige Rücksprachen sowie manueller Pflege- und Korrekturaufwand.
- Zwischen der Infrastrukturdatenbank und dem Softwareverteilungswerkzeug besteht keine automatisierte Schnittstelle. Auch hier müssen Applikationsstammdaten mehrfach manuell erfasst und gepflegt werden.

Durch das IT-Steuerungsgremium wurde daher entschieden, ein Review-Projekt mit dem Ziel der Konsolidierung der Applikations- und Datenarchitektur der ICT-Management-Systeme (DAIMS) durchzuführen.

4.4.3 Projekt DAIMS: Review der Datenarchitektur der ICT-Management-Systeme

4.4.3.1 Ziele

Das fundamentale Ziel des DAIMS-Projekts ist Potenziale der Beseitigung von Inkonsistenzen und Redundanzen bei Applikationen und grundlegenden Daten der ICT-Management-Systeme zu identifizieren, da diese z. B. das Service-Management, den IT-Support und den Systembetrieb behindern. Es wird also zu einem gewissen Grad eine Neustrukturierung der ICT-Management-Systeme angestrebt, um letztendlich auf Anfragen aus den Fachbereichen besser und in kürzerer Zeit reagieren zu können. Damit lässt sich das Projekt den Integrationssituationen „System-Migration“ und „Housekeeping“ (vgl. Unterkapitel 3.5) zuordnen.

Mittelfristig sollen koordinierte Prozesse für die Datenpflege etabliert werden, um nachhaltig die erforderliche Datenqualität halten und somit die Anforderungen der Datennutzer bedienen zu können. Langfristig sollen durch das Projekt erste Grundlagen für die Einführung eines Configuration-Management nach ITIL[18] (Office of Government Commerce 2005) geschaffen werden.

4.4.3.2 Durchführung

Die Durchführung des Projekts lässt sich grob in die Phasen Ist-Aufnahme, Soll-Konzept und Migrationsplanung gliedern.

In der Ist-Aufnahme wurden zunächst bestehende administrative Prozesse wie beispielsweise die Einführung einer Applikation oder der Austritt eines Mitarbeiters dokumentiert und in Bezug auf die in ihnen verwendeten Daten und Applikationen analysiert. Dies diente der transparenten Darstellung der Abhängigkeiten von Daten, Systemen und Prozessen. Zur Aufnahme der Ist-Situation wurden Interviews und Workshops durchgeführt. In den Interviews wurden Vertreter unterschiedlicher IT-Bereiche wie z. B. dem IT Support und dem IT Betrieb befragt, um so ein möglichst umfassendes und objektives Bild der Landschaft der ICT-Management-Systeme zu gewinnen.

Als Werkzeug zur übersichtlichen, jedoch gleichzeitig auch umfassenden Dokumentation wurde auf ein Visualisierungskonzept zurückgegriffen, dass sich an sogenannte Prozessunterstützungskarten (Lankes et al. 2005; Aier et al. 2008) anlehnt. Nach Erstellung einer ersten Version erfolgten in Workshops eine Überprüfung, Anpassung und Schwachstellenanalyse der Prozessunterstützungskarten. Durch die Analyse der Prozesse konnten unterschiedlichste Problemsituationen identifiziert werden. Abbildung 4.9 stellt exemplarisch die Prozessunterstützungskarte des Prozesses „Applikationseinführung“ inklusive der identifizierten Problemsituationen in der Ist-Situation dar.

Zur Erstellung des Soll-Konzepts wurden zusammen mit Vertretern der IT-Bereiche Lösungsvorschläge für die identifizierten Problemsituationen erarbeitet. Diese Lösungsvorschläge adressieren Modifikationen der Applikationslandschaft der ICT-Management-Systeme, eine Neustrukturierung der Datenhaltung damit im Zusammenhang stehender Informationsobjekte (vgl. Abschnitt 4.4.4) sowie strukturelle Prozessverbesserungen (Ablauf-Reorganisation). Anschließend wurden die Lösungsvorschläge hinsichtlich Machbarkeit und zu erwartendem Nutzen bewertet. Danach erfolgte eine Vorauswahl generell realisierbarer und gewünschter Lösungsvorschläge durch das Projektsteuerungsgremium.

[18] IT Infrastructure Library.

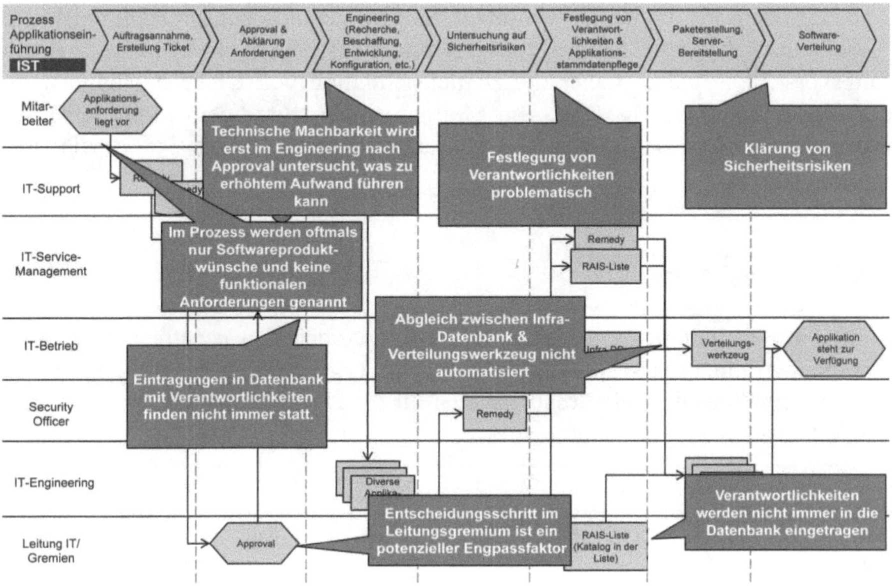

Abb. 4.9. Prozessunterstützungskarte des Prozesses Applikationseinführung inklusive der identifizierten Problemsituationen

Die letzte Phase des Projekts bildete die Ausarbeitung eines groben Migrationsplanes mit Arbeitspaketen für die Überführung des Istzustandes in den Sollzustand. Der Migrationsplan beinhaltet neben einer detaillierten Beschreibung von einzelnen Lösungsvorschlägen, die zu Arbeitspaketen zusammengefasst wurden, eine grobe Aufwands- und Nutzenschätzung jedes einzelnen Lösungsvorschlags. Dies ermöglicht u. a. diejenigen Lösungsvorschläge, die geringen Aufwand und zugleich ein hohes Nutzenpotenzial aufweisen, zu identifizieren.

4.4.3.3 Kritische Erfolgsfaktoren

Im Laufe des Projekts konnten unterschiedliche Aspekte als wichtige Faktoren für den Erfolg des Projekts identifiziert werden.

Die Berücksichtigung unterschiedlicher Perspektiven stellt einen solchen kritischen Aspekt dar. In Interviews wurden Vertreter verschiedener IT-Bereiche befragt und somit ein möglichst breites Interessenspektrum abgedeckt. Dies führte einerseits dazu, dass in der Ist-Modellierung ein breiter Ausschnitt der ICT-Management Applikations- und Datenlandschaft erfasst wurde und für die Soll-Modellierung andererseits die wichtigsten Problemsituationen aus allen Bereichen berücksichtigt werden konnten.

Die Zuordnung von Lösungsvorschlägen für diese Problemsituationen zu Arbeitspaketen sowie die Gestaltung dieser Pakete erfolgte unter der Maxime der praktischen Durchführbarkeit. Die Problemlösungsvorschläge betreffen zum Teil

Applikationen, für die bereits Umsetzungs- und Veränderungsprojekte existieren. Als essentiell für das Gelingen der Umsetzung der im Projekt identifizierten Lösungsvorschläge wurde daher die Berücksichtigung von Überschneidungen mit derartigen Projekten angesehen. Im Migrationsplan wurde demzufolge eine projektübergreifende Abstimmung der Umsetzungsvorschläge als Sofortmaßnahme vorgesehen.

4.4.4 Neue Lösung

In dem in Abschnitt 4.4.3 vorgestellten Projekt wurden als wesentliche Ergebnisse eine Soll-Applikations- und -Datenlandschaft (vgl. Abbildung 4.10) sowie ein grober Migrationsplan mit Arbeitspaketen für die Überführung des Istzustandes in den Sollzustand ausgearbeitet.

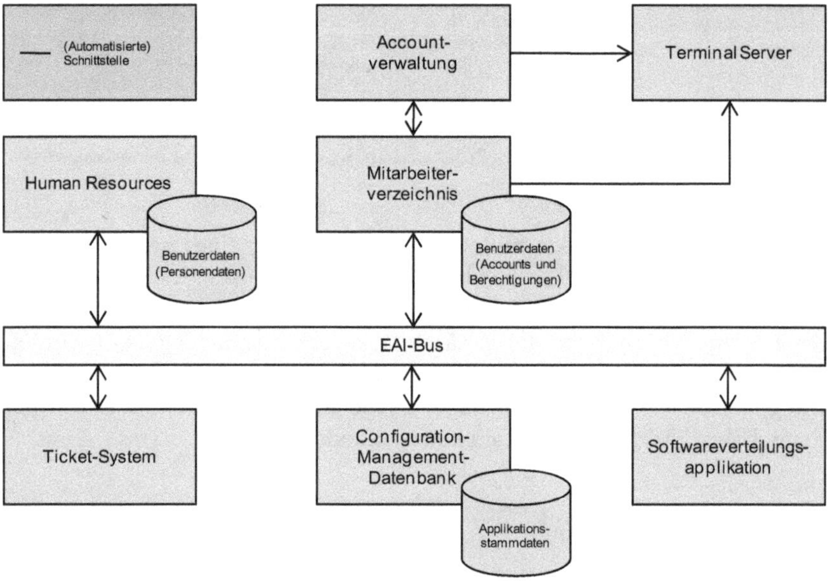

Abb. 4.10. Konsolidierte Soll-Applikations- und -Datenlandschaft (vereinfachte Darstellung, ausschließliche Betrachtung von Benutzer- und Applikationsstammdaten)

Die konsolidierte Soll-Applikations- und -Datenlandschaft setzt auf einem Kerndatenmodell auf, das aus sämtlichen, für das ICT-Management fundamentalen Informationsobjekttypen (IOT) besteht. In Anlehnung an ITIL wurden in diesem Modell die für Atel essentiellen Datenmodellelemente hinterlegt.

Die wesentlichen Eckpunkte der neuen Lösung in Form einer konsolidierten Soll-Applikations- und -Datenlandschaft umfassen unter anderem:

- Eindeutige und redundanzfreie Zuordnungen von Informationsobjekten zu Applikationen. Das Konzept sieht beispielsweise vor, die Infrastrukturdatenbank und die Datenbank mit Applikationsverantwortlichkeiten in ein System zu überführen (Integrationsarchetyp Vereinigung, vgl. Abbildung 4.4.4).

- Konsequenter Ausbau des bestehenden Enterprise Application Integration (EAI)-Busses (Aier u. Schönherr 2006; Aier u. Schönherr 2007) zur effizienten Konsistenzsicherung der gesamten Datenhaltung aller berücksichtigten ICT-Management-Systeme (Integrationsarchetyp Bindung, vgl. Abbildung 4.11). Durch den EAI-Bus wird ermöglicht, dass jedes angeschlossene ICT-Management-System Stammdaten auf standardisierte Art und Weise zur Verfügung stellt und mit sämtlichen Systemen, die ebenfalls an den Bus angeschlossen sind, Daten austauschen kann. Die potenziell geringere Anzahl an Schnittstellen bewirkt erfahrungsgemäß einen geringeren Pflegeaufwand und stellt einen flexibleren Ansatz für zukünftige Anpassungen oder Erweiterungen in der Applikationslandschaft der ICT-Management-Systeme dar (Ruh et al. 2001).
- Das Kerndatenmodell wird den Aufwand zur Erstellung einer Inventurliste durch zusätzliche Relationen wie beispielsweise die Zuordnung eines Anwenders zu Applikationen deutlich verringern. Diese Relationen könnten in Management-Reports zur übersichtlichen Darstellung des aktuellen Verhaltens bzgl. Applikationsnutzung verwendet werden.
- Modifikationen organisatorischer Abhängigkeiten, z. B. Verantwortlichkeiten für Applikationen, werden besser berücksichtigt. Verletzungen der referentiellen Integrität werden verhindert, da beim Versuch von Löschungen von Benutzeraccounts durch die einheitliche Datenbasis auf abhängige Accounts hingewiesen wird.
- Daten interner und externer Mitarbeiter sowohl inländischer als auch ausländischer Gesellschaften werden in der Soll-Architektur in einer zentralen Datenbasis erfasst und hinterlegt sowie über den EAI-Bus an andere Systeme verteilt. Somit gestaltet sich u. a. die Erstellung einer Übersicht des Mitarbeiterstammes der Atel-Gruppe für sämtliche Mitarbeiter deutlich einfacher als zuvor.
- Applikationsstammdaten werden federführend in einer Configuration-Management-Datenbank (CMDB) gehalten. Auf diese Daten greifen u. a. das Ticketing-System des IT Supports und die Softwareverteilungsapplikation über den EAI-Bus zu. Manueller Aufwand zur Dateneingabe und -qualitätssicherung entfällt und die Daten stehen in der gewünschten Qualität zeitnah zur Verfügung.
- Häufige Rücksprachen und manuelle Korrekturaufwände bei der Einführung von Applikationen treten weitaus seltener auf, da Daten schon zu Beginn des Applikationseinführungsprozesses vollständig und in der notwendigen Qualität erfasst werden.

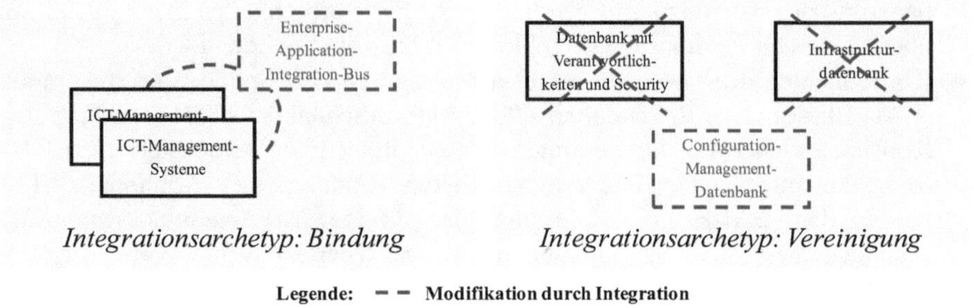

Abb. 4.11. Instanziierte Integrationsarchetypen Vereinigung und Bindung am Beispiel der Applikationskonsolidierung des DAIMS-Projektes

4.4.5 Erkenntnisse und Ausblick

Das DAIMS-Projekt hatte das Ziel, Empfehlungen (in Form eines Soll-Konzepts) für die Beseitigung von Inkonsistenzen und Redundanzen bei Applikationen und grundlegenden Daten der ICT-Management-Systeme zu erarbeiten und einen konkreten Migrationsplan zur Umsetzung dieser Empfehlungen zu präsentieren.

Bei der Dokumentation der Ist-Situation und der Soll-Konzeption stellte sich die Berücksichtigung einer Vielzahl von Stakeholdern aufgrund unterschiedlicher Anforderungen an das Granularitätsniveau als eine schwierige Aufgabe dar. Die Prozesslandkarten erwiesen sich hierbei als ein praktikables und hilfreiches Werkzeug für die gleichzeitige Analyse von Organisations-, Prozess- und Applikationsstrukturen.

Essentiell für das Gelingen der Umsetzung der Lösungsvorschläge wird ein Ansatz angesehen, der projektübergreifend Inhalte verschiedener Vorhaben koordiniert und somit zu einem homogenen Gesamtbild beiträgt. Dieser Anforderung wurde durch eine entsprechende Sofortmaßnahme im Migrationsplan zur projektübergreifenden Koordination der Aktivitäten Rechnung getragen.

4.5 Integration einer Standardkomponente bei der Zürcher Kantonalbank ZKB

Johannes Staub

Zürcher Kantonalbank ZKB

Joachim Schelp, Christian Riege

Universität St. Gallen

4.5.1 Unternehmensprofil ZKB

Die 1870 gegründete Zürcher Kantonalbank (ZKB) ist eine Universalbank, die im Wirtschaftsraum Zürich eine hervorgehobene Position einnimmt und auch international tätig ist. Die ZKB ist mit 104 Geschäftsstellen im Raum Zürich vertreten und beschäftigt ca. 4'400 Mitarbeitende. Tabelle 4.14 gibt einen Überblick über die wichtigsten Eckdaten der ZKB.

Als Kantonalbank gehört sie zu 100% dem Kanton Zürich. Die strategische Vision, als eine grosse Schweizer Bank im Wirtschaftsraum Zürich der führende Finanzdienstleister zu sein, steht im Einklang mit dem vom Kanton erteilten Leistungsauftrag:

1. Der Versorgungsauftrag beinhaltet, ausgewählte Kundengruppen im Kanton mit Bankdienstleistungen zu versorgen.
2. Über den Unterstützungsauftrag hat die ZKB den Kanton Zürich bei der Lösung ausgewählter Aufgaben in den Bereichen Wirtschaft, Gesellschaft und Umwelt zu unterstützen.
3. Über den Nachhaltigkeitsauftrag ist die Bank gehalten, die Grundsätze der Nachhaltigkeit in ihrem Geschäft zu beachten.

Tabelle 4.14. Unternehmensprofil ZKB

ZKB[a]		
Gründung	15.02.1870	
Firmensitz	Zürich, Schweiz	
Branche	Finanzindustrie	
Geschäftsfelder	Retail-, Investment- und Private Banking	
Geschäftsvolumen	104 Mio. (Bilanzsumme 30.06.2008)	
Verwaltetes Vermögen	121 Mio. (30.06.2008)	
Rating	Standard & Poor's	AAA
	Moody's	Aaa
Mitarbeitende	4'485 (FTE, 30.06.2008)	
Kontakt	Johannes Staub	

Die Strategie der ZKB ist die einer Universalbank, d. h. sie strebt eine führende Position in verschiedenen Geschäftsfeldern an (Retail-, Investment und Private Banking), muss dabei jedoch den Leistungsauftrag des Kantons berücksichtigen. Neben dem Rentabilitätsziel werden zudem die weiteren Ziele wie die Positionierung der Marke, die Beachtung der Kundenzufriedenheit und der Mitarbeiterzufriedenheit verfolgt. Sie werden über geeignete Kennzahlen (Eigenkapitalrendite, Kosten-Ertrags-Verhältnis, Markenindex, Kundenzufriedenheits-Index für Privatkunden, Firmenkunden sowie das Private Banking, Mitarbeiterzufriedenheits-Index) gemessen.

4.5.2 Ausgangssituation

Die Ausgangssituation des Projektes ist geprägt von einer produktzentrierten Preisbildung und Abrechnung. Bei einer produktzentrierten Perspektive sind die einzelnen Gestaltungsobjekte bei der Preisbildung an eine Transaktion oder einen Transaktionstyp geknüpft. Dies erschwert jedoch eine kundenorientierte Perspektive, bei der die Preisbildung alle für einen Kunden relevanten Produkte unabhängig z. B. vom Transaktionstyp berücksichtigen muss und das Kundenprofil reflektieren soll. In der gegenwärtigen produktzentrierten Implementierung der Preisbildungsfunktionen ist es nicht möglich, die bestehenden Preisregeln zu zerlegen und die Preise kundenorientiert aus verschiedenen Produktbereichen neu zu kombinieren. Die Bündelung und Entbündelung von Produkten und Leistungen zu neuen und individuell auf den Kunden zugeschnittenen Produktpaketen ist kaum möglich. Auch ist es in der bestehenden Systemlandschaft nur schwer möglich, eine kundenzentrierte Ertragsanalyse durchzuführen. Preiskalkulationen können nur offline durchgeführt werden. Auch die Simulation von Preismodellmodifikationen innerhalb eines Kundensegmentes oder einer Produktgruppe sind nur mit erhöhtem Aufwand und Zeitbedarf möglich.

Gegenwärtig sind bei der ZKB produktzentrierte Preisinformationen direkt in den einzelnen Applikationen hinterlegt. D.h. die Preisbildung für die Produkte und die Abrechnung wird von den bestehenden Transaktionssystemen durchgeführt, die überwiegend Standardsoftwaresysteme (COTS) sind. Änderungen an der Preisbildung müssen gegenwärtig über einzelne IT-Projekte umgesetzt werden, welche neue Produkte implementieren oder bestehende Preismodelle anpassen. Dies wird als wenig effizient angesehen, um neue Produkte zu lancieren bzw. Preismodellanpassungen vorzunehmen. Ebenso ist die Flexibilität in der Kombination bestehender Produkte begrenzt. Bei der bestehenden Applikationslandschaft, in der die Preisbildungs- und Abrechnungsregeln sowohl in eigenentwickelten Systemen wie Standardsoftwaresystemen „hart verdrahtet" sind, ist eine flexible und agile Preisbildung und -umsetzung nur schwer realisierbar.

Vor diesem Hintergrund lassen sich die nachfolgenden Fähigkeiten aufführen, welche die ZKB anstrebt, um eine bessere Kundenorientierung zu erzielen:

- *Innovative Preismodelle.* Standardisierte Produkte und Leistungen werden zu Produktbündeln zusammengefasst und entlang individueller Kundenbedürfnisse konfiguriert
- *Leistungsbasierte Anreizsysteme.* Kundenbindungsprogramme oder individuell gewährte Sonderkonditionen in Abhängigkeit vom Kundenverhalten.[19]
- *Bessere Reaktionsmöglichkeiten.* Schnellere Reaktion auf sich ändernde Marktbedingungen ermöglichen, indem neue Produkte schneller definiert und am Markt angeboten werden können.

Diese Fähigkeiten zielen zunächst auf die Prozesse des Produktmanagements ab. Eine hervorgehobene Rolle spielt dabei die Produktdefinition, in der die Preisbildung für die Produkte vorgenommen wird. Das unterstützende Informationssystem muss dem Produkt-/Segmentsmanager die Möglichkeit einräumen, die Produkte schnell und flexibel definieren und kombinieren zu können. Auf der anderen Seite erfordert eine korrekte Preisbildung, dass die zugrunde liegenden Preisbildungsregeln auch bei der Produktdefinition und Produktkonfiguration transparent sind. Des Weiteren sind geeignete Prognoseinstrumente gefordert, um die Auswirkungen möglicher Preisvariationen einer Produktkomponente auf alle angebotenen Produktbündel am Markt bestimmen zu können. Um sowohl bei der Produktdefinition durch den (zentralen) Produkt-/Segmentsmanager wie bei der Konfiguration eines Produktes durch den Kundenberater sicherstellen zu können, dass die Ertragsziele der Bank insgesamt nicht gefährdet werden, müssen die Preisbildungsregeln transparent und nachvollziehbar sowie die dabei unterstützenden Applikationen leicht verständlich sein. Darüber hinaus muss es möglich sein, für die Produktkonfiguration klare Leitplanken zu setzen und mittels mehrstufiger Kompetenzmodelle zu überwachen.

Ein Vergleich der gewünschten mit der gegenwärtigen Preisbildungsfähigkeit zeigt auf, dass ein Bedarf nach einer Änderung der bestehenden Lösung besteht. Innerhalb der ZKB ist die betriebliche IT zwar als Lösungsanbieter etabliert, der

[19] Zum Beispiel ein durch den Kundenberater modifizierbarer Zinssatz eines ansonsten standardisierten Produktes, wenn dadurch zusätzliches Geschäft mit dem Kunden erschlossen werden kann.

die Fachseite in der Umsetzung ihrer Geschäftsprozesse effizient und effektiv unterstützt. Jedoch wird die Entwicklung eigener Applikationen nicht als Kernkompetenz der ZKB angesehen, dafür aber die Integration von Lösungen und ihr Betrieb. Aufgrund der skizzierten Probleme in der zeitnahen und flexiblen Umsetzung neuer oder geänderter Produktpreise hat die ZKB alternative Lösungen zur Umsetzung der Preisstrategie geprüft. In einer ersten Phase wurde ein Prototyp erstellt und eine Machbarkeitsstudie durchgeführt.

4.5.3 Das Integrationsprojekt

Die ZKB startet Mitte 2006 mit den Vorarbeiten zum strategischen Programm Pricing/Billing. Mit einem Prototypen werden die Grenzen und Möglichkeiten eines regelbasierten Systems für die Preisbildung und Abrechnung untersucht. Darauf folgend wurden in einer Architekturstudie die Ansätze zur Integration einer zentralen Pricing/Billing Applikation in die IT-Landschaft der ZKB abgeklärt. Somit konnte 2008 das Realisierungsprojekt mit den folgenden Zielen gestartet werden:

- Die ZKB verfügt für Preisbildung und Preisabrechnung über einen modularen Funktionsaufbau, der systemübergreifend ein flexibles und professionelles Pricing ermöglicht und rasche Anpassungen an neue Marktgegebenheiten erlaubt. Die technische Implementierung neuer Preismodelle ist innert kurzer Frist und kostengünstig möglich.
- Preisverantwortliche sowohl im strategischen wie auch im taktischen Bereich sind in der Lage neue Preismodelle rasch zu simulieren und deren Auswirkungen auf die Erträge aufzuzeigen. Sie verfügen über sämtliche Daten um ihre Entscheidungs-, Überwachungs- und Steuerungskompetenzen professionell wahrnehmen zu können
- Der Vertriebsmitarbeiter ist in der Lage die Auswirkungen von Preisofferten/ -entscheiden auf das Marktergebnis des Kunden zu erkennen und zu kalkulieren.

Das Ziel des gesamten Pricing/Billing-Projektes, eine an den Kundenbeziehungen orientierte Preisbildung zu ermöglichen, wird stufenweise über die drei Releases umgesetzt, von denen die erste vor dem Abschluss steht:

Release 1 etabliert die Infrastruktur für die neue Pricing-Lösung und führt die neuen Möglichkeiten für Preisbildung und Abrechnung im Anlagebereich ein, wobei alle für die Bank wertschaffenden Depotgebühren berücksichtigt werden. Bisher wurden die Bestände nicht nur in Avalog geführt, sondern darin auch die Gebühren berechnet. Die Gebührenberechnung wird in die neue Lösung verlagert, die Bestandsführung bleibt in Avalog. Die Produktivsetzung dieser Lösung ist für Mai 2009 geplant.

Release 2, das im zweiten Quartal des Jahres 2009 initiiert wird, hat dann das Ziele, die Preisbildung und Abrechnung für Basisprodukte und Geldverkehr in der neuen Lösung zu etablieren.

Release 3, das Ende 2011 produktiv sein soll, wird schliesslich die Preisbildung für die Finanzierungsprodukte sowie weitere relevante bis zu diesem Zeitpunkt noch nicht umgesetzte Preismodelle berücksichtigen.

Da in Release 1 im Wesentlichen die Infrastruktur etabliert wird, werden die Kundenbeziehungen nur in geringem Umfang in den Preismodellen berücksichtigt.

Somit werden auch die Prozesse auf der Fachseite mit dem ersten Release nur unwesentlich verändert. Die Überarbeitung und Umgestaltung der Prozesse erfolgt mit den weiteren Umsetzungsschritten.

4.5.4 Neue Lösung: Erhöhte Flexibilität durch Auskopplung des Pricings

Im Rahmen des Vorprojektes wurde eine geeignete Standardsoftware ausgewählt, mit der die angestrebten Preisbildungs- und Abrechnungsregeln abgebildet werden können. Ausgewählt wurde miRevenue von Zafin Labs. Diese Software bietet folgende Möglichkeiten:

- Produktpreisbildung: Über eine regelbasierte Maschine können Produkte, insbesondere aber deren Preise flexibel definiert, beobachtet und durchgesetzt werden.
- Beziehungsmanagement: Unterschiedliche Preismodelle können bei Bedarf online kalkuliert[20] und zur Verfügung gestellt werden, um Produkte individuell zu konfigurieren und den Kundenwert zu optimieren.
- Einfache Simulationen: Ertragsprognosen können auf Basis der unterschiedlichen Preismodelle flexibel erstellt werden, wobei das Kundenverhalten in ausgewählten Perioden zugrundegelegt werden kann.

Die Umsetzung der drei Projektphasen (Release 1–3, vgl. den vorhergehenden Abschnitt) erfordert auch teilweise eine Neudefinition der Geschäftsprozesse bei der zentralen Produktdefinition wie bei den Nutzern der Konfigurationsfunktionalität. Die zentrale Produktdefinition wird neue Möglichkeiten erhalten, z. B. Preissimulationen für Marktsegmente oder Kundenprofile durchzuführen. Die kundennahen Vertriebseinheiten werden in der Angebotsphase bei der Produktkonfiguration durch Funktionen zur Preiskalkulation unterstützt.

In der bestehenden Applikationslandschaft sind für die Einführung von miRevenue verschiedene Änderungen notwendig geworden. Zum einen muss die Preisbildungsfunktionalität aus den bisherigen Systemen nach miRevenue verlagert werden. Zum anderen ist die Integration von miRevenue mit den bestehenden Systemen notwendig.

[20] Preismodelle können zerlegt und flexibel neu zusammengesetzt werden, z. B. die für Maestro-Kartentransaktionen im Ausland abzurechnenden Gebühren, Wechselkursraten und sonstige Gebühren können separat konfiguriert werden, bevor sie zur einer separaten Maestro-Kartentransaktionsgebühr wieder zusammengeführt werden, die dann mit zusätzlichen Regeln weiter konfiguriert werden kann.

Die Applikationslandschaft der ZKB ist durch den Einsatz verschiedener Standardsoftwaresysteme gekennzeichnet:

- *Kundenbeziehungsmanagement.* Angepasste Siebel-Installation
- *Wertschriftenverwaltung.* Avaloq
- *Bestandsführung Passivprodukte.* SAP AM
- *Bestandsführung Aktivprodukte SAP- Loans (ab 2010)*

Die Preisbildungs-/Abrechnungssoftware miRevenue wird über zwei Wege an die bestehende Systemlandschaft angeschlossen:

Eine Batch-Anbindung erfolgt an verschiedene Systeme über den Operational Data Store[21] ADB . Eine Realtime-Anbindung erfolgt über die Integration Middleware METRO oder BRE (Eigenentwicklung ZKB). Weiterhin existiert eine Schnittstelle zur Berechtigungsverwaltung. Im Endausbau wird miRevenue über 17 Schnittstellen mit der bestehenden Applikationslandschaft gekoppelt sein. In Release 1 werden davon schon 12 Schnittstellen umgesetzt, für Release 2 sind 2 weitere Schnittstellen vorgesehen, mit Release 3 dann die übrigen.

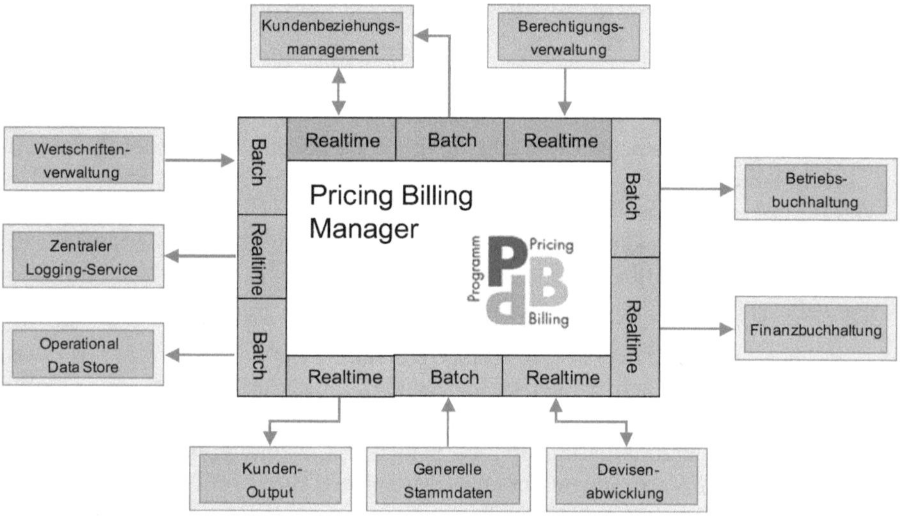

Abb. 4.12. Schnittstellen zu den Umsystemen (Quelle: ZKB)

In Release 1 werden keine Applikationen aufgehoben, durch die neue Lösung erfolgt lediglich die zuvor skizzierte Anbindung an die bestehenden Umsysteme und eine „Stilllegung" der Abrechnungsfunktionen. Erst mit Release 2 bzw. 3 werden bestehende Eigenentwicklungen abgelöst, wobei hinsichtlich umgesetzter Funktionalität und Leistungsfähigkeit eine Verbesserung erfolgt.

[21] Dieser wird in der ZKB als ADB bezeichnet. Gegenüber der Lehrbuch-Interpretation eines ODS zeichnet sich die ADB durch eine thematische Sortierung und die auch operative Nutzung aus.

Durch Release 1 werden kaum organisatorische Änderungen innerhalb der Fachabteilungen und Prozesse etabliert. Da in dieser Projektphase zunächst die notwendigen Infrastrukturänderungen vorgenommen werden und nur ein Preismodell implementiert wird. Erst bei Release 2 und 3 – wenn mehrere Preismodelle produktiv sind – werden auch weitergehende Änderungen in Prozessen und Verantwortlichkeiten auf der Fachseite notwendig sein, um das volle Potential der neuen Lösung zu erschliessen.

4.5.5 Lerneffekte und Ausblick

Mit dem ersten Release wird bereits ein neues Preismodell umgesetzt, wodurch die Unterstützung des fachseitigen Projektsponsors sichergestellt ist. Eine Finanzierung einer alleinigen Infrastrukturverbesserung ohne einen für die Fachseite direkt messbaren Anwendernutzen wäre demgegenüber nur schwer erzielbar gewesen. Die durch eine reine Infrastrukturverbesserung geschaffenen Handlungsoptionen lassen sich hier nur schwer quantifizieren.

Durch das neue Preismodell wird die Vergleichbarkeit der Ergebnisse zwischen der alten und der neuen Lösung erschwert. Die Komplexität des Projektes wird erhöht und die Abstimmung zwischen Fachseite und betrieblicher IT aufwendiger. Für die Durchführung von Release 1 hat sich daher die Beschränkung auf ein Preismodell als sinnvoll erwiesen. Die Anzahl Varianten und Variablen blieb in einem eng definierten Rahmen, wodurch auch die Anzahl der betroffenen Schnittstellen und Prozessänderungen eingeschränkt werden konnte.

Durch die frühe Einbindung der Fachseite schon in das Vorprojekt konnte bislang eine hohe Akzeptanz auf der Fachseite erzielt werden. Innerhalb der betrieblichen IT wurde eine hohe Akzeptanz erreicht, indem auch die IT-Architektur schon in das Vorprojekt involviert wurde.

Das bisher durchgeführte Projekt reflektiert die strategische Zielsetzung der betrieblichen IT auf Standardlösungen zu fokussieren. Aufgrund der Strukturierung der betrieblichen Applikationslandschaft anhand der Geschäftsfunktionen des Unternehmens und der Flexibilität der verwendeten Standardsysteme war das Herauslösen der Preisbildungs- und Abrechnungsfunktionalität erst möglich. Durch die Ablösung bislang zur Preisbildung verwendeter eigenentwickelter Lösungen wird nach Abschluss des Projektes ein höherer Standardisierungsgrad der Applikationslandschaft erreicht werden. Nach Abschluss der dritten Projektphase wird eine Preisbildungs- und Abrechnungsinfrastruktur zur Verfügung stehen, welche dem Produktmanagement die flexible Bündelung und Entbündelung von Produkten und Leistungen erlaubt und die Vertriebseinheiten bei der Konfiguration kundenspezifischer Angebote unterstützt und die Voraussetzungen für eine beziehungsorientierte Preisfestsetzung schafft.

4.6 Integrationsmanagement bei der RTC AG am Beispiel der Integration von Legando/OTMS

Michael Held, Thomas Mahler, Guido Steiner

Real-Time Center AG

Jan Saat

Universität St.Gallen

4.6.1 Die Real-Time Center AG

Die Real-Time Center AG (RTC) mit Sitz in Bern Liebefeld wurde im Jahre 1973 mit dem Auftrag gegründet, eine Softwareplattform für Banken zu entwickeln und diese im Outsourcing für interessierte Kundenbanken zu betreiben. Es entstand die Bankenplattform IBIS® für Universal-, Retail- und Vermögensverwaltungsbanken. Diese wurde erweitert, und das Angebot an Outsourcing-Dienstleistungen ausgebaut. Seit mehr als 30 Jahren bietet RTC Softwareprodukte und IT-Outsourcing-Lösungen an. RTC verfügt über Erfahrung im Betrieb von Serverfarmen sowie in der Konzeption und dem Management von komplexen Netzwerken, Hochsicherheitslösungen und dezentralen Microsoft-Umgebungen. Archivierungs- und Backup-Dienstleistungen, das Druck- und Versandzentrum sowie Ausbildungs- und Helpdesk-Dienstleistungen ergänzen das Angebot. RTC beschäftigt 553 Software- und Outsourcing-Spezialisten, verfügt über zwei eigene Data Center und ist schweizweit in allen Sprachregionen tätig. Zu den Kunden zählen über 50 Banken mit mehr als 600 Vertriebsstellen, welche über 4 Mio. Bankkunden betreuen (RTC 2007).

Die IBIS Plattform unterliegt derzeit fundamentaler Erneuerung. Das Ziel ist die Ablösung des Mainframes zugunsten einer serviceorientierten 3-tier Architektur. Dies bedeutet, dass Daten, Verarbeitungslogik und Präsentation, welche bisher auf einem Großrechner eng miteinander verbunden wurden, nun durch Entkopplung flexibler und durch die Vermeidung von Redundanzen effizienter gestaltet werden. Während der Mainframe eine eher funktionale Sicht auf die Architektur erlaubt, soll der Plattformwechsel eine prozesszentrierte Sicht ermöglichen. Hiermit soll erreicht werden, dass die drei Bereiche der RTC, namentlich Entwicklung,

Betrieb und Application Management an den bankfachlichen Prozessen ausgerichtet sind.

Tabelle 4.15. Unternehmensprofil Real-Time Center AG

Real-Time Center AG	
Gründung (als Winterthur Versicherungen)	1973
Firmensitz	Liebefeld
Branche	IT-Outsourcing und Banking Software
Umsatz (in 2007)	222'100'000 CHF
Ergebnis (in 2007)	3'000'000 CHF
Verwaltetes Vermögen (per Ende 2007)	62 Mrd. CHF
Mitarbeitende (per Ende 2007)	553
Kontakt	http://www.rtc.ch/

Dem Integrationsmanagement kommt bei dieser Umstellung der Architektur eine zentrale Bedeutung zu. Dies soll im Rahmen dieser Fallstudie anhand eines Beispiels veranschaulicht werden. Zunächst werden die in diesem Zusammenhang wichtigsten Themen zum Integrationsmanagement bei der RTC vorgestellt, namentlich Lösungsarchitektur, Integrationsarchitektur und Serviceorientierte Architektur. Anschließend wird am Beispiel eines großen Integrationsvorhabens die Umsetzung des Integrationsmanagements veranschaulicht. Die Fallstudie endet mit einem Erfahrungsbericht und Ausblick.

4.6.2 Lösungsarchitektur und Integrationsarchitektur

Die Lösungsarchitektur besteht aus den vier Teilarchitekturen Geschäftsarchitektur, IT-Architektur, Applikationsarchitektur und Betriebsarchitektur. Die IBIS Vision bildet den Kern der Lösungsarchitektur und definiert die Richtung, in welche das Produkt IBIS weiterentwickelt werden muss. Die Vision ist die Basis für die Erstellung der Strategien, welche für die Applikation-, Betriebs- und IT-Architektur, sowie für die Geschäftsarchitektur vorliegen müssen. Die Strategien wiederum sind die zentralen Rahmenbedingungen für die Erarbeitung der Architekturen.

IBIS besteht aus einem eigen entwickelten Kern und aus verschiedenen Um- (oder Peripherie-) Systemen, welche mehr oder weniger eng mit dem Kern und untereinander gekoppelt sind. Zusätzlich besitzen die Banken im IBIS Verbund individuelle Systeme, welche via Integrationsschnittstellen mit IBIS gekoppelt sind. Die Integrationsarchitektur ist ein Teil der RTC IT-Architektur (RITA). Die RITA Integrationsarchitektur bezieht sich auf alle operativen Systeme.

Grundsätzlich ist es möglich, Systeme auf den drei logischen Ebenen Präsentation, Verarbeitung und Datenhaltung zu integrieren, wie in Abbildung 4.14 aufgezeigt ist.

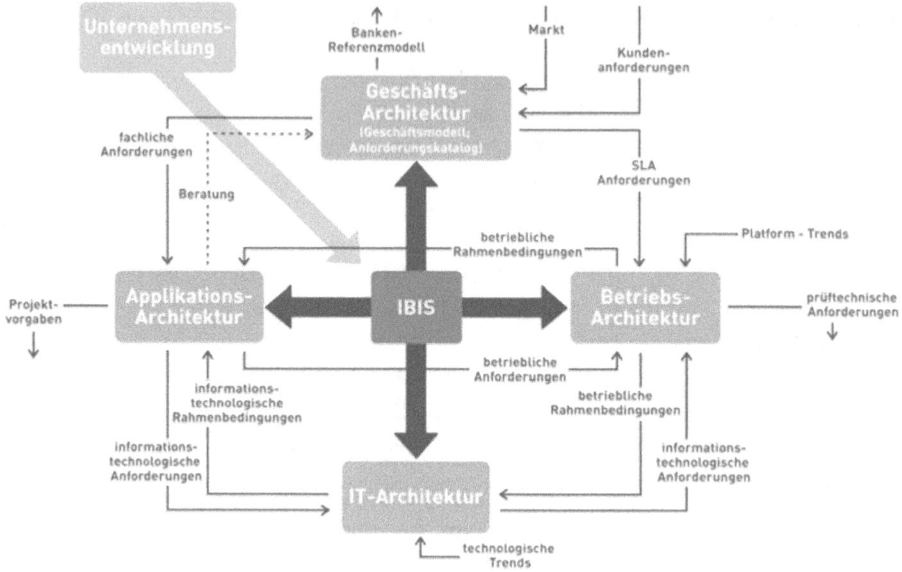

Abb. 4.13. Lösungsarchitektur der RTC

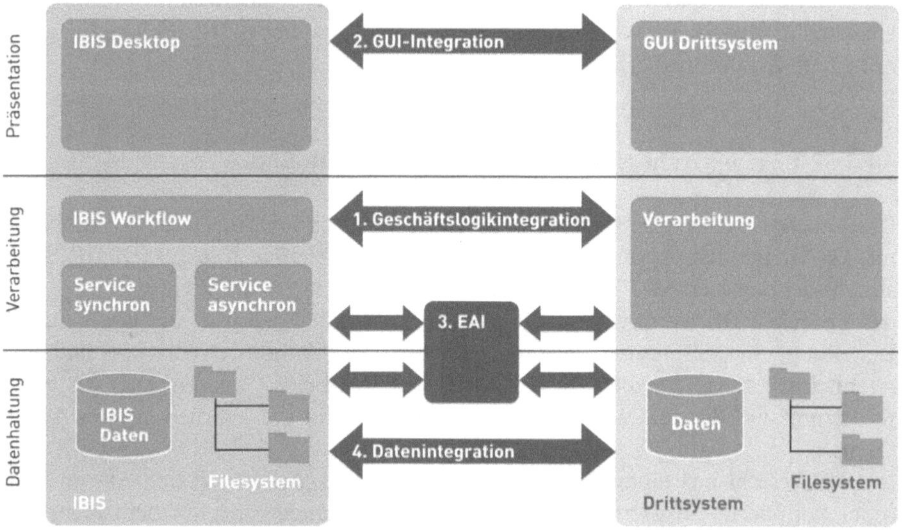

Abb. 4.14. Übersicht der Integrationsmöglichkeiten bei der RTC

Im Folgenden werden die dargestellten Integrationsmöglichkeiten kurz erläutert. Der Integration auf Verarbeitungsebene kommt in der bei der RTC vorliegenden serviceorientierten Architektur eine besondere Bedeutung zu. Diese wird im folgenden Abschnitt vertiefend vorgestellt.

Integration auf Ebene Verarbeitung (Geschäftslogikintegration)

Anwendungen werden auf der Ebene der Geschäftslogik integriert. Hiermit werden folgende Ziele verfolgt:

- Geschäftsprozesse sollen möglichst ohne Unterbruch zwischen Systemen unterstützt werden.
- Zugriffe auf Daten sollen über die dafür zuständigen Services abgewickelt werden, um eine mehrfache Implementierung der Geschäftslogik zu vermeiden.
- Lose Koppelung von Systemen soll durch Integration mit asynchronen Mechanismen und Schnittstellen erreicht werden.

Die Integration kann auf der Subebene Workflow oder Services erfolgen. Von außen liegt immer eine prozessorientierte Sicht auf ein zu integrierendes System vor. Das zu integrierende System wird angebunden, um eine einzelne Aktivität oder eine Reihe von Aktivitäten (Subprozess) innerhalb eines übergeordneten Prozesses durchzuführen.

Integration auf Präsentationsebene (GUI-Integration)

GUI-Integration hat zum Ziel, dem Benutzer einen möglichen hohen Komfort (nahtloser Prozess, gemeinsamer Einstieg) anzubieten, indem manuelle Wechsel zwischen Anwendungen eliminiert werden.

Enterprise Application Integration (EAI)

EAI ist geeignet für die Integration von heterogenen Systemen. Die Integration mit einem EAI-Tool bietet den Vorteil der losen Koppelung (gegenüber synchroner Kommunikation). Alle funktionalen Schnittstellen werden mittels Adaptoren (Schnittstellenumsetzern) abstrahiert.

Integration auf Ebene Datenhaltung

Integrationsmöglichkeiten auf Ebene Datenhaltung sind Datenreplikation oder direkter Zugriff. Sie haben die folgenden Ziele:

- Einfache und schnelle Art zu integrieren.
- Ermöglicht sowohl zentrale Datenhaltung (direkter Zugriff) als auch lokalen Zugriff (Replikation) auf die Daten.
- Direkter oder lokaler Zugriff auf die Daten erhöht die Performance.

Integrationspatterns

Patterns beschreiben bewährte Lösungen und Ansätze zu spezifischen Problemen in einem bestimmten Kontext und erleichtern somit das Design und die Implementierung. Integrationspatterns sind spezielle Patterns für die Integration und lassen sich in die folgenden Kategorien einteilen (vgl. im Folgenden Hohpe u. Woolf 2003):

- Die Endpoint Patterns befassen sich mit der Verbindung der Applikation zu einem Messaging System.
- Construction Patterns behandeln Sinn und Zeck einer Message und deren Aufbau.
- Channel Patterns gruppieren Messages zu den unterschiedlichen Channeltypen.
- Routing Patterns beschreiben die diversen Navigationsmöglichkeiten für Messages.
- Transformation Patterns behandeln die Umwandlung von Messages, wie zum Beispiel Content Enricher, Content Filter oder Envelope Wrapper.

Die Abbildung 4.14 gibt einen Überblick über die beschriebenen Patterns.

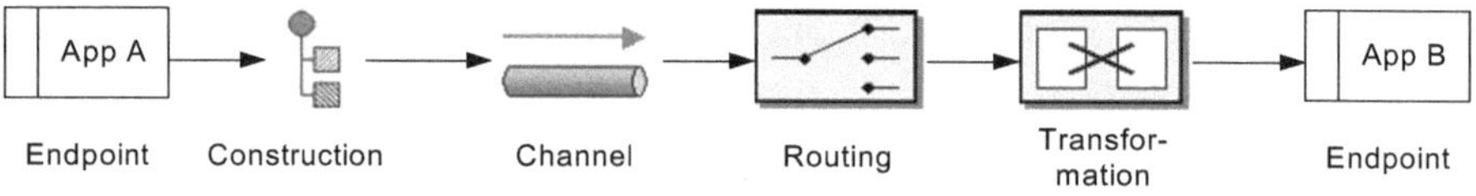

Abb. 4.14. Kategorien der Integrationspatterns

Integrationspatterns können unabhängig vom Hersteller für die meisten Tools und Standards verwendet werden.

4.6.3 Serviceorientierte Architektur (SOA)

Die SOA der RTC ist definiert als „Orchestrierung von Services, welche über den Service Bus kommunizieren".

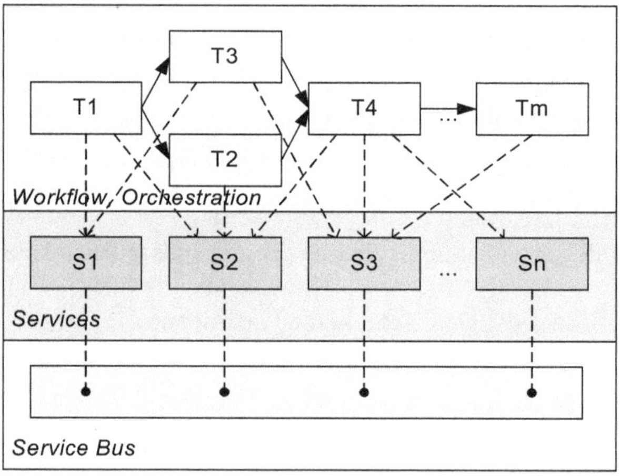

Abb. 4.15. Serviceorientierte Architektur bei der RTC

Im Zentrum der SOA steht der Service (2). Jeder Service wird so gestaltet, dass er eine technisch oder eine fachlich sinnvoll abgegrenzte Aufgabe erfüllt (Task, T). „Disponibilität prüfen", „Konto abschließen" oder „Buchung generieren" sind beispielsweise fachliche Services, „Authentisierung durchführen" oder „Aktion protokollieren" sind technische Services. Ein Service besitzt folgende Eigenschaften (im Folgenden Held 2007):

- Jeder Service (oder auch jede Softwarekomponente) zeichnet sich durch eine klare Schnittstelle aus. Schnittstellen werden in einem Servicevertrag festgehalten und fließen im Bereich Entwicklung in die Interface-Definition ein. Die Entwicklung macht für jeden Service eine strikte Trennung zwischen Interface-Definition und Implementierung.
- Zur Laufzeit ist ein Service ortstransparent, d. h. der Servicenutzer muss nicht wissen, auf welchem Server der Service läuft.
- Jeder Service ist verantwortlich für seine Security (die rollenbasierte Autorisierung steuert die Zugriffsberechtigung) und die Datenintegrität (bei Datenzugriffen muss die Datenbank von einem konsistenten in einen anderen konsistenten Zustand übergehen).
- Alle Services sind zustandslos, d. h. Anfragen (auch desselben Auftraggebers) sind voneinander unabhängig.

Die Kommunikation zwischen und zu den Services läuft über einen Service Bus. Der Service Bus unterstützt synchrone und asynchrone Kommunikation. Für den Service Bus wird eine Betriebs- und Entwicklungsplattform angeboten. Unter der Komposition verstehen wir die Orchestrierung von Services zu Workflows. Die Orchestrierung der Services erfolgt aufgrund der abzuwickelnden bankfachlichen Prozesse. Grundlage sind die Bankkernprozesse, welche im RTC-Business-Process-Modell (RBPM) im Detail festgelegt und definiert sind.

4.6.4 Die Integration von Legando und OTMS

Ob benötigte Software als Produkt eingekauft oder als Eigenentwicklung bereitgestellt wird, richtet sich nach mehreren Entscheidungsfaktoren. Primäres Ziel der Make-or-Buy-Strategie ist die Erreichung eines langfristigen Wettbewerbsvorteils sowie Betriebskosten, die unter dem Marktniveau sind. Dazu wird die Entscheidung vom Spezialisierungsgrad der benötigten Lösung, der Verfügbarkeit von brauchbaren Lösungen am Markt und den zu erwartenden Aufwänden für Lizensierung, Customizing und Integration beeinflusst.

Es gilt der Grundsatz, dass Systeme, die für das Kerngeschäft hohe Relevanz besitzen eher selbst entwickelt werden, als solche, die nicht direkt das Kerngeschäft der Banken unterstützen. Beispielsweise zählt die RTC die Unterstützung von Zinsdifferenzprodukten zum Kerngeschäft und entwickelt die entsprechende Lösung hierfür selbst. Da für Wertschriftenverwaltung und -abwicklung sowie für Handel in OTMS und Legando passende Produkte am Markt verfügbar sind, wurde von einer Eigenentwicklung abgesehen.

Das 'Order Transport and Management System' (OTMS) ist ein Softwareprodukt zur Unterstützung von Auftrags- und Anlageprozessen für alle Arten von Finanzinstrumenten. So können beispielsweise Portfolio Management Systeme und Internet Banking Applikationen Aufträge zur Weiterverarbeitung an OTMS liefern. Legando ist eine Core-Banking Lösung zur Abwicklung von Kerngeschäftsfunktionalitäten von Privat- und Universalbanken. Gegenstand der Integration von Legando bei der RTC ist ausschließlich die Funktionalität zur Wertschriftenabwicklung. Zur Abwicklung der Integration der beiden Softwarepakete in die serviceorientierte Architektur der IBIS Lösung wurde unter dem Namen „Integration von Legando und OTMS" (ILO) ein Programm gestartet. Dieses Vorhaben startete 2006 und wird im 2009 mit der Produktivsetzung der integrierten Lösung abgeschlossen.

Nach einer umfassenden Analyse wurde festgelegt, welche bankfachlichen Anforderungen durch welche Konfigurationen von Legando und OTMS bedient werden können und wie die technische Integration umgesetzt werden kann. In der fachlichen Analyse wurden Prozessbeschreibungen sowie Konfigurationskonzepte erarbeitet. Ziel der technischen Analyse war jeweils eine Schnittstellenbeschreibung für alle zu integrierenden Systeme. Aufgrund der Komplexität und Langfristigkeit des Vorhabens wird die Umsetzung der Integration von Legando und OTMS in separaten Projekten gesteuert. Die OTMS Integration wurde zeitlich vorgezogen und im Herbst 2008 erfolgreich in Produktion genommen. Die Integration von Legando erweist sich als deutlich aufwändiger, da hierbei die Integration über mehr als siebzig Schnittstellen erfolgt. Abbildung 4.16 gibt hierzu eine Übersicht.

Für die Integration von Legando haben sich einige Aspekte für das Architekturmanagement als zentral herausgestellt. Durch das Fehlen von Integrationsstandards mussten zwischen Legando und der IBIS Plattform der RTC zunächst viele Definitionen und Konventionen etabliert werden. Dies betrifft beispielsweise die Definition von Komponenten und Schnittstellen. Da jede IBIS-seitig vorgegebene Komponente eine Änderung in der Schnittstelle von Legando bedeutet, müssen diese Änderungen genau aufeinander abgestimmt sein, um Redundanzen und auch widersprüchliche Parametrisierung zu vermeiden. Jede Schnittstelle muss also einzeln verhandelt werden, wobei sowohl technische als auch fachliche Kriterien in Betracht gezogen werden. Steuernde und unterstützende Komponenten müssen vorgängig erstellt werden und jede Komponente und Schnittstelle unterliegt aufwändigen Tests.

4.6.5 Erfahrungen und weiteres Vorgehen

Die eingekauften Softwareprodukte sind als Siloapplikationen aufgebaut, was die Integration einzelner funktionaler Blöcke zu einer komplexen Integrationsaufgabe macht. Services, die Einzelausschnitte der Funktionalität von der gewünschten Software anbieten, sind derzeit nicht am Markt verfügbar.

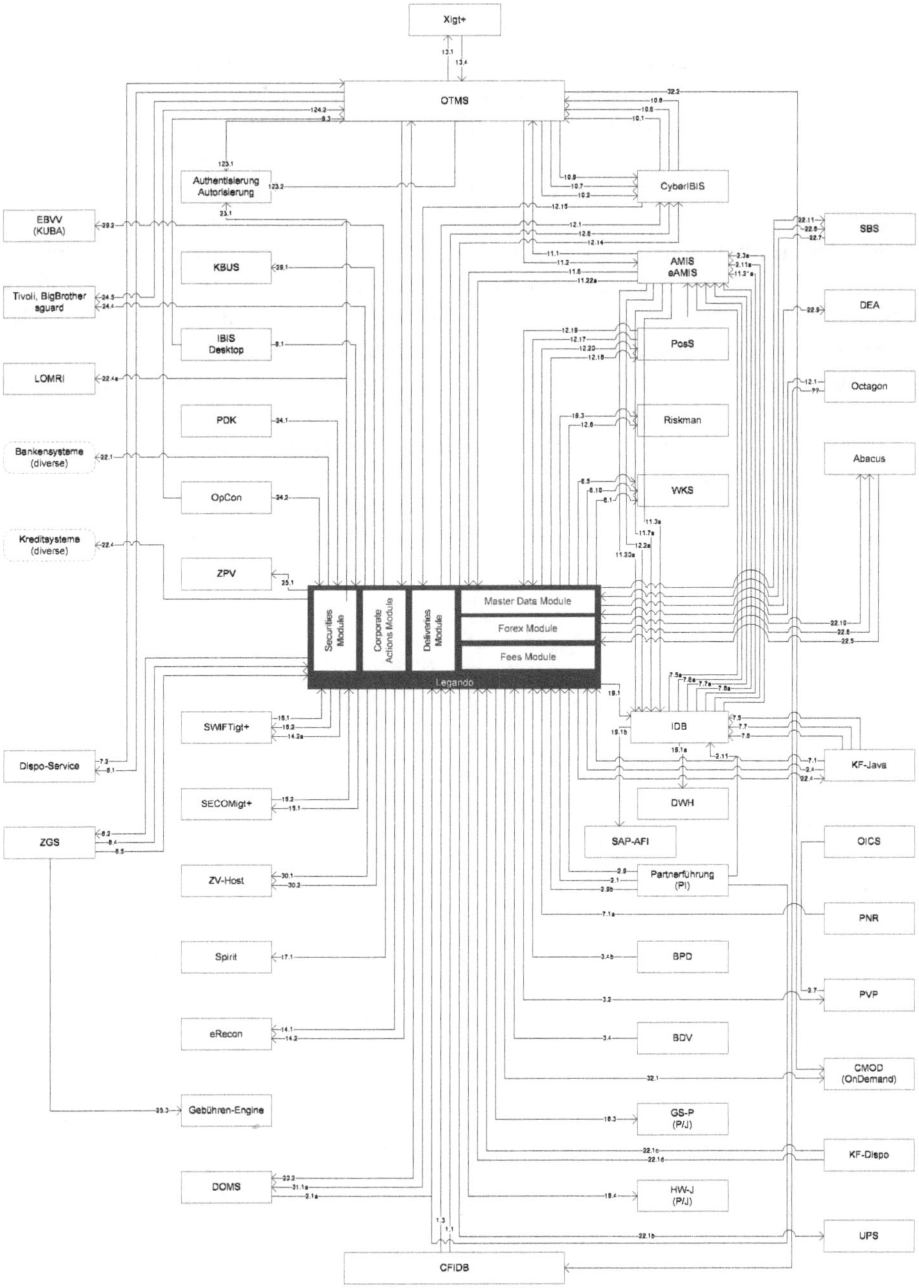

Abb. 4.16. Schnittstellenübersicht Legando

Die Dokumentation der Integrationsarchitektur als Teil der RTC Lösungsarchitektur hat sich als stabiler Rahmen für die Durchführung derart komplexer Integrationsvorhaben bewährt. Das grundlegende SOA-Verständnis der RTC sowie die umgesetzte serviceorientierte Architektur bieten auf Verarbeitungsebene die Möglichkeit zur Integration von Funktionalität von Drittsystemen. Bei der Integration von Softwareprodukten für Handel und Wertschriftenabwicklung in IBIS, wurden in einem Vorhaben mehrere Einzelprojekte gestartet. Eine der zentralen Herausforderungen stellte sich in der Integration von Legando mit über 70 Schnittstellen dar. Aufgrund fehlender fachlicher Standards musste hierbei jede Schnittstelle einzeln abgestimmt werden. Das strukturierte und konsistente Etablieren dieser Schnittstellen war hierbei Kernaufgabe des Architekturmanagements. Vor der Durchführung ist ein klares Bild der Zielarchitektur unabdingbar.

Aufgrund der Komplexität und Langfristigkeit des Vorhabens wurde die Umsetzung der Integration von Legando und OTMS in separaten Projekten gesteuert. Die OTMS Integration wurde zeitlich vorgezogen und im Herbst 2008 erfolgreich in Produktion genommen.

Als nächste Schritte laufen derzeit mehrstufige Testverfahren, die die von Legando integrierten Funktionalitäten in der IBIS-Umgebung ausgiebig überprüfen. Das neue System wird im Herbst 2009 für die IBIS Kunden produktiv geschaltet.

4.7 Management digitaler Identitäten von Health Professionals am Universitätsspital Zürich

Tobias Mettler, Peter Rohner

Universität St. Gallen

4.7.1 Einleitung

Krankenhäuser erbringen primär Leistungen zur Heilung und Linderung von akuten Krankheiten sowie zur dauerhaften Versorgung chronisch Kranker. Die Leistungen werden mittels hoher Arbeitsteilung zwischen hoch spezialisierten Berufsgruppen erbracht. Durch die Strukturen und Verfahren der Krankenhausorganisation werden ärztliche Leistungen unterschiedlicher Disziplinen wie Chirurgie oder Innere Medizin mit denen der Pflege, die ebenfalls hoch spezialisierte Leistungen, bspw. für die Intensivpflege, anbietet sowie mit medizinischen Querschnittsleistungen wie Labor oder Radiologie kombiniert (vgl. Abb. 4.17). Die *Health Professionals*, welche unmittelbar in der Patientenbehandlung oder in den medizinischen Querschnittsleistungen engagiert sind, werden von Mitarbeitenden des Krankenhauses aus weiteren Sparten, bspw. aus Logistik oder Infrastruktur, unterstützt und mit Ressourcen versorgt. Im Management des Krankenhauses sind seitdem Themen wie Wirtschaftlichkeit, Kosten oder Qualität für die ärztliche und pflegerische Leistungserbringung zu Herausforderungen geworden sind (Töpfer u. Albrecht 2006) zunehmend Führungskräfte mit betriebswirtschaftlichem Hintergrund vertreten (Salfeld et al. 2008). Zwischen diesen unterschiedlichen Berufsgruppen, insbesondere zwischen Ärzten und Pflegenden sowie zwischen diesen beiden Gruppen und dem betriebswirtschaftlich orientierten Management, liegen aufgrund unterschiedlicher Ausbildungen, Anreize, Wertesysteme usw. jeweils „Welten" (Glouberman u. Mintzberg 2001). Für die Formulierung von Zielen, die Festlegung von Leistungen, sowie die Gestaltung berufsgruppenübergreifender Prozesse fehlen gemeinsame Auffassungen (Braun von Reinersdorff 2007). Auch für die Implementierung von Informationssystemen, welche die Leistungserbringung unterstützen sollen, kann die selbe Aussage getroffen werden (Haas 2005). Auch innerhalb der ärztlichen Disziplinen, bspw. zwischen Chirurgen und Inneren Medizinern, existieren erhebliche Differenzierungen der Zielsysteme, Leistungen, Verfahren und Arbeitsweisen (Vogd 2006).

Für eine effiziente und effektive Leistungserbringung und -abrechnung müssen Informationsbedarfe klinischer und administrativer sowie planerischer und retrospektiver Art gleichzeitig abgedeckt werden. Die Integration als Mittel zur Erfüllung dieser Informationsbedarfe (bspw. durch Verbinden und Vereinigen von Daten) gewinnt deshalb an Bedeutung (Khoumbati u. Themistocleous 2006).

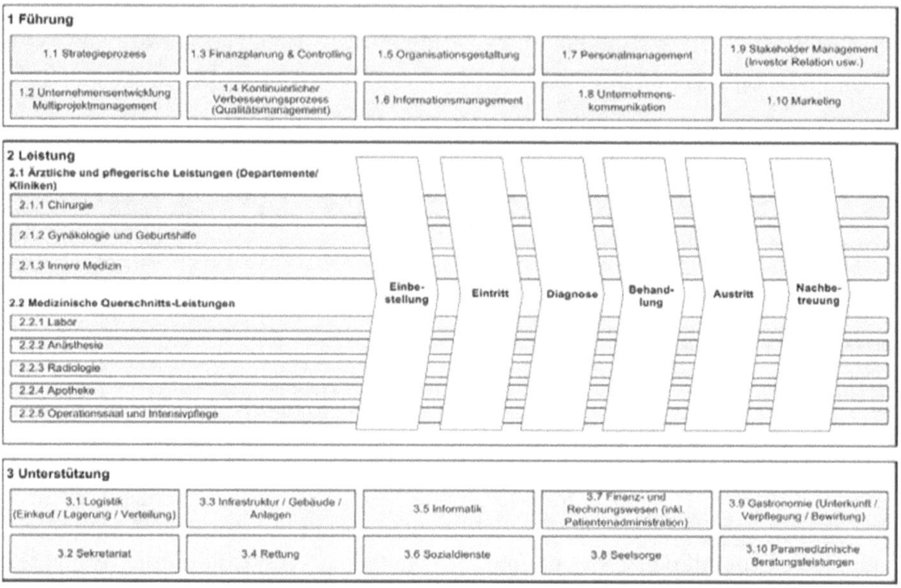

Abb. 4.17. Fachliche Aufbauorganisation und Patientenprozess im Krankenhaus

4.7.2 Das Universitätsspital Zürich

Das Universitätsspital (USZ) befindet sich in der Stadt Zürich und ist ein wichtiger Eckpfeiler der medizinischen Grundversorgung von Stadt und Kanton Zürich (vgl. Tabelle 4.16). Als Krankenhaus der öffentlichen Hand steht es allen offen und garantiert mit seinen 42 Kliniken und Instituten eine umfassende, medizinisch breit abgestützte und qualitativ hochstehende Behandlung.

Die Applikationslandschaft am USZ ist aufgrund der oben beschriebenen Berufsgruppenspezialisierung sowie der unterschiedlichen Einführungszeitpunkte und Lebenszyklen der Applikationen[22] sehr heterogen ausgestaltet. Die Applikationen sind in Abb. 4.18 zu Clustern zusammengefasst (in Anlehnung an die von (Haas 2005) vorgeschlagene Gruppierung). Den Clustern sind die Leistungen (vgl. die angegebenen Nummern aus Abb. 4.17) zugeordnet. Die wichtigste Applikation ist das Klinikinformationssystem Kisim, in welchem 4.500 Benutzer patientenbezogenen Aktivitäten in jährlich über 1 Million Berichten dokumentieren.

[22] Administrative Applikationen, bspw. für die Patientenadministration, sind eher langlebig, während klinische Applikationen, bspw. für die ärztliche Dokumentation, aufgrund des hohen Innovationsrhythmus der Medizintechnik eher kürzeren Zyklen unterworfen sind.

Tabelle 4.16. Unternehmensprofil Universitätsspital Zürich (Stand 2007)

Universitätsspital Zürich (USZ)	
Gründung	1833
Firmensitz	Zürich, Schweiz
Trägerschaft	Öffentlich
Patienten ambulant p. a.	160'000
Patienten stationär p. a.	30'000
Mitarbeitende	6'100
Mitarbeitende IT	106

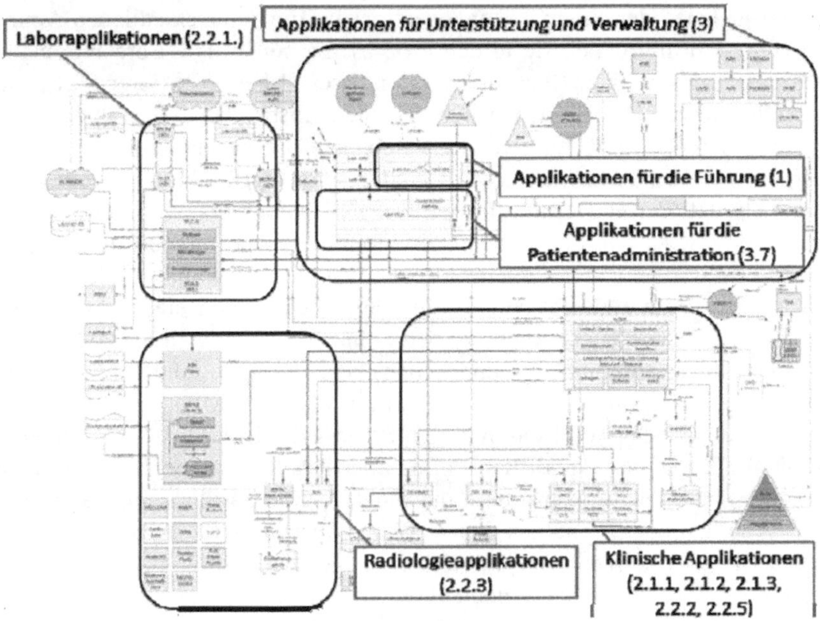

Abb. 4.18. Applikationslandschaft des Universitätsspitals Zürich

4.7.3 Benutzerdaten als Integrationsgegenstand

Damit Health Professionals die unterschiedlichen Applikationen entlang des Patientenpfades durchgängig nutzen können, müssen zwei Arten von Personendaten integriert werden. Es geht einerseits um die *Patientendaten*, welche von den Health Professionals bearbeitet werden und andererseits um deren eigenen *Benutzerdaten*.

Zur Integration der Patientendaten stehen unterschiedliche Mechanismen zur Verfügung. Für die dabei sicherzustellende eineindeutige Patientenidentifikation kann den Applikationen ein gemeinsamer Index, der sog. Master Patient Index, dienen (Lenson 1998). Im Kontext der Vernetzung existieren unterschiedliche Strategien für die Etablierung einer eineindeutigen Patientenidentifikation über Krankenhausgrenzen hinweg (Mettler u. Rohner 2008).

Im Zentrum dieser Fallstudie stehen jedoch die Benutzerdaten, welche die Health Professionals benötigen, um sich an den Applikationen anzumelden und darin Zugriff auf Patientendaten zu erhalten. Benutzerdaten stellen digitale Identitäten dar, welche den Benutzern durch eine Prä-Authentisierung (bspw. Eröffnung eines Accounts in einer Applikation durch einen Administrator) zugesprochen werden (Satchell et al. 2006). Die registrierten Benutzer können mittels Authentisierung (Eingabe von bspw. Benutzername und Passwort), ggf. ergänzt durch sog. starke Authentisierung (zusätzliche Anforderung der Eingabe eines Codes, bspw. von einer Strichliste oder einem Tokengenerator) auf die unterschiedlichen Applikationen zugreifen, mit denen sie in den Prozessen arbeiten. Die Berechtigungen innerhalb der Applikationen (Autorisierung) müssen dabei so differenziert sein, dass diese für die zu erledigenden Arbeiten in den entsprechenden Teilprozessen für die notwendigen Aktivitäten genügen, jedoch aus Datenschutzgründen so restriktiv vergeben werden, dass nicht mehr Daten, als für die Durchführung einer bestimmten Aktivität notwendig sind (bspw. für eine Diagnoseerstellung und -dokumentation), eingesehen werden können. Die Benutzerdaten müssen dazu insgesamt transparent sein und über die verschiedenen Applikationen hinweg konsistent gehalten werden. Zum Beispiel sollten allen leitenden Ärzten einer bestimmten Klinik dieselben Rechte zugewiesen werden können. Die Verwaltung der Benutzerdaten muss demzufolge ablauf- und zeitgesteuert erfolgen können. Beispielsweise müssen beim Eintritt einer Pflegefachfrau als neue Mitarbeitende in ein Krankenhaus (nicht zu verwechseln mit dem Prozess des Eintritts des Patienten in Abb. 4.17) alle Berechtigungen (die Summe aller Prä-Authentisierungen in allen Applikationen) bereit sein, damit diese die für ihre Arbeit an Patientendaten notwendigen Applikationen benutzen kann. Beim Austritt eines Arztes aus dem Krankenhaus müssen dessen Berechtigungen zeitgerecht (bspw. mit einer Nachfrist, wenn der Arzt einzelne Fälle noch über den Zeitpunkt seines formellen Austritts hinaus betreut) wieder für alle Applikationen entzogen werden.

4.7.4 Das Integrationsprojekt am USZ

4.7.4.1 Ausgangslage

Die Ausgangslage bezüglich des Managements digitaler Benutzer-Identitäten in den Schweizer Krankenhäusern kann wie folgt zusammengefasst werden:

- Die sich im Einsatz befindlichen Applikationen besitzen eine Vielzahl voneinander unabhängiger Benutzerverwaltungen,

- die Situation „1 PC – mehrere Benutzer" oder „1 Benutzer – mehrere PC" ist verbreitet (bspw. auf den Stationen, in den Labors),
- die Unterstützung von administrativen Prozessen mit IT-Mitteln nimmt generell zu (bspw. Workflow-Management, Dokumentenmanagement); dasselbe gilt für die klinischen Prozesse,
- die Anzahl der Benutzeraccounts steigt (bspw. durch die Zunahme von Teilzeitmitarbeitenden) und damit auch der Aufwand für deren Verwaltung,
- die Anforderungen an die Prozesssicherheit der Benutzerverwaltung in punkto Qualität nehmen zu (u.a. wegen erhöhter Anforderungen an die Compliance).

Wie Abb. 4.18 zeigt, ist im USZ eine Vielzahl von Applikationen (insgesamt ca. 400) mit einer jeweils separaten und untereinander nicht synchronisierten Benutzerverwaltung in Betrieb. Dabei handelt sich um rund ein Dutzend Kernapplikationen (für die medizinische und pflegerische Leistungserbringung entscheidend) sowie weitere rund 20 bis 30 kommerziell wichtige Applikationen (für die Leistungsabrechnung usw.). Die Informationen über die rund 5.000 Mitarbeitenden im Angestelltenverhältnis des USZ, die ca. 1.000 über Drittmittel finanzierten Mitarbeitenden und die weiteren externen Mitarbeitenden werden durch unterschiedliche Stellen in unterschiedlichen Systemen verwaltet. Für die Integration der Prozesse und Mittel für Eintritt, Mutation und Austritt von Mitarbeitenden wurden u.a. die folgenden Anforderungen festgelegt:

- Schaffung von Klarheit bezüglich der den Mitarbeitenden zugeteilten Zugriffsrechte und der Begründung für diese; die Nachvollziehbarkeit muss gegeben sein,
- Gewährleistung eines zeitgerechten, sicheren und den Umständen angemessene Entzugs von Zugriffsrechten beim Ausscheiden von Mitarbeitenden,
- die Unterstützung der Einführung neuer Mittel wie bspw. der Health Professional Card (elektronischer Ausweis für alle Praktizierende von Heilberufen) muss sichergestellt sein.

4.7.4.2. Absicht

Um die oben gezeigten Anforderungen zukünftig bewältigen zu können, wurden die folgenden Zielsetzungen für das Integrationsprojekt formuliert:

- Allen Personen, die auf Ressourcen des USZ Zugriff nehmen, werden durch klar definierte Prozesse, welche durch Workflows gesteuert werden, entsprechende Benutzerangaben, Rollen und Rechte zugewiesen,
- Rollen und Rechte auf Ressourcen sind unternehmensweit gültig geregelt, dafür bestehen einheitliche Prozesse, welche durch Workflows gesteuert werden,
- die Verteilung von Benutzerangaben, Rollenzuweisungen usw. an Applikationen erfolgt unterstützt durch geeignete technische Mittel,

- für die Benutzer wird der Zugriff auf Applikationen durch eine Reduktion der Anmeldevorgänge auf ein qualifiziertes Minimum erleichtert und
- die für das Identitätsmanagement notwendigen Strukturen (Aufbauorganisation, Hierarchie, usw.) und Abläufe (Ablauforganisation bzw. Prozesse) sowie die Verantwortung sind definiert, kommuniziert und werden gelebt.

4.7.4.3 Roadmap für die Veränderung

Die Neuordnung aller notwendigen Gestaltungsobjekte (z. B. Eintritts- und Austrittsprozesse, Rollen), um die oben dargelegten Zielsetzungen zu erreichen, kann aufgrund der Vielzahl von zu beachtenden Faktoren und involvierten Stellen nicht simultan erfolgen. Deshalb ist es wichtig, eine sinnvolle Strukturierung der Aufgaben zu finden und dabei die notwendige Ganzheitlichkeit der Veränderungsgestaltung durch geeignete Mechanismen zu gewährleisten (Winter 2008b).
Es wurde zuerst ein Modell, welches für das Management der digitalen Identitäten im Krankenhaus entwickelt wurde, auf das USZ adaptiert. Dieses Modell sorgt für die Berücksichtigung aller betroffenen Gestaltungsobjekte auf den unterschiedlichen Ebenen – Organisationsebene, Integrationsebene und Infrastrukturebene(vgl. Abb. 4.19).

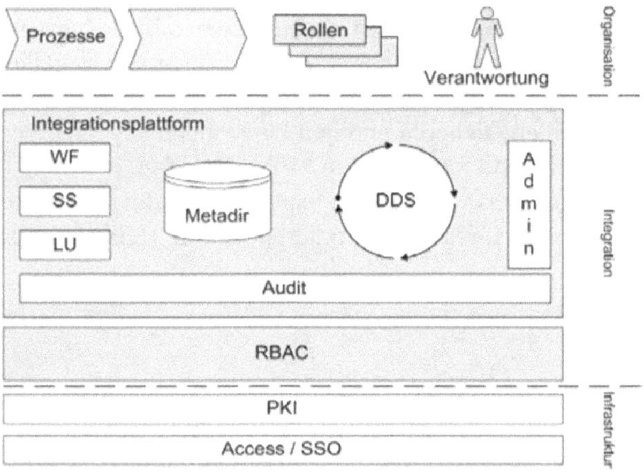

Abb. 4.19. Modell für Identitätsmanagement am USZ

Die *Organisationsebene* liefert den Rahmen, um die digitalen Identitäten zu bewirtschaften und die damit verbundenen Berechtigungsprozesse standardisiert und nachvollziehbar durchführen zu können. Wesentliches Ziel ist es, die Anzahl der Benutzer und Applikationen (Quantität) sowie die Prozesssicherheit der Rechtevergabe (Qualität) zu beherrschen. Hierfür müssen wie in Abb. 4.20 dargestellt, die Eintritts-, Austritts- und Mutations-Prozesse dokumentiert und kontinuierlich optimiert, die Rollen und Rechte auf Ressourcen festgelegt und gesteuert sowie die Verantwortung der Durchsetzung der Prozesse geregelt werden.

Die *Integrationsebene* besteht aus mehreren Teilen. Im Verzeichnis (Metadir) werden die digitalen Identitäten (bspw. bestehend aus Name, Vorname, Anmeldename, Passwort) derjenigen Personen eingetragen, die in mindestens einer der Applikationen, für welche die Integrationsplattform genutzt werden soll, als Benutzer eingetragen sind. Die Datendrehscheibe (DDS) sorgt aufgrund von definierbaren Regeln für die plattform- bzw. applikationsspezifische Transformation und Verteilung der Benutzerdaten[23]. Ein Workflow Management System (WF) instanziiert die Prozesse für Eintritt, Austritt, Mutation usw. von Benutzern. Die Services, welche dieser Baustein anbietet, ermöglichen bspw. die Umsetzung des Vier-Augen-Prinzips in Prozessen, indem Workflows die Bewilligungen für bestimmte Berechtigungen bei bestimmten Verantwortlichen anfordern können. Der Self Service (SS) dient Benutzern dazu, ausgewählte Eigenschaften ihrer eigenen Benutzerinformationen (bspw. Rufnummer des eigenen Mobiltelefons) selbst zu pflegen sowie dazu, um Berechtigungen zu beantragen. Der Service für den Look Up (LU) kann genutzt werden, um Anwendungen nach Eigenschaften von Benutzern im Metadir suchen zu lassen (bspw. eine Telefonbuch-Applikation). Zur Verwaltung der Integrationsplattform selbst dient die Administrationskomponente (Admin). Alle Aktionen innerhalb der Integrationsplattform werden durch die Komponente Audit aufgezeichnet, um Ansprüche an die Nachvollziehbarkeit, bspw. aufgrund von Compliance-Anforderungen, erfüllen zu können.

Mittels Role Based Access Control (RBAC), einer Komponenten, welche mit der Integrationsplattform lose oder eng gekoppelt wird, können Rollen abgebildet und Rechte sowie Ressourcen zu diesen modelliert werden. Dadurch wird die Vielzahl von Zuordnungen zwischen Benutzern und deren Rechten auf bestimmte Ressourcen strukturiert, zahlenmäßig reduziert und damit steuerbar gemacht.

Die *Infrastrukturebene* enthält Komponenten, die unabhängig von der Integrationsplattform oder mit dieser nur lose gekoppelt sein können. Die Komponente Access sorgt für die Ermöglichung und die Absicherung des Zugriffs während der Laufzeit. Der optionale Teil Single Sign On (SSO) ermöglicht den Zugriff auf mehrere Applikationen mit nur einem Loginvorgang (die weiteren Logins werden von der SSO-Komponente ohne Benutzerinteraktion durchgeführt). Ebenfalls auf diese Ebene gehören die Public Key Infrastructure (PKI) zur Generierung, Prüfung und Verwaltung von Schlüsseln (bspw. für eine die starke Authentisierung).

4.7.4.4 Zielerreichung in Etappen

Während Ansätze wie bspw. Business Process Redesign, Business Blue Prints usw. (vgl. Davenport u. Short 1990; Al-Mashari u. Zairi 1999) eine radikale Veränderung („radical change“) der Prozesse, Strukturen und des Mitarbeiterverhal-

[23] Die DDS kann auch mit Applikationen verbunden sein, die Patientendaten verwalten. Wenn bspw. eHealth Services via Web für Patienten angeboten werden sollen und für die entsprechenden Applikationen eine Authentisierung und Autorisierung notwendig sind, können via die DDS Patientendaten extrahiert und daraus Benutzerdaten geformt werden.

tens mit sich bringen, versuchen Reifegradmodelle die gewünschten Zielzustände schrittweise (durch „incremental change") zu erreichen (vgl. Bessant u. S. 1997; Lindberg u. Berger 1997). Gerade im Krankenhausumfeld hat sich gezeigt, dass radikale Veränderungen oft auf massive Widerstände stoßen und deswegen mehrheitlich scheitern (Walston u. Chadwick 2003).

Angelehnt an die von (de Bruin et al. 2005) vorgeschlagenen Phasen für die Konstruktion von Assessment-Modellen und den darin enthaltenen Kriterien, wurde ein Reifegradmodell für das Identitätsmanagement von Krankenhäusern entwickelt (vgl. Abb. 4.20). Es wurde davon ausgegangen, dass das Modell von den unterschiedlichen Berufsgruppen des Krankenhauses verwendet werden können muss, was Kompromisse zwischen der Tiefe der Detaillierung und der Breite des Einbezugs der Stakeholder bedingte. In Anlehnung an bewährte Modelle (vgl. Fraser et al. 2002) wurden insgesamt fünf Entwicklungsstufen identifiziert. Jede Entwicklungsstufe wurde aufbauend auf den Anforderungen der darunterliegenden Stufe formuliert. Feedbackrunden in Interviews zeigten, dass ein Modell, das für alle Gestaltungsobjekte dieselbe Anzahl von Entwicklungsstufen aufweist, eine hohe praktische Akzeptanz finden würde. Es wurde darauf geachtet, dass die tiefsten Entwicklungsstufen jeweils dem Zustand „existiert nicht / keine" entsprechen und die höchsten klar definiert, erreichbar und ebenfalls messbar sind. Abb. 4.20 zeigt das Reifegradmodell.

Das Integrationsprojekt am USZ wurde basierend auf dem Reifegradmodell, in drei Etappen bis zur Erreichung der oben formulierten Absicht gegliedert:

- Etappe 1: Als erster Schritt wird mittels Reifegradmodell ein Assessment des aktuellen Standes in den Kliniken und Instituten sowie in den Unterstützungseinheiten Informatik, Personal, Facility Management und Finanzen durchgeführt. Dies bildet die Basis für die weitere Veränderung.
- Etappe 2: In einem zweiten Schritt wird die Optimierung des Identitätsmanagements auf die Bereiche Informatik, Personal sowie einer Pilotklinik fokussiert. Dadurch wird zum einen die Komplexität der Integration in Grenzen gehalten. Zum anderen kann so die Akzeptanz der Problemlösung auf der Klinikseite erstmals getestet und es können allenfalls Maßnahmen zu deren Erhöhung vor dem eigentlichen organisationsweiten Rollout ausgearbeitet werden.

Etappe 3: Ausgehend von den Erfahrungen der Pilotklinik und der Unterstützungseinheiten, wird das Identitätsmanagement in einem letzten Schritt für die Kliniken und für Externe flächendeckend eingeführt.

Gestaltungsobjekt		Entwicklungsstufe 1	2	3	4	5	6
Organisation	Verantwortung für die Durchsetzung der Prozesse, Rollendefinitionen und Berechtigungen	Die Verantwortung und der Regelungsbedarf sind der Führung nicht bewusst	Der Bedarf für eine Regelung ist der Führung bewusst, eine Regelung unterbleibt jedoch	Es gibt geregelte Verantwortungen, diese werden aber nicht wahrgenommen	Es gibt geregelte Verantwortungen, diese werden isoliert wahrgenommen	Es gibt geregelte Verantwortungen, diese werden vernetzt wahrgenommen	Es gibt geregelte Verantwortungen, diese werden ganzheitlich wahrgenommen
Organisation	Eintritts-, Austritts-, Mutations-Prozesse	Es existieren implizite Verfahren, die geforderten Resultate sind nicht beschrieben	Es gibt geführte Verfahren, die geforderten Resultate sind beschrieben	Die Abläufe sind modelliert, die Resultate sind vorgegeben	..., werden breit angewandt	... sowie durch ein Workflow-System unterstützt	Die Prozesse und das Workflow-System werden kontinuierlich erweitert und optimiert
Organisation	Rollen für Benutzer und Rechte auf Ressourcen	Es gibt keine differenzierte Benutzung und/oder keine differenzierten Rechte	Rechten werden an einzelne Benutzer zugeteilt	Die Zuteilung von Rechten erfolgt mehrheitlich an Benutzergruppen	Wesentliche Rollen für wesentliche Ressourcen, Anwendungen usw. sind festgelegt und werden verwendet	..., deren Administration wird durch ein RBAC-Tool unterstützt	Die Rollen werden kontinuierlich erweitert und optimiert
Integration	Technische Integration des Austausches von Benutzerdaten zwischen Anwendungen	Es existieren keine Verbindungen zwischen den Anwendungen zum Zweck des Benutzerdaten-Austausches	Es gibt dafür einzelne bilaterale Schnittstellen	Die identitätserzeugenden Applikationen sind über eine Identitäts-Management-Plattform verbunden	Die wichtigsten identitätsempfangenden Applikationen sind über eine Identitäts-Management-Plattform verbunden	... und es werden weitergehende Services der Identitäts-Management-Plattform genutzt (bspw. Self-Service, Look-Up)	Der Weiterausbau der technischen Integration erfolgt kontinuierlich
Infrastruktur	Zugang zu Anwendungen (Komfort)	Der Zugang (Anmeldung; Sign On) zu Anwendungen wird pro Anwendung gelöst	Es gibt einen "Reduced Sign On" für Web-Applikationen	Es gibt einen "Single Sign On" für Web-Applikationen	Es gibt einen "Reduced Sign On" für Web- und Client-Server-Applikationen	Es gibt einen "Single Sign On" für Web- und Client-Server-Applikationen	Mit externen Anwendungs-Anbietern gibt es eine "Identity Federation"
Infrastruktur	Zugang zu Anwendungen (Schutz)	Der Zugangs zu Anwendungen wird nicht bewusst geschützt	Der Zugang zu bestimmten Anwendungen wird im Einzelfall besonders geschützt	Der Zugang zu bestimmten Anwendungen wird besonders geschützt und erfolgt koordiniert	... für bestimmte Anwendungen werden dazu starke Authentisierungs-Verfahren verwendet	Der Zugang zu allen Anwendungen wird koordiniert geschützt	... für alle Anwendungen werden dabei starke Authentisierungs-Verfahren verwendet

Abb. 4.20. Reifegradmodell für das Identitätsmanagement in Krankenhäusern

4.7.4.5 Erwarteter Nutzen des Projekts

Die Einführung digitaler Identitäten von Health Professionals bringt nicht nur gut quantifizierbare Nutzenpotentiale wie bspw. die Reduktion von Medienbrüchen, die Verkürzung der Durchlaufzeiten, oder die Automatisierung repetitiver Aufgaben hervor, sondern verspricht auch eine Reihe (schlecht oder nicht messbarer) qualitativer Verbesserungen (z. B. Transparenz, Datenschutz etc.). Um alle Nutzenpotentiale kommunizieren und ausschöpfen zu können, ist es essentiell, ein konsequentes „Nutzencontrolling" zu führen (vgl. Sward 2006). Das Projekt sieht deshalb neben der Realisierung der oben gezeigten Veränderungen auch die Definition und Messung von Nutzenpotentialen sowie die Kalkulation der wirtschaftlichen und sozialen Wirkung vor. Als mögliche Messgrößen für das Identitätsmanagement wurden die folgenden Variablen identifiziert:

- Prozessaufwand,
- Personalaufwand,
- Produktivität,
- Risiko(minderung),
- Fehlerrate,
- Geschwindigkeit und
- Informationsbeschaffungsaufwand.

4.7.4.6 Hindernisse, Widerstände und Risiken

Der tatsächlich realisierte Nutzen des Projektes hängt davon, wie gut Hindernisse, Widerstände und Risiken im Zuge der Umsetzung bewältigt werden. Eine Liste der möglichen Hindernisse des Integrationsprojekts ist in Tabelle 4.17 dargestellt.

Tabelle 4.17. Mögliche Hindernisse für das Identitätsmanagement am USZ

Gestaltungsobjekte	Hindernisse, Widerstände und Risiken
Eintritts-, Austritts-, Mutationsprozesse	• Mitarbeit von Externen nicht gegeben • Überzeugung der Betroffenen gelingt nicht, fehlender Konsens bei der Definition von Prozessen
Rollen	• Fehlendes Verständnis • Verantwortlichkeiten nicht geklärt
Rechte auf Ressourcen	• Fehlendes Verständnis für standardisierte Abläufe
Verantwortung für die Durchsetzung der Prozesse und die Konsequenzen aus den Rechten auf Ressourcen	• Verantwortung wird nicht wahrgenommen resp. fehlende Sanktionen • „Machtverhältnisse"
Access Management	• Technische Hindernisse bei betriebssystemübergreifenden Zugriffen
Technische Integration von Applikationen	• Fehlende Schnittstellen für Benutzerdaten • Fehlende Kooperation einzelner Softwarehersteller

4.7.5 Zusammenfassung

Die Bedeutung des Managements digitaler Identitäten ist in den Krankenhäusern aufgrund erhöhter Anforderungen an die Effizienz und Effektivität der Leistungserbringung, aber auch exogener Forderungen wie bspw. Datenschutz (Todorov 2007), die Einführung von nationalen eHealth-Services (Mettler u. Rohner 2008) usw. messbar gestiegen. Die Tatsache, dass verschiedene Berufsgruppen mit unterschiedlichen Arbeitsweisen und Wertvorstellungen (Health Professionals vs. Spitalmanagement) in Krankenhäusern arbeiten, macht Identitätsmanagement, d. h. die „Summer aller Maßnahmen, die notwendig sind, um Personen und Benutzer in IT-Systemen eindeutig zu erkennen sowie ihnen genau jene Zugriffe zu ermöglichen, die sie aktuell im Rahmen ihrer Tätigkeit benötigen" (Mezler 2008), oftmals nur schrittweise und mit großem Aufwand einführbar.

In diesem Beitrag wurde auf Basis der Fallstudie des Universitätsspitals Zürich ein Reifegradmodell vorgestellt, das die inkrementelle Einführung des Managements digitaler Identitäten im Krankenhausumfeld unterstützt. Dabei wurde gezeigt, dass zur Einführung organisatorischer und technischer Komponenten auch die Kommunikation der Nutzenpotentiale maßgebend ist. Diese müssen später dann auch systematisch ausgeschöpft werden.

4.8 Migrationsprojekte von Kunden der Finanz Informatik zur Gesamtbankenlösung OSPlus

Dieter Schlier, Rolf Karcher

Finanz Informatik

Christian Fischer

Universität St. Gallen

4.8.1 Gegenstand und Aufbau der Fallstudie

Gegenstand dieser Fallstudie ist das Vorgehen der Finanz Informatik bei der Migration ihrer Kunden zu OSPlus. Das Gesamtbankensystem OSPlus ist insbesondere an die Erfordernisse von Mitgliedsinstituten des Deutschen Sparkassen- und Giroverbandes angepasst. Es wird durch die Finanz Informatik entwickelt, bei ihren Kunden eingeführt und für sie betrieben. Aus der Erfahrung von über 250 Migrationsprojekten schöpfend, hat die Finanz Informatik eine standardisierte Migrationsmethode zu OSPlus entwickelt. Das Vorgehensmodell basiert auf einer Aufteilung der Verantwortung zwischen Finanz Informatik und ihren Kunden und auf der Leitlinie einer effizienten und effektiven Projektsteuerung. In dieser Fallstudie ist erstens beschrieben, nach welchen Prinzipien die Finanz Informatik mit ihren Kunden in Migrationsprojekten kooperiert, zweitens wie sich das Vorgehensmodell der Finanz Informatik in einem konkreten Projekt, nämlich der Migration der Sparkasse Bremen zu OSPlus, ausgestaltet.

Die Finanz Informatik mit Sitz in Frankfurt am Main ist der wichtigste IT-Dienstleister der Sparkassen-Finanzgruppe. Sie geht aus einer Fusion zwischen der Sparkassen Informatik und der FinanzIT hervor, die Mitte 2008 rückwirkend zum 1. Januar 2008 juristisch vollzogen wurde. Die Finanz Informatik beschäftigt seitdem mehr als 5.500 Mitarbeiter. Das Angebot der Finanz Informatik umfasst das gesamte IT-Spektrum von der Entwicklung und Bereitstellung von Anwendungen, Netzwerken und technischer Infrastruktur über den Rechenzentrumsbetrieb bis hin zu Beratung, Schulung und Support. Wichtigstes Softwareprodukt der Finanz Informatik ist die Gesamtbankenlösung OSPlus. Zu den Kunden der Finanz Informatik zählen 446 Sparkassen mit einer kumulierten Bilanzsumme von 1.017 Mrd. Euro und mehr als 210.000 Mitarbeitern, weiterhin Landesbanken und

-bausparkassen, weitere Unternehmen der Sparkassen-Finanzgruppe sowie Dritte. Mit der Gesamtbanklösung OSPlus stellt die Finanz Informatik eine IT-Lösung für ein Drittel des deutschen Bankenmarktes im Privatkundenbereich. Sie ist somit einer der fünf größten IT-Dienstleister in der europäischen Finanzbranche (Finanz Informatik 2008). Wichtige Kennzahlen der Finanz Informatik sind in Tabelle 4.18 zusammengefasst.

Tabelle 4.18. Kennzahlen der Finanz Informatik (Finanz Informatik 2008)

Finanz Informatik	
Historie	Entstanden aus einer Fusion zwischen der Sparkassen Informatik und der FinanzIT im Jahr 2008
Firmensitz	Frankfurt/Main
Branche	IT-Dienstleister im Finanzsektor
Homepage	http://www.f-i.de/
Bilanzsumme	EUR 1.028,7 Mrd.
Umsatzerlöse	EUR 1.556,9 Mio., davon EUR 1.170,5 Mio. mit Sparkassen und EUR 219,5 Mio. mit Landesbanken
Mitarbeiter	5.586 Mitarbeiter
Kunden	441 Sparkassen, 10 Landesbanken, 10 Landesbausparkassen, u. v. m.
Betreute Konten	135,6 Mio. Konten
Betreute Endgeräte	24.557 Geldautomaten, 19.105 Kontoauszugsdrucker, 13.633 sonstige SB-Terminals
Buchungsposten	10,4 Mrd. Buchungsposten

Diese Fallstudie besteht aus drei Hauptteilen. Im ersten Hauptteil werden die Treiber für eine Migration nach OSPlus erläutert, im zweiten Hauptteil allgemeine Leitlinien der Zusammenarbeit zwischen der Finanz Informatik und ihren Kunden bei Migrationsprojekten, im dritten Hauptteil das Vorgehensmodell am Beispiel eines konkreten Migrationsprojektes, der Migration der Sparkasse Bremen.

Im ersten Hauptteil werden die Treiber für Sparkassen aufgezeigt, zu OSPlus zu migrieren. Eine Migration zu OSPlus wird notwendig, wenn sich ein einzelnes Institut (in der Regel bisherige Eigenanwender) oder eine Gruppe von Instituten (als Folge der Fusion ihres IT-Dienstleisters) für das Produkt OSPlus entscheiden. Eine solche Entscheidung basiert i. A. auf strategischen Gründen. In diesem ersten Hauptteil wird der größere Rahmen aufgezeigt, in den sich eine Migration zu OSPlus einbettet.

Der zweite Hauptteil stellt die Leitlinien der Zusammenarbeit zwischen der Finanz Informatik und ihren Kunden dar. Die Zusammenarbeit basiert auf dem Prinzip der Eigenverantwortlichkeit und einer effizienten und effektiven Projektsteuerung. Eigenverantwortliches Handeln ist nur möglich, weil sich das Projekt in Arbeitspakete aufteilen lässt, die von den einzelnen Parteien eigenständig bearbeitet werden können. Eine effiziente Projektsteuerung wird erreicht durch eine strukturierte Kommunikation mit minimalem Aufwand. Effektiv ist die Projektsteuerung, weil sie an vielen Meilensteinen misst, ob beide Projektpartner ihre Arbeitspakete erfolgreich bearbeiten. Diese beiden Leitlinien, Eigenverantwortlichkeit sowie effiziente und effektive Projektsteuerung, werden im zweiten Hauptteil näher erläutert.

In welche Phasen sich ein Integrationsprojekt gliedert, lässt sich am besten an einem konkreten Beispiel erläutern. Als ein solches Beispiel dient die Migration der Sparkasse Bremen zu OSPlus. Die Migrationsprojekte der Finanz Informatik gliedern sich in die fünf Projektphasen „Projektvorbereitung", „Prototyp", „Qualitätssicherung", „Abnahme und Cut-Over" sowie „Nachbereitung". Dieses Vorgehensmodell wird im dritten Hauptteil am Beispiel der Migration der Sparkasse Bremen zu OSPlus verdeutlicht. Die Fallstudie endet mit einer Zusammenfassung und einem Fazit.

4.8.2 Treiber für eine Migration zu OSPlus

Das Marktumfeld der Finanz Informatik ist durch kleine und mittelgroße Sparkassen gekennzeichnet.[24] Alle Sparkassen in Deutschland gehören dem Deutschen Sparkassen- und Giroverband an (Deutscher Sparkassen- und Giroverband 2008). Dieser entwickelt u. a. Referenzprozessmodelle für die Standardprozesse der Sparkassen. Durch eine hohe Prozessstandardisierung und eine moderne, flexible Anwendungsarchitektur kann die Finanz Informatik mit OSPlus eine konfigurierbare Standardlösung anbieten, die in der Regel bei einem Kunden ohne individuellen Programmieraufwand eingeführt werden kann.

Sparkassen, die ihr IT-System auf OSPlus migrieren, lassen sich grob in zwei Kategorien unterteilen: Sparkassen der ersten Kategorie lassen ihr IT-System bereits durch einen IT-Dienstleister für Sparkassen betreiben. Im Rahmen der Konsolidierung des Marktes für IT-Dienstleister im Sparkassenumfeld haben sich in der Vergangenheit IT-Dienstleister zusammengeschlossen, um Synergien zu erzielen, zuletzt im Rahmen der Fusion zwischen der Sparkassen Informatik und der Finanz IT zur Finanz Informatik. In diesem konkreten Fall (wie auch in einigen vorherigen Fällen) wurde entschieden, dass der neue IT-Dienstleister mittelfristig nur noch die Lösung OSPlus anbieten wird. Diejenigen Sparkassen, die zuvor Kunde der Finanz IT waren, müssen nun zu OSPlus wechseln. Unter die zweite Kategorie fallen so genannte „Eigenanwender". Sparkassen dieser Kategorie nutzen und betreiben eine Anwendung, die sie entweder bei einem Drittanbieter eingekauft oder in Eigenentwicklung erstellt haben. Zu den Eigenanwendern zählen in der Regel große Sparkassen. Der Inhalt des Projektplans und der Ablauf des Migrationsprojektes sind bei beiden Gruppen grundsätzlich gleich. Bei der Migration von Sparkassen der ersten Kategorie werden häufig zahlreiche Sparkassen zum gleichen Termin migriert. Durch diese Serienbündelung werden analog zu einer industriellen Serienfertigung weitere Effizienzsteigerungen erreicht. Eine weitgehende Ressourcen-, Kosten- und Zeitoptimierung ist möglich, da bestimmte

[24] Die größte Sparkasse Deutschlands ist die Hamburger Sparkasse AG mit ca. 5.300 Mitarbeitern und einer Bilanzsumme von etwa 34,3 Mrd. EUR (Hamburger Sparkasse AG 2007).

Projektphasen zeitgleich durchlaufen werden und auch der Cut-Over[25] von mehreren Sparkassen gleichzeitig durchgeführt wird. Für Serienmigrationen verwendet die Finanz Informatik auch die Begriffe „Migrationsfabrik“ oder „fabrikmäßige Migration“.

Eigenanwender entscheiden sich bewusst für eine Migration zu OSPlus. Die Gründe hierfür sind vielfältig: Auf Ebene der Strategie sind vor allem die Kosten- und Risikoreduktion als Treiber für eine Entscheidung für OSPlus zu nennen. Durch den Einsatz von OSPlus in verschiedenen Instituten kann die Finanz Informatik ihre einmaligen Entwicklungskosten auf viele Kunden verteilen. Daher ist OSPlus im laufenden Betrieb für ihre Kunden wesentlich günstiger als eine Eigenentwicklung oder eine Standardlösung, die aufwendig an die Erfordernisse der Sparkasse angepasst werden müsste. Die Finanz Informatik verfügt weiterhin über ein Entwicklungsbudget, welches das IT-Budget einzelner Institute um ein Vielfaches übersteigt. Daher kann die Finanz Informatik garantieren, dass ihr Produkt jederzeit an sich ändernde gesetzliche Bestimmungen sowie an den aktuellen Stand der Technik angepasst wird. Durch den Einsatz der spezifisch für die Sparkassen entwickelten Standardlösung reduziert sich das Risiko für das Management der einzelnen Institute, gesetzliche Bestimmungen zu verletzen.

Auf Ebene der Geschäftsprozesse hat sich in den letzten Jahrzehnten ein Wandel in der Haltung des Managements vieler Kreditinstitute abgezeichnet. Während vor Jahren dem Management eine hohe Individualität in der Ausführung der Geschäftsprozesse wichtig war, ist heute die Bereitschaft wesentlich größer, die Ablauforganisation an die Erfordernisse einer Standardsoftware anzupassen.

Auf Systemebene ist vor allem die Komplexität der IT-Architektur zu nennen, deren Management selbst sehr große Institute vor Herausforderungen stellt. Indem das einzelne Institut seine IT-Architektur durch die Finanz Informatik planen, entwickeln und betreiben lässt, kann es sich auf sein eigentliches Kerngeschäft konzentrieren.

Nach einer Entscheidung für OSPlus muss allerdings die technische Infrastruktur an OSPlus angepasst werden, es müssen die Daten aus dem Altsystem nach OSPlus migriert werden und es müssen die Nutzer an dem neuen System geschult werden. Ein derartiges Migrationsprojekt ist komplex und erfordert eine gute Abstimmung zwischen dem IT-Dienstleister und seinen Kunden. Nachfolgend wird daher dargestellt, wie die Kooperation zwischen der Finanz Informatik und ihren Kunden bei Migrationsprojekten abläuft.

---

[25] Als „Cut-Over“ wird die letzte Datenüberleitung bezeichnet, in deren Rahmen die Daten aus dem aktuellen Produktionssystem auf die neue Anwendung übertragen werden. Das bisherige Produktionssystem wird nach dem Cut-Over abgeschaltet, und es wird von da an nur noch das neue System genutzt. Der Cut-Over findet in der Regel an einem (verlängerten) Wochenende statt.

4.8.3 Leitlinien der Kooperation zwischen Finanz Informatik und ihren Kunden bei Migrationsprojekten

Das Kooperationsmodell der Finanz Informatik mit ihren Kunden bei Migrationsprojekten orientiert sich vor allem an zwei Leitlinien: einem Prinzip der Eigenverantwortung und einer effizienten und effektiven Projektsteuerung. Dieses Kooperationsmodell kommuniziert die Finanz Informatik ihren Kunden zu Beginn eines jeden Projektes.

4.8.3.1 Eigenverantwortung

Die Zusammenarbeit zwischen Finanz Informatik und dem Kunden basiert auf dem Prinzip der Eigenverantwortung. Jede der beiden Parteien übernimmt selbst die Verantwortung für die Tätigkeiten, die sie ausführt. Die Finanz Informatik handelt nach der Maxime, den Kunden bei der internen Organisation seines Verantwortungsbereiches zu beraten, ihn aber operativ nicht zu unterstützen. Sie empfiehlt ihren Kunden, Good Practices von anderen Kunden, die zuvor eine erfolgreiche Migration durchgeführt haben, zu nutzen. Die Finanz Informatik begründet ihre Zurückhaltung hauptsächlich damit, dass der Kunde seine Verantwortung nicht auf die Finanz Informatik verlagern soll.

Ein Beispiel für den eigenen Verantwortungsbereich ist die interne Endanwenderschulung. Die Finanz Informatik übernimmt lediglich die Schulung von in der Regel sechs Multiplikatoren. Sie gibt dem Kunden nur grobe Empfehlungen, wie viele interne Schulungen durchzuführen sind, wie lange diese Schulungen dauern sollten, usw. In erster Linie stellt sie sicher, dass die sechs Multiplikatoren das nötige Wissen erworben haben, und lässt sich den Wissenstransfer per Unterschrift bestätigen.

Um eigenverantwortliches Handeln zu ermöglichen, müssen die Aufgabenbereiche beider Seiten klar abgegrenzt sein. Diese Abgrenzung orientiert sich an der Unterscheidung zwischen dem Altsystem und dem Neusystem (OSPlus). Es gehört zur Philosophie der Finanz Informatik, dass sie sich bei Eigenanwendern nicht in das Altsystem des Kunden einarbeitet. Diesem Prinzip liegt die Annahme zugrunde, dass der Kunde sein Altsystem selbst am besten kennt und weiß, welche Daten in welcher Form an welchem Ort in welcher Qualität vorliegen. Anstatt sich in das Altsystem einzuarbeiten, stellt die Finanz Informatik dem Kunden eine klare Beschreibung der Importschnittstellen des Zielsystems zur Verfügung. Aufgabe des Kunden ist es dann, die Daten aus dem Altsystem so aufzuarbeiten, dass sie konform zu der Schnittstelle des Zielsystems sind. Die Finanz Informatik erwartet von ihrem Kunden, dass er alle Daten bereitstellt, die im Zielsystem benötigt werden – und nur diese. Sie werden später auf das Zielsystem migriert. Daten, die nicht migriert werden, beispielsweise weil sie in OSPlus nicht benötigt werden, müssen von der Sparkasse, falls erforderlich, eigenständig archiviert werden.

4.8.3.2 Effiziente und effektive Projektsteuerung

Eigenverantwortung allein birgt die Gefahr in sich, dass einer der beiden Partner seiner Verantwortung nicht gerecht wird und folglich das Projekt entgleist. Um dies zu verhindern, wird dem Prinzip der Eigenverantwortung eine effiziente, vor allem aber auch effektive Projektsteuerung entgegengesetzt.

Effizienz der Projektsteuerung

Die Effizienz der Projektsteuerung wird sichergestellt, indem das Migrationsprojekt in erster Linie in wenigen Sitzungen des Review Boards und des Steuerungskomitees gesteuert wird. Die Sitzungen des Steuerungskomitees werden von den Projektleitern beider Seiten durchgeführt; an den Sitzungen des Review Boards nimmt ein Geschäftsführer der Finanz Informatik und ein Vorstandsmitglied des Kunden teil. Im Rahmen der Migration der Sparkasse Bremen waren nur 14 Steuerungskomiteesitzungen und neun Sitzungen des Review Boards für die Steuerung des 19-monatigen Migrationsprojektes nötig. Der Projektleitungs- und -steuerungsaufwand für die Finanz Informatik blieb hierdurch auf einem überschaubaren Niveau und ermöglichte der Finanz Informatik die Durchführung weiterer paralleler Migrationsprojekte für andere Kunden.

Alle weitere Kommunikation zwischen beiden Parteien reduziert sich auf wenige wohl definierte Schnittstellen. Für jeden Bereich definieren beide Seiten Verantwortliche für die Kommunikation. Als ein Beispiel sei hier die Endanwenderschulung genannt. Die Finanz Informatik schult maximal sechs Endbenutzer pro Kunde in dem Neusystem, unabhängig davon, ob der Kunde über wenige hundert oder mehrere tausend Mitarbeiter verfügt. Diese sechs Mitarbeiter fungieren dann innerhalb ihres Institutes als so genannte „Multiplikatoren". Sie sind dafür verantwortlich, ihr Wissen an die Kolleginnen und Kollegen in internen Schulungen weiterzugeben. Anders, so argumentiert die Finanz Informatik, könnte sie mit den vorhandenen Ressourcen eine Migration von einer hohen Zahl an Instituten nicht gleichzeitig durchführen.

Effektivität

Thema der Sitzungen des Steuerungskomitees und des Review Boards sind vor allem die Einhaltung vordefinierter Ziele zu einzelnen Meilensteinen. Insbesondere nicht eingehaltene Ziele werden in den Sitzungen thematisiert, um den Projekterfolg nicht zu gefährden. Für nicht eingehaltene Ziele wurde ein Eskalationssystem entwickelt. Die Ziele zu den einzelnen Meilensteinen waren vorab in einem Projektplan genau festgelegt worden. Sie sind, wo möglich, so weit operationalisiert, dass ihre Einhaltung objektiv gemessen werden kann. In allen Fällen, in denen eine derartige Operationalisierung nicht möglich ist, muss der jeweilige Projektpartner durch Unterschrift bestätigen, dass er das für den Meilenstein definierte Ziel erreicht hat. Ein Beispiel für eine *messbare* Zielgröße ist der Anteil der Sachgebiete und der Datenfelder, der in einem Testdurchlauf in syntaktisch korrekter Form ins Zielsystem überführt werden konnte. Ein Beispiel für eine *nicht messbare* Zielgröße ist die inhaltliche Korrektheit der Daten im Zielsystem. Diese wird durch Mitarbeiter des Kunden festgestellt – und wiederum per Unterschrift bestätigt.

Die bedeutende Rolle von Testdurchläufen bei der Überprüfung der Einhaltung von Meilensteinen ist hervorzuheben. Testdurchläufe sind ein wichtiger Bestandteil der Migrationsprojekte, um regelmäßig den Projekterfolg zu überprüfen und eine Fortschrittskontrolle durchzuführen. Das gesamte Vorgehen im Projekt ist in starkem Maße aktionsgetrieben und erinnert dabei an agile Vorgehensmodelle im Software Engineering wie z. B. Scrum (Takeuchi u. Nonaka 1986) oder Extreme Programming (Beck u. Fowler 2000). Im Zentrum des Projektes stehen die Testdurchläufe, in der Regel etwa fünf. In jedem Testdurchlauf werden die Daten in das Zielsystem importiert, und sowohl die Finanz Informatik als auch ihr Kunde validiert die übergeleiteten Daten durch eine Summenabstimmung. Weiterhin findet eine Abstimmung der Einzelkonten statt, die einen weiteren Hinweis auf die Konsistenz der Daten gibt. Der erste Testdurchlauf findet bereits sehr rasch nach Projektbeginn statt. In diesem ersten Durchlauf lässt sich bereits eine große Menge an Daten in das OSPlus-Testsystem übertragen. „Die Kunden sind über den raschen ersten Erfolg immer wieder erstaunt. Das ist motivierend für beide Seiten. Für große Konzepte und viel Papier haben wir keine Zeit, wichtiger ist das konkrete Bereitstellen und die Überprüfung der Produktionsreife des künftigen Systems.“, bemerkt Herr Schlier, Projektleiter für Migrationsprojekte seitens der Finanz Informatik. Der fünfte Testdurchlauf gilt als Generalprobe und wird unter Bedingungen durchgeführt, wie sie am Cut-Over vorherrschen. Im Rahmen der Generalprobe findet eine ausführliche Abnahme durch den Kunden statt, in der sich die Finanz Informatik die Korrektheit schriftlich bestätigen lässt. Die sechste Datenüberleitung ist dann der Cut-Over.

4.8.3.3 Bewertung des Vorgehens der Finanz Informatik

Die Finanz Informatik schätzt ihr eigenes Vorgehen als rigide ein: „Wir sorgen durch unser Vorgehensmodell dafür, dass der Kunde während des gesamten Migrationsprojektes kontinuierlich an der Umsetzung arbeitet. Das ist notwendig, damit das Projekt rasch und effizient durchgeführt werden kann.“ Es wird angestrebt, die Projekte trotz eingeplanter Pufferzeiten in möglichst kurzer Zeit durchzuführen. Dafür sei es wichtig, bereits zu Anfang des Projektes über geplante Aktivitäten und Ergebnisse Handlungsdruck beim Kunden aufzubauen. In dieser Projektphase sei es essentiell, dass der Kunde die nötigen Ressourcen bereitstellt, um das Projekt erfolgreich durchführen zu können. Nach Angaben der Finanz Informatik spürten die Kunden zwar den enormen Druck, dem sie ausgesetzt seien; nach Durchführung des Projektes seien allerdings nahezu alle Kunden sehr zufrieden und der Finanz Informatik für die harte und straffe Projektführung dankbar. Von mehr als 250 Migrationsprojekten sind alle bis auf eines zum ursprünglich geplanten Termin erfolgreich durchgeführt worden; bei einem einzigen Projekt musste der Einführungstermin auf Wunsch des Kunden um wenige Wochen verschoben werden. Der nachweislich große Erfolg der eingesetzten Methode gibt der Finanz Informatik gegenüber ihren Kunden eine gute Argumentationsbasis für das weitgehend standardisierte, stringente Vorgehen.

4.8.4 Vorgehensmodell am Beispiel der Migration der Sparkasse Bremen

Nachfolgend wird die Migrationsmethode der Finanz Informatik am Beispiel am Beispiel der Migration der Sparkasse Bremen zu OSPlus dargestellt.

4.8.4.1 Projektporträt

Die Sparkasse Bremen ist mit einer Bilanzsumme von mehr als 11 Mrd. EUR und etwa 1.500 Mitarbeitern die neuntgrößte der 446 deutschen Sparkassen. Sie verfügt über 62 Filialen und 28 SB-Center mit einem 24-Stunden Service sowie speziellen Angeboten zum Vermögensmanagement und Private Banking. Einige Eckwerte des Migrationsprojektes aus der Perspektive der Sparkasse Bremen sind in Tabelle 4.19 abgebildet.

Tabelle 4.19. Projektkennzahlen aus der Perspektive der Sparkasse Bremen (Ruschke 2008)

Projektkennzahl	Ausprägung
Offizielle Projektdauer [Monate]	19
Arbeitsaufwand Sparkasse Bremen [Personentage]	31.000
Projektmitarbeiter	285, davon 80 in Vollzeit
Super-Multiplikatoren	16
Multiplikatoren	156
Meilensteine	101
Datenüberleitungen	5
Zusatz-Datenüberleitungen und Entwickler-Testläufe	7
Projektsteuerungstermine	14
Reviewboard-Sitzungstermine	9
Übergeleitete Datensätze	65 Mio.
Migrationskosten für die Sparkasse Bremen	13 Mio. EUR

4.8.4.2 Projektphasen

Das Migrationsprojekt der Sparkasse Bremen dauerte 19 Monate; es begann am 1.4.2007 und endete am 1.11.2008. Das Projekt gliederte sich in die drei Phasen „Prototyp“, „Qualitätssicherung“ sowie „Abnahme und Cut-Over“. Im Vorfeld fand eine dreimonatige Phase der Projektvorbereitung statt; im Nachgang eine einmonatige Phase der -nachbereitung. Mit Projektvor- und -nachbereitung wurde die vollständige Migration also innerhalb von 23 Monaten durchgeführt.

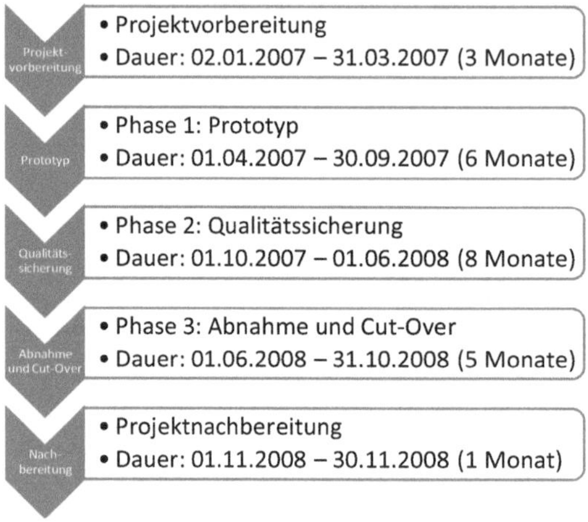

Abb. 4.21. Projektphasen des Migrationsprojektes der Sparkasse Bremen

Die Phase der Projektvorbereitung dauerte drei Monate. Sie diente dazu, auf beiden Seiten eine Projektorganisation aufzubauen, die Zusammenarbeit zwischen beiden Seiten zu definieren und die Verfahren abzustimmen. Zu Beginn der Projektvorbereitung unterzeichnete die Sparkasse eine Absichtserklärung. Die Finanz Informatik bereitete die Entwicklungssysteme und einen Überleitungsvertrag vor und stellte der Sparkasse die Schnittstellen für den Datenimport bereit.

Die erste Phase, genannt Prototyp, erstreckte sich von Anfang April bis Ende September 2007. Der 1. April 2007 markierte den offiziellen Projektbeginn. Der Beginn der Phase Prototyp diente vor allem dazu, Verträge zu unterzeichnen und die nötige Infrastruktur aufzubauen. So wurden der Servicerahmenvertrag und der Überleitungsvertrag unterzeichnet. Weiterhin hat die Finanz Informatik die Netzanbindung des Testsystems hergestellt und eine Testfalldatenbank bereitgestellt. Ende Juli 2007, also weniger als vier Monate nach dem offiziellen Projektbeginn, wurde bereits die erste Datenüberleitung durchgeführt. Für die Validierung der Datenüberleitung entwickelte die Sparkasse Testfälle, auf die sich beide Parteien einigten. Weiterhin spezifizierte sie ihre Anforderungen an OSPlus, damit das Customising des Zielsystems durchgeführt werden konnte. Im August waren bereits die Basisschulungen durch die Finanz Informatik abgeschlossen. Mit Ende der Phase 1 schloss die Sparkasse die Phase A des Customising ab.

Die zweite Phase, Qualitätssicherung, dauerte von Oktober 2007 bis Mai 2008, also 8 Monate. Sie war durch drei planmäßige Datenüberleitungen und eine zusätzliche Datenüberleitung gekennzeichnet: Die erste Datenüberleitung der Phase Qualitätssicherung, d. i. die zweite Datenüberleitung des Migrationsprojektes, fand bereits im Oktober 2007 statt, die zweite im Januar 2008, die dritte im April 2008. Im Anschluss an die Datenüberleitungen wurden planmäßig, wie oben erläutert, Summenabstimmungen und Einzelkontenabstimmungen entsprechend den zum Cut-Over genutzten Verfahren durchgeführt. Gegen Ende der Phase Qualitätssicherung stellte weiterhin die Finanz Informatik ein Schulungssystem bereit, während die Sparkasse parallel ihr Endnutzerschulungskonzept erstellte und anschließend mit der Endbenutzerschulung begann.

Die dritte Projektphase, Abnahme und Cut-Over, war gekennzeichnet durch eine Abnahme-Datenüberleitung im Rahmen der Generalprobe, durch die Vorbereitung des Cut-Over und durch seine Durchführung. Ein wichtiger Meilenstein in der Vorbereitung des Cut-Over war der Abschluss des Customising. Weiterhin wurden alle Arbeitsanweisungen für den laufenden OSPlus-Betrieb durch die Sparkasse erstellt und alle Clients und die sonstige C/S Infrastruktur ausgerollt. Vor der letzten Datenüberleitung, der Abnahme-Überleitung, wurde die Migrationssoftware eingefroren. Im Rahmen dieser letzten Datenüberleitung zu Anfang August 2008 wurde ein Flächentest durchgeführt, um die Funktionsfähigkeit von OSPlus und der anderen Sparkassen-Subsysteme durch die Sparkasse abnehmen zu lassen. Der sich anschließende Testzyklus diente dazu, die Daten zu validieren, die Einzelkonten abzustimmen und technische Funktionstests abzuschließen. Am 23. August 2008 war die Generalprobe beendet. Vor dem Cut-Over wurden Validierungs- und Schulungssysteme abgeschaltet. Der Cut-Over und die damit einhergehende Produktionsübernahme fanden dann planmäßig am 5. Oktober 2008 statt. Bereits am 17. Oktober 2008 unterzeichnete die Sparkasse Bremen dann die Projektabschlusserklärung und bestätigte somit die ordnungsgemäße Durchführung der Migration.

Im Rahmen der Nachbereitungsphase hat die Finanz Informatik für die Sparkasse Bremen einen Jahresabschluss simuliert. Der Jahresabschluss stellt sehr hohe Anforderungen an ein Bankensystem – und erfordert in der Regel eine Beteiligung von Mitarbeitern der Sparkasse. Um den Kunden von der Funktionsfähigkeit des Abschlusses zu überzeugen, wird der Jahresabschluss nach erfolgreichem Cut-Over mit sogenannten Zeitreisen auf einem Testsystem simuliert.

4.8.4.3 Resumée aus Sicht der Sparkasse Bremen

Die Sparkasse Bremen fasst die Erfahrungen, die sie im Rahmen der Migration gesammelt hat, wie folgt zusammen (Ruschke 2008, Sprache behutsam angepasst):

- „Größe und Komplexität des Migrationsprojekts waren für uns – wie für jede Sparkasse – ohne Beispiel.
- Ohne Ausnahme standen alle Systeme am Tag nach dem Cut-Over unseren Kunden und Mitarbeitern zur Verfügung.
- Die wenigen kleinen Produktionsstörungen konnten binnen kürzester Zeit behoben werden.
- Einzige bedeutsame Störung war, dass sich ca. 25 % unserer Online-Banking-Kunden einige Tage nicht anmelden konnten – Verursacher war hier aber nicht die Finanz Informatik.

- Die Vielzahl an Einzelproblemen, die analysiert, abgestimmt und gelöst werden müssen, hält sich im üblichen Rahmen eines solchen Projektes.
- Produktqualität von OSPlus und Migrationskompetenz der Finanz Informatik werden von der Sparkasse Bremen absolut positiv bewertet.“

4.8.5 Zusammenfassung

Die Finanz Informatik hat eine standardisierte Methode für die Migration von Sparkassen auf ihr Gesamtbankensystem OSPlus entwickelt. Die Methode basiert auf dem Prinzip Eigenverantwortung und auf einer effizienten und effektiven Projektsteuerung. Die Prinzipien der Kooperation sind in Tabelle 4.20 dargestellt.

Tabelle 4.20. Prinzipien der Kooperation zwischen Finanz Informatik und Kunde in Migrationsprojekten

Bereich	Prinzip
Eigenverantwortung	
Verantwortungsübernahme	Jede Partei organisiert ihren Aufgabenbereich eigenverantwortlich. Die Finanz Informatik übernimmt keine Aufgaben aus dem Verantwortungsbereich des Kunden.
Abgrenzung der Aufgabenbereiche	Zuständig für das Altsystem ist der Kunde. Die Aufgaben des Gesamtvorhabens werden in einer Aufgabenmatrix jeweils einem Partner zugewiesen.
Projektsteuerung	Die Projektsteuerung ist formalisiert und minimal. Sie konzentriert sich auf wenige Steuerungskommitteesitzungen, wenige Sitzungen des Review Boards (Vorstand) und die operativen Abstimmungen auf der Ebene der Teilprojekte der Partner.
Effiziente und effektive Projektsteuerung	
Meilensteine	Basis für die Projektsteuerung sind wohl definierte, erprobte Meilensteine.
Testdurchläufe	Testdurchläufe sind besonders wichtig, um zu überprüfen, ob die geplanten Ergebnisse erreicht wurden.
Kommunikations-schnittstellen	Die Kommunikation verläuft über wenige, wohl definierte Kommunikationsschnittstellen.

In der Migrationsmethode der Finanz Informatik wird das Vorgehen in verschiedene Phasen unterteilt: Projektvorbereitung, Prototyp, Abnahme und Cut-Over sowie Projektnachbereitung. Die Phasen der Projektvor- und -nachbereitung zählen dabei nicht zu dem Projekt im engeren Sinne.

Die Fallstudie macht deutlich, dass während des gesamten Projektes ein großer Druck auf beiden Projektpartnern lagert, vor allem auch auf dem Kunden der Finanz Informatik. Nach Angaben der Finanz Informatik ist ein solcher Druck allerdings notwendig, um das Projekt rasch und somit erfolgreich zu beenden. Am Ende dankten die Kunden der Finanz Informatik für die rigide Projektführung.

4.9 Globale Integration von Frontend-Applikationen im Private Banking der Credit Suisse

Stephan Aier

Universität St.Gallen

Michael Azzopardi, Dirk Becker, Claus Hagen

Credit Suisse

4.9.1 Unternehmensprofil

Die Credit Suisse hat ihre Wurzeln in der 1856 gegründeten Schweizerischen Kreditanstalt. Das Bankgeschäft der Credit Suisse umfasst heute die Bereiche Investment Banking, Private Banking und Asset Management. Damit ist die Credit Suisse heute weltweit in ca. 50 Ländern aktiv.

Der hier betrachtete Bereich Private Banking umfasst 19 Applikationsdomänen, welche eng zusammenhängende Applikationen gruppieren (Abb 4.22). Insgesamt werden im Private Banking heute 1.200 Applikationen aus 13 Millionen Zeilen selbst entwickeltem PL1-Code und acht Millionen Zeilen selbst entwickeltem Java-Code betrieben. Darüber hinaus gibt es eine Vielzahl von zugekauften Applikationen.

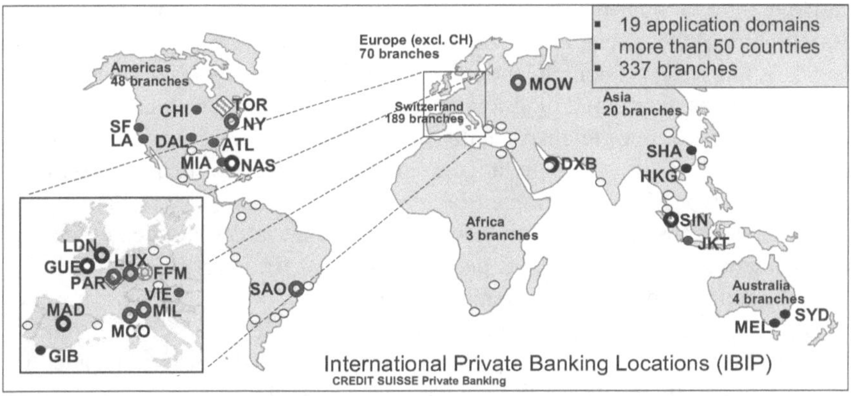

Abb. 4.22. Internationale Standorte des Credit Suisse Private Banking

Weltweit werden Services über juristische, semantische und technische Grenzen hinweg angeboten (Abb 4.23). Die Herausforderung besteht darin, in diesem globalen Kontext die natürlicherweise entstehende Heterogenität zu kontrollieren und soweit möglich einheitliche Lösungen bereit zu stellen.

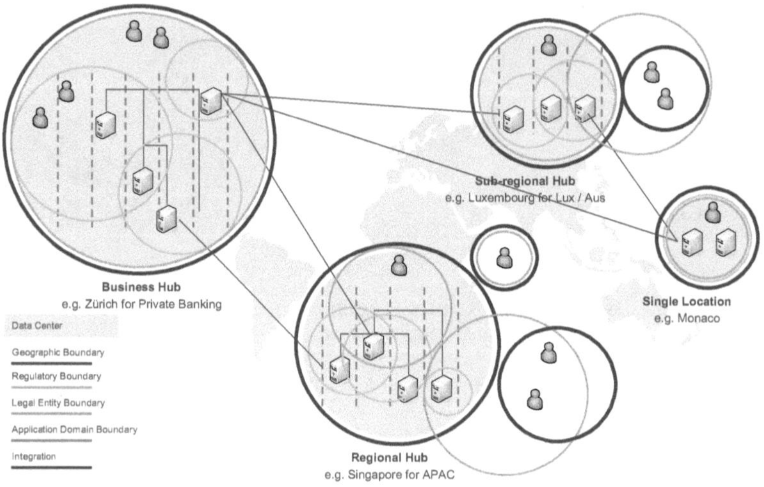

Abb. 4.23. Vielfältige Grenzen im internationalen Kontext

4.9.2 Herausforderungen im Private Banking und ihre Konsequenzen für die Applikationslandschaft

Wesentliches Ziel des Credit Suisse Private Banking ist es, gegenüber den Kunden und Partnern als eine global einheitliche Marke mit einem über alle Regionen und Länder einheitlichen Beratungsprozess aufzutreten. Dies ist notwendig, da die Credit Suisse global wachsen möchte und auch die Kunden der Credit Suisse zunehmend international werden. So sollen die klassischen Kundenbetreuungsprozesse im Private Banking in der Schweiz die gleichen sein wie in Asien oder in den USA, um weltweit den gleichen „Best Service and Advice“ zu bieten.

Das macht es zum einen möglich, dass Kunden in den verschiedenen Regionen konsistent und mit der gleichen Qualität betreut werden. Zum anderen ist es möglich, dass Kundenbetreuer ohne längere Umstellungsphasen über unterschiedliche Regionen hinweg Kunden betreuen können. Im Ergebnis muss es für alle Regionen und Länder die gleichen Kern-Geschäftsprozesse in der Kundenbetreuung geben. Ausnahmen werden nur dort gemacht wo es, z. B. aufgrund rechtlicher Rahmenbedingungen oder regional spezifischer Produkte, notwendig ist.

Zu Beginn des Projektes waren die einzelnen Landesgesellschaften relativ autonom und in der Konsequenz sowohl in ihren Geschäftsprozessen als auch in deren technischer Unterstützung vergleichsweise heterogen.

Die Vereinheitlichung der Kundenbetreuungsprozesse bedeutet aus informationstechnischer Perspektive, dass die an der Schnittstelle zum Kunden eingesetzten Frontend-Systeme global vereinheitlicht werden müssen, während die für die eigentliche Abwicklung der Geschäfte genutzten Backend-Applikationen nach wie vor regional unterschiedlich sein können und zum Teil aufgrund regional unterschiedlicher fachlicher Anforderungen unterschiedlich sein müssen. Typische Funktionen der betrachteten Frontend-Systeme sind z. B. die Kundenverwaltung, die Verwaltung von Kundendepots oder das Absetzen von Börsenaufträgen für Kunden.

Ein solches Migrations- und Konsolidierungsprojekt findet jedoch vor dem Hintergrund der vergleichsweise autonomen Landesgesellschaften statt, welche auch die konsolidierten Frontend-Systeme nach wie vor finanzieren müssen. Darum ist Kosteneffizienz ein wesentliches Ziel des Transformationsprozesses. So sollen durch die Vereinheitlichung auch globale Investments in Informationssysteme ganzheitlicher gesteuert werden. Das damit verfolgte Ziel ist letztlich die gesamthafte Senkung der Kosten der Informationssysteme im Private Banking der Credit Suisse.

4.9.3 Globale Vereinheitlichung der Frontend-Systeme

Im Jahr 2005 wurde das Migrationsprogramm gestartet, welches sukzessive die verschiedenen Länder und Regionen auf ein einheitliches Frontend-System migrieren soll. Im Folgenden werden die Projektziele, das Projektvorgehen sowie die kritischen Erfolgsfaktoren beschrieben.

4.9.3.1 Projektziele

Die beiden Hauptziele des Projektes sind die globale Vereinheitlichung der Kundenbetreuungsprozesse sowie die Vereinheitlichung der diese unterstützenden Frontend-Systeme. Dabei sollen im Rahmen einer evolutionären Erneuerung sukzessive die einzelnen heterogenen Systeme der Regionen durch ein neues System ersetzt werden.

Parallel zur Vereinheitlichung der Frontend-Systeme werden diese sowohl physisch als auch organisatorisch zentralisiert, sodass durch die geringere Heterogenität der Systemlandschaft mittelfristig die Betriebskosten dieser Systeme gesenkt werden können.

Das Migrationsprojekt sollte neben der globalen Vereinheitlichung der Frontend-Systeme eine flexible, serviceorientierte Integration mit den bestehenden und regional heterogenen Backend-Systemen erreichen. In der Credit Suisse gibt es seit dem Ende der 1990er Jahre eine lange Erfahrung mit der Gestaltung und dem Betrieb serviceorientierter Architekturen. Zu Beginn wurde die serviceorientierte Architektur auf der zur damaligen Zeit aktuellen CORBA-Technologie umgesetzt, während das aktuelle Projekt auf der heutigen Web-Service-Technologie realisiert wird.

Um die vereinheitlichten Frontend-Systeme an die heterogenen Backend-Systeme anzubinden, wird ein logischer Service-Layer eingefügt, welcher die regional unterschiedlich implementierten Funktionen der Backend-Systeme auf die immer gleichen Serviceaufrufe der Frontend-Systeme abbildet (Abb 4.24).

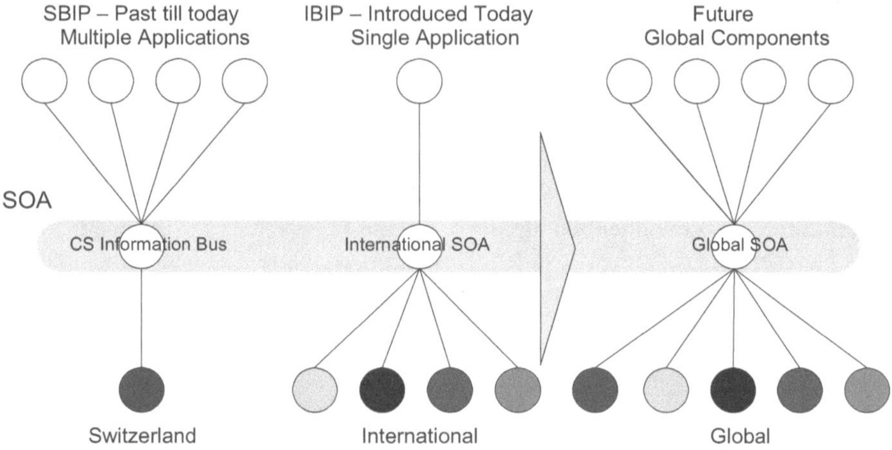

Abb. 4.24. Serviceorientierte Integrationsarchitektur für die Frondend-Integration

Diese Kapselung der Backend-Systeme durch einen einheitlichen Service-Layer soll es möglich machen, zukünftig auch weitere Systeme (z. B. Risikomanagement-Systeme etc.) global vereinheitlicht und transparent anzubinden. Durch die entkoppelnde Wirkung der Service-Schicht, werden Backend-spezifische Integrationsansätze zurückgefahren und die Gesamtarchitektur stärker an die definierten Standards der Credit Suisse angenähert. Durch diese Standardisierung können die Integrationskosten für neue oder geänderte Funktionalitäten reduziert und mehr Ressourcen für die Erweiterung der Funktionalitäten bereitgestellt werden. Gleichzeitig bleibt es möglich, regionale Anforderungen und Beschränkungen in den individuellen Backend-Systemen abzubilden und lokale Systeme transparent anzubinden.

4.9.3.2 Projektdurchführung

Die eigentliche Einführung der konsolidierten Frontend-Systeme erfolgte sukzessive über die verschiedenen Regionen hinweg. So konnte das global einheitliche System Schritt für Schritt an die zum Teil unterschiedlichen regionalen Situationen angepasst und dabei weiter entwickelt werden. Das schrittweise Vorgehen ermöglichte es, die Komplexität des Gesamtprojekts kontrollierbar zu gestalten, da jeweils gut handhabbare Teilprobleme gelöst werden mussten. Die sukzessive Einführung ermöglichte es außerdem, ein vergleichsweise kleines aber stark fokussiertes Projektteam von drei Personen in Zürich zu haben, welches in der Lage ist, eine tatsächlich einheitliche und qualitativ hochwertige Lösung zu entwickeln. Außerdem konnten durch das kleine Team und das schrittweise Vorgehen signifikante Lernkurveneffekte erzielt werden, sodass spätere Projekte schneller abgeschlossen werden konnten. Das Kernprojektteam in Zürich wurde jeweils durch einzelne regionale Experten in Analyse und Design unterstützt. Die jeweils regionalen Teams vor Ort haben die Services auf den bestehenden, regional unterschiedlichen Backend-Systemen implementiert.

Der Projektstart erfolgte im Jahr 2005. In 2008 waren auf diese Weise bereits acht Länder auf das konsolidierte Frontend-System migriert.

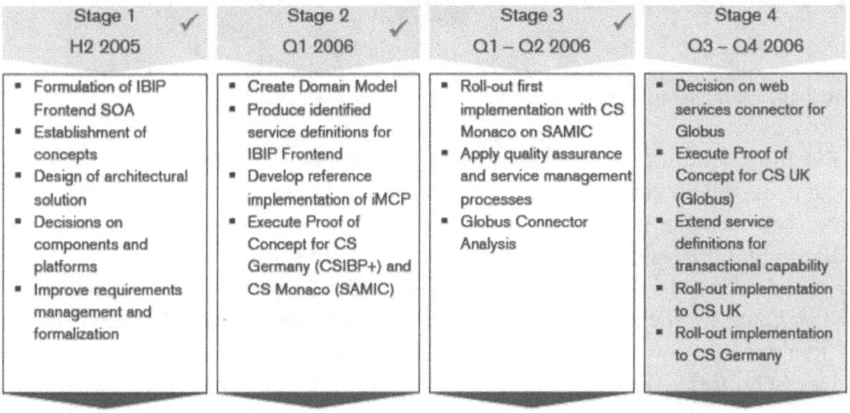

Abb. 4.25. Iteratives Projektvorgehen (Ausschnitt)

Bei der eigentlichen Migration wurde ein stark modellgetriebenes Vorgehen gewählt. Dazu wurden vom Projektteam in Zürich in Zusammenarbeit mit den jeweils lokalen Teams zuerst Datenmodelle für die Beschreibung der Frontend-Systeme sowie deren Integration über die Service-Schicht mit den Backend-Systemen entworfen (Abb. 4.26).

Dieses modellgetriebene Vorgehen stellt auf der einen Seite hohe Anforderungen an die konzeptionellen Fähigkeiten der Projektmitarbeiter, andererseits sind auf diese Weise aber sehr konsistente und redundanzarme Modelle für die Implementierung der notwendigen Services entstanden. Die resultierende technische aber auch fachliche Qualität wird als deutlich höher wahrgenommen, als bei einem klassischen, oft maskengetriebenen Vorgehen.

Das modellgetriebene Vorgehen ermöglichte es außerdem, die jeweils landesspezifischen Aspekte der Systeme von den für alle Regionen gleichen Aspekten zu separieren. Über ein explizites Versionsmanagement der einzelnen Services wurden auch die für alle Regionen gleichen Bestandteile schrittweise verändert und weiter entwickelt.

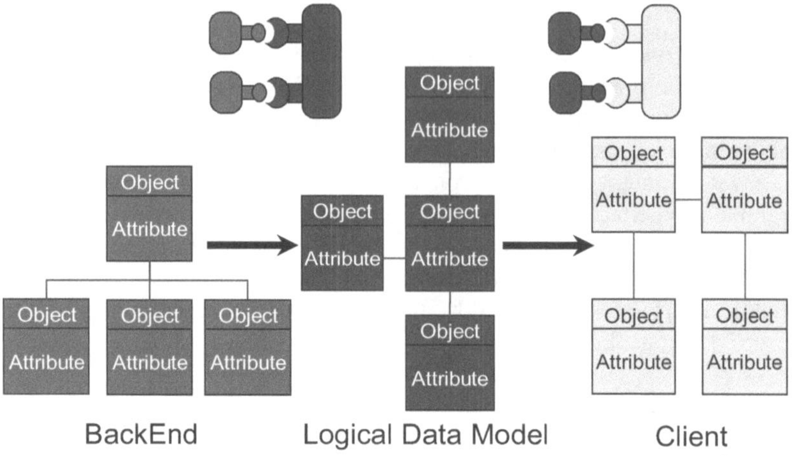

Abb. 4.26. Modellgetriebenes Vorgehen

Für die Definition der Serviceschicht sind Wiederverwendung und funktionale Redundanzfreiheit entscheidende Kriterien. Einmal implementierte Services sollen später von verschiedenen Clients genutzt werden können und müssen darum eine zeitliche Stabilität aufweisen. Zwar ist es anspruchsvoller und ressourcenintensiver, Services wiederverwendbar zu entwerfen und zu implementieren, andererseits lässt sich nur auf diese Weise Konsistenz als Voraussetzung für Effizienz und Flexibilität der Integrationsarchitektur erreichen.

Der Schnitt der Services soll sich an den jeweils relevanten Geschäftsobjekten ausrichten und dem zugrunde liegenden Domänenmodell entsprechen. Die Services selbst werden aufgrund des logischen Datenmodells definiert (Abb. 4.26). Um die gesetzten Wiederverwendungsziele und die Langlebigkeit der Services zu erreichen, wurde das Projekt durch ein rigoroses Governance-Modell in Zusammenarbeit mit der Fachseite sowie durch einen Qualitäts-Kontroll-Prozess unterstützt. So wird durch das Governance-Modell ebenfalls eine Transparenz geschaffen, wie sich ändernde fachliche und/oder technische Anforderungen auf die Serviceschnittstellen auswirken. Diese Erkenntnisse sind in den folgenden Iterationen in einen optimierten Servicedefinitions- und Entwicklungsprozess eingeflossen.

4.9.3.3 Kritische Erfolgsfaktoren

In der Analyse der bereits durchgeführten Integrationsprojekte lassen sich eine Reihe kritischer Erfolgsfakten für diese Projekte identifizieren:

Modellgetriebenes Vorgehen

Als wesentlich für die Qualität, die Konsistenz und daraus resultierende vergleichsweise geringe Komplexität der vereinheitlichten Frontend-Systeme wird das modellgetriebene Vorgehen angesehen. Durch die gemeinsame Diskussion und Entwicklung konsistenter Datenmodelle konnte eine vergleichsweise hohe fachliche Durchdringung des zu lösenden Problems durch das Projektteam erreicht werden. Erst dieses Wissen und die Visualisierung dieses Wissens in Modellen ermöglicht es, vorhandene Konsolidierungspotenziale auch tatsächlich nutzen zu können. Im Ergebnis wurde eine klare und über alle Regionen hinweg konsistente Semantik erreicht. Die so definierten Services werden auch tatsächlich wiederverwendet.

In früheren Projekten wurde oft masken- und Use-Case-getrieben vorgegangen. Zwar ermöglichte es auch dieses Vorgehen, die Anforderungen der Stakeholder zu erfüllen. Allerdings fiel es hier deutlich schwerer, semantisch gleiche Sachverhalte auch wirklich als solche zu identifizieren, da oft andere Namen oder Abläufe die prinzipiell gleichen oder ähnlichen Sachverhalte beschrieben haben.

Das konsequente modellgetriebene Vorgehen führt außerdem zu einer hohen Kohärenz zwischen dem Entwurf und der jeweiligen Implementierung, was zu günstigen Entwicklungs- und Wartungsaufwänden führt.

Als Nachteil lässt sich die intensive Ressourcennutzung während der Modellierungsworkshops nennen. So bedarf es entsprechender Erfahrung und Detailkenntnis der erstellten Modelle, um mögliche Redundanzen bereits während der Modellierung zu erkennen und das Gesamtmodell konsistent zu halten. Dieser Aufwand resultierte aber auch in einem signifikant besseren Ergebnis des Requirements-Engineering-Prozesses.

Fokussiertes Projektteam

Um heterogene Prozess- und Systemlandschaften zu konsolidieren und neu zu gestalten ist es notwendig, die aus der Heterogenität entstehenden Interessen und Anforderungen der Beteiligten möglichst vollständig überschauen zu können. Darum hat man sich für ein kleines und sehr fokussiertes Team von 2–3 Personen in Zürich entschieden. Dieses kleine Team hat die Möglichkeit, in enger Abstimmung mit den jeweiligen Fach-Domänenarchitekten, alle für die Konsolidierung und Konsistenz der neuen Lösung relevanten Aspekte zu überschauen und Modellierungsentscheidungen den durch die jeweiligen Regionen hinzukommenden Stakeholdern zu kommunizieren.

Dieses kleine Team nutzt jedoch die Erfahrung und Expertise der bisherigen System-Owner in den Regionen vor Ort, um die Serviceschnittstellen zu den Backend-Systemen zu gestalten und zu implementieren. Im Ergebnis liefert die Bündelung dezentralen Wissens über die dezentralen Backend-Systeme und zentralen Wissens über die konsolidierten Frontend-Systeme die gewünschte Effizienz und Flexibilität.

Pragmatischer Ansatz

Die Konsolidierung unabhängig gewachsener und regional verteilter Systeme und Prozesse lässt sich oft nur schwer in einem „Big-Bang-Ansatz“ realisieren. Neben technischen Herausforderungen sind auch politische Notwendigkeiten zu berücksichtigen. Vor diesem Hintergrund wurde keine dogmatische Standardisierung, sondern ein pragmatischer Ansatz gewählt. So sieht die Migrationsstrategie die Implementierung auf Basis von Web Services vor. Tatsächlich wurden in einigen Fällen jedoch zunächst bestehende CORBA-Implementierungen weiterverwendet und ein zeitlich versetztes Migrationsszenario auf eine Web Service basierte Implementierung entworfen.

Zur Strukturierung individueller Regelungen wurden beispielsweise fachlich kohärente Servicefamilien definiert. Dabei wurde die architektonische Konsistenz nur innerhalb einer Servicefamilie, nicht jedoch zwischen Servicefamilien gefordert. Eine solche Strukturierung verbunden mit einem pragmatischen aber begründeten Vorgehen trägt erheblich zur Reduktion der zu beherrschenden Gesamtkomplexität eines solchen Projekts bei.

Sukzessives Vorgehen

Charakteristisch für das Vorgehen war die sukzessive Ablösung und Konsolidierung der Frontend-Systeme in den Regionen verbunden mit der laufenden Überprüfung und Anpassung der Vorgehensweise. Durch dieses Vorgehen konnten für die späteren Migrationen erhebliche Lernkurveneffekte erzielt werden, die in einer höheren Effizienz der Migrationsprojekte resultierten. Alternative, stärker parallelisierte Vorgehensweisen hätten ein größeres Team und somit mehr Koordinationsaufwand verlangt. Insbesondere die Konsolidierung und die Schaffung von Konsistenz sind mit größeren Teams jedoch nur schwer möglich.

4.9.4 Lerneffekte und Ausblick

Nach der Migration von acht Lokationen auf das neue, konsolidierte Frontend-System der Credit Suisse im Private Banking kann der hier verfolgte Ansatz als erfolgreich bewertet werden. In der Evaluation des Projekts können drei wesentliche Dinge für Folgeprojekte gelernt werden – die Bedeutung von Ausbildung, von Prozessen sowie die Bedeutung von Standards.

In globalen Projekten mit unterschiedlichen Partnern aus unterschiedlichen Kulturen steht das gegenseitige Verstehen bei den beteiligten Personen im Mittelpunkt. Nur durch dieses gegenseitige Verständnis für die Unterschiede kann Produktivität und Effizienz erzeugt werden. Komplexe und zum Teil neue Ansätze wie Serviceorientierung müssen im Detail und in ihren Konsequenzen verstanden werden.

Ein guter Prozess für ein Migrationsprojekt zeichnet sich durch die klare Dokumentation und Kommunikation von Arbeitsschritten, Terminen und Verantwortlichkeiten aus. Einfache Ablaufdiagramme sind dabei oft wesentlich effektiver als ausführliche Anleitungen. Der Einsatz von Templates jeglicher Art hilft die Qualität und Effizienz des Transformationsprozesses zu steigern.

Insbesondere in Konsolidierungsprojekten ist die Bedeutung von Standards sehr hoch. Wenn es bislang keine (verbindlichen) Standards gibt, sollten sie unbedingt geschaffen werden. Beispiele für wesentliche Standrads sind Standards für die Dokumentation, Standards für die Beschreibung von Services sowie Standards für die Semantik von Services.

4.10 Integration von Innovationsprojekten der Deutschen Telekom Laboratories in den operativen Betrieb bei der Deutschen Telekom

Stephan Aier, Christian Riege

Universität St.Gallen

Marten Schönherr, Udo Bub

Deutsche Telekom Laboratories

4.10.1 Unternehmensprofil

Die Deutsche Telekom Laboratories sind die zentrale Forschungs- und Entwicklungseinrichtung der Deutschen Telekom mit Hauptsitz in Berlin. Sie sind gleichzeitig ein so genanntes „An-Institut", eine privatrechtlich organisierte, wissenschaftliche Einrichtung an der Technischen Universität (TU) Berlin. In den Telekom Laboratories entwickeln Wissenschaftler aus aller Welt gemeinsam mit Experten aus dem Konzern neuartige Dienste und Lösungen für die Kunden der Deutschen Telekom. Ein weiterer, bereits mehrfach beschrittener Weg zur Verwertung der Ergebnisse ist die Gründung neuer Unternehmen (Spin-offs).

In Kooperation mit der TU Berlin, anderen Universitäten wie der Universität St. Gallen und Partnern aus der Industrie wird dabei eine Brücke zwischen Wirtschaft und Wissenschaft geschlagen, um aus Ideen möglichst schnell marktfähige Innovationen zu machen. Hierbei konzentrieren sich die Telekom Laboratories auf fünf Innovationsfelder (5i): Intuitive Bedienbarkeit, Integrierbare Dienstekomponenten, Intelligenter Netzzugang, Infrastruktur und Inhärente Sicherheit.

Die Telekom Laboratories gliedern sich in zwei Bereiche: Der Schwerpunkt des Innovation Development Laboratory liegt auf der marktnahen Entwicklung mit einem Zeithorizont von eineinhalb bis zu drei Jahren. Die Technologie- und angewandte Forschung im Strategic Research Laboratory ist langfristiger ausgerichtet. Darüber hinaus leisten vier Professuren einen wesentlichen Beitrag zur Lehrtätigkeit an der Technischen Universität Berlin.

Zusammen mit der Ben-Gurion-Universität wurde 2006 ein Institut im israelischen Beer Sheva gegründet. Seit 2008 sind die Telekom Laboratories außerdem in Darmstadt vertreten. Ein weiteres Projektbüro im Silicon Valley, USA, wurde im Januar 2009 eröffnet. Über 300 Telekom-Experten und Wissenschaftler verschiedenster Fachrichtungen aus aller Welt arbeiten gemeinsam an Lösungen und Diensten für die einfache, schnelle und sichere Kommunikation von morgen.

4.10.2 Herausforderungen im Innovationsmanagement

Jedes Innovationsprojekt lässt sich in einem Kontinuum zwischen möglichst freiem und kreativem Denken auf der einen Seite und der Entwicklung möglichst problemspezifischer, direkt anwendbarer Lösungen positionieren. Vor der Gründung der Telekom Laboratories waren Innovationsaufgaben und zugehörige Budgets dezentral in den Geschäftseinheiten sowie dedizierten Innovationseinheiten wie der T-Nova verteilt. Die damit einhergehende Marktnähe der Innovation führte zwar oft zu direkt anwendbaren Lösungen – fundamentale Innovations- und Forschungsprojekte sowie disruptive Innovationen ließen sich so jedoch kaum realisieren. Die dezentralen Innovationsteams konnten größere, für unterschiedliche Geschäftseinheiten relevante Innovationsprojekte nur schlecht umsetzen.

Als Konsequenz daraus wurde beschlossen, die Innovationsprojekte und -budgets mit der Gründung der Telekom Laboratories zentral zu managen und durch das universitäre Umfeld offener und kreativer mit innovativen Ideen umzugehen. Die Telekom Laboratories sind also in erster Linie das Ergebnis eines Desintegrationsprojekts von Innovationskompetenzen aus den Geschäftseinheiten in eine zentrale, integrierte Innovationseinheit. Die daraus erwachsene Herausforderung jedoch liegt hier vor allem darin, die bei den Telekom Laboratories verantworteten Innovationen in für die Deutsche Telekom nützlicher Art und Weise wieder in die Geschäftseinheiten zu integrieren. Der Erfolg der Telekom Laboratories lässt sich somit auf aggregierter Ebene unter anderem anhand zweier Größen messen:

1. Welcher Anteil der Innovationsprojekte wird erfolgreich in die Geschäftseinheiten integriert?
2. Welcher Aufwand muss betrieben werden, um die Ergebnisse eines Innovationsprojektes in eine Geschäftseinheit zu integrieren um sie dort nutzen zu können?

4.10.3 Innovationsmanagement bei den Deutschen Telekom Laboratories

4.10.3.1 Projektziele

Disruptive Innovationen lassen sich nur schlecht durch die Anwendung eines standardisierten und wohl strukturierten Vorgehensmodells erzeugen, da sie meist das Ergebnis eines kreativen und immer neuen Denkprozesses sind. Andererseits erfordert die Überführung der Ergebnisse des kreativen Denkprozesses in anwendbare Produkte in einem global agierenden Unternehmen eine grundlegende, zur jeweiligen Situation passende Struktur.

Passende Strukturen für die Integration von Forschungsergebnissen in die operativen Konzerneinheiten sind dabei auf allen Ebenen der Unternehmensarchitektur, angefangen bei der Strategie über die Organisation bis zur Software-, Daten- und Infrastrukturarchitektur, notwendig. Auftretende Steuerungsbedarfe müssen in einem Innovationsprojekt möglichst frühzeitig erkannt werden, um die meist mit einem Projekt verbundenen erheblichen Investitionen zu schützen.

Das Ziel besteht darin, den Managern der Innovationsprojekte ein leistungsfähiges Analyse- und Steuerungsinstrument an die Hand zu geben, welches einerseits den Transfer von Innovationsergebnissen strukturiert und vereinfacht und andererseits ausreichend kreativen Freiraum für die Schaffung grundlegender Innovationen lässt. Um die Akzeptanz für zusätzlich zu erzeugende Analysen und Reports zu schaffen, müssen die zusätzlichen Aufwände so gering wie möglich gehalten werden und gleichzeitig einen erkennbaren Nutzen für die Projektmanager der Telekom Laboratories aufweisen. Um die Unterschiedlichkeit der Innovationsprojekte angemessen zu adressieren, kann ein solches Analyse- und Steuerungsinstrument nicht für alle Innovationsprojekte in gleicher Art und Weise angewendet werden. Stattdessen muss eine gute Lösung für den Trade-Off zwischen Generizität der verwendeten Analyse- und Steuerungsmethode und der Nützlichkeit der Methode in einer spezifischen Situation gefunden werden. Um diesen Trade-Off zu adressieren wird in der Literatur oft das *situative Methoden-Engineering* diskutiert (Baumöl 2005). Dabei besteht das Ziel darin, bei der Konstruktion einer Methode bestimmte Konfigurations- und Adaptionsmöglichkeiten vorzusehen, über welche die Methode an bestimmte Situationen angepasst werden kann. Diese Situationen lassen sich im vorliegenden Fall durch die unterschiedlichen Projekttypen abbilden.

4.10.3.2 Projektschritte und -durchführung

Der vorgeschlagene Prozess für das situative Methoden-Engineering unterscheidet grundlegend drei Phasen (Baumöl 2005): (a) Beschreibung des Projektes, (b) Definition der Methodenfragmente und (c) Konstruktion der situativen Methode. Im Folgenden wird dieser Prozess für die Teilbereiche (a) Identifikation der Projekttypen, (b) Herleitung der Aktivitäten und (c) Verknüpfung der Aktivitäten in einem Vorgehensmodell beschrieben.

Identifikation der Projekttypen durch Klassifikation des Innovationsprojektportfolios

Die Beschreibung eines Innovationsprojektes erfolgt anhand von Eigenschaften, welche für die folgende Bewertung aus Unternehmensarchitekturperspektive relevant sind. Dazu ist es zunächst notwendig, das Projektportfolio unter Berücksichtigung dieser Eigenschaften zu segmentieren. Die Gruppenbildung ermöglicht es, gemäß ihrer Eigenschaften, homogene Projekte zusammenzufassen, und die methodische Unterstützung einer Projektbewertung aus Unternehmensarchitekturperspektive auf diese Gruppen und ihre Besonderheiten hin auszurichten. In einem ersten Schritt wurden dazu 116 Innovationsprojekte aus dem Projektportfolio anhand der in Tabelle 4.21 angeführten Eigenschaften erfasst. Dies beinhaltet sowohl laufende Projekte, deren Angaben sich aus den Projektplänen ergeben, als auch abgeschlossene Projekte, für welche das nachgelagerte Projektcontrolling die entsprechenden Daten zur Verfügung stellt.

Tabelle 4.21. Raster zur Projektbeschreibung

Projektmerkmal	Beschreibung	Ausprägung der Projektmerkmale			
Projektlaufzeit	Gemäß Projektantrag veranschlagte Gesamtdauer bis zu einer Produktisierung	Angabe in Monaten			
Projektbudget (Pb)	Gemäß Projektantrag das Gesamtbudget des Projektes in TSD EUR	Pb <= 250	250 < Pb <= 750	Pb > 750	
Umfang des Konsortiums	Angabe wie viele Partner bei der Projektdurchführung involviert sind	Anzahl			
Förderstatus	Kennzeichnung ob das Projekt im Rahmen öffentlicher Förderprogramme (BMBF, EU) unterstützt wird	Projekt wird öffentlich gefördert	Projekt wird nicht öffentlich gefördert		
Umfang der Zielgruppe	Anzahl der Konzerneinheiten, für welche das Projekt verwertbare Ergebnisse generieren soll	Anzahl 0 bis 5 (0 bedeutet, dass keine Angaben hinterlegt sind)			
Zielgruppe im Konzern	Kennzeichnung, welche Konzerneinheit(en) die Projektergebnisse verwenden soll(en)	T-Home	T-Systems	T-Mobile	Telekom Laboratories
Ergebnistyp	Angabe, welche Lieferobjekte das Projekt im Endergebnis hauptsächlich bereitstellen wird	Wissensaufbau	Konzept/Studie	Prototyp	
Softwareanteil	Kennzeichnung, ob bei der Projektdurchführung in nennenswertem Umfang Software implementiert wird.	Projekt umfasst Softwareimplementierung	Projekt umfasst keine nennenswerte Softwareimplementierung		

Ziel der Erfassung war es, eine hohe Anzahl an Projekten abzudecken, und damit generalisierbare Aussagen über Zusammenhänge zwischen Projekteigenschaften zu gewinnen, die sich auf zukünftige Projekte übertragen lassen. Die Auswahl der Eigenschaften orientiert sich in erster Linie an der Verfügbarkeit notwendiger Daten für einen großen Teil des Projektportfolios. In einem zweiten Schritt wurde auf Basis dieses Datensatzes eine Clusteranalyse durchgeführt. Sie hat zum Ziel, in einer heterogenen Gesamtheit von Objekten, Teilmengen zu identifizieren, welche eine möglichst homogene Eigenschaftsstruktur aufweisen. Diese Segmentierung erlaubt es, eine handhabbare Anzahl von Innovationsprojekttypen zu differenzieren, für die eine adaptierbare Bewertungsmethode konstruiert werden kann. Im Ergebnis wurden vier Cluster gebildet. Ihre charakteristischen Merkmale sind in Tabelle 4.22 dargestellt.

Tabelle 4.22. Klassifikation von Projekttypen

Clustereigenschaften	Cluster 1 (n=33)	Cluster 2 (n=23)	Cluster 3 (n=42)	Cluster 4 (n=18)
Projektlaufzeit in m ($\bar{x}$)	21,3	10,6	12,3	20,4
Umfang Zielgruppe ($\bar{x}$)	1,8	1,7	1,2	1,5
Umfang Konsortium ($\bar{x}$)	5,0	1,2	2,1	3,3
Projektbudget in TSD EUR	50% > 750	68% < 250	55% < 250	750 > 50% > 250
Clusteranteile in % der Stichprobe				
Förderstatus	40,5	2,7	40,5	16,2
Ergebnistyp: Konzept/Studie	53,2	37,1	9,7	0,0
Ergebnistyp: Wissensaufbau	0,0	10,4	62,7	26,9
Ergebnistyp: Prototyp	55,0	0,0	0,0	45,0
Softwareanteil	51,7	0,0	18,3	30,0

Die identifizierten Cluster repräsentieren vier grundlegende Typen von Innovationsprojekten der Telekom Laboratories. Die in Cluster 1 berücksichtigten Innovationsprojekte zeichnen sich durch eine vergleichsweise lange Projektdauer aus. Hier ist im Projektverlauf besonderes Augenmerk auf die nachhaltige Konformität des Projektgegenstandes mit der Zielarchitektur zu legen. Die hohe Anzahl an Konsortialpartnern bei Projekten in diesem Cluster schränkt die Einflussnahme auf die Projektdurchführung ein, d. h. die Erstellung von Teilergebnissen kann u. U. von der Bereitstellung von Teilergebnissen durch Dritte abhängen. Die Tatsache, dass ein Projekt im Cluster i. d. R. mehrere Zieldivisionen im Konzern besitzt, erhöht das Risiko von Zielkonflikten, da die strategische Ausrichtung unter den Divisionen divergieren kann. Dies muss bei der Bewertung der Konformität mit einer Zielarchitektur gesondert adressiert werden. Unter Berücksichtigung der genannten Eigenschaften repräsentieren die Projekte in Cluster 1 den Projekttyp *Strategy Implementation.*

In Cluster 2 finden sich Projekte mit einer relativ kurzen Laufzeit. Annahmen, welche zu Projektbeginn über die strategische bzw. taktische Ausgestaltung einer Zielumgebung, z. B. der Produktpalette, getroffen wurden, unterliegen i. d. R. keinen Modifikationen während der Projektdurchführung. Die Bündelung von Interessen, hervorgerufen durch mehrere Zieleinheiten im Konzern muss dennoch adressiert werden. Entlastet wird die Projektdurchführung durch eine geringe Anzahl an Konsortialpartnern. Die geringe Quote an öffentlich geförderten Projekten tangiert die Bewertung insofern, als dass Auflagen für zusätzliche Dokumentationspflichten sowie festgeschriebene Meilensteine für Projekte in diesem Cluster von untergeordneter Bedeutung sind. Da im Cluster 2 keine technische Realisation bzw. Softwareimplementierung im Vordergrund steht, kann sich eine Bewertung auf nicht-technische Aspekte konzentrieren. Cluster 2 umfasst somit Projekte, welche den Projekttyp *Proof-of-Concept* verkörpern.

Cluster 3 umfasst Projekte, welche im Allgemeinen eine einzige Zieleinheit im Konzern besitzen. Dementsprechend fokussiert muss die Prüfung auf Konformität mit dieser Zielumgebung erfolgen. Der vergleichsweise hohe Anteil an öffentlich geförderten Projekten bedeutet für dieses Cluster, dass oftmals bereits Vorgaben existieren, wann und wogegen der Projektgegenstand bewertet werden soll. Diese Vorgaben sind zu berücksichtigen bzw. in den eigenen Bewertungsansatz zu integrieren, in dem z. B. die Bewertungszeitpunkte koordiniert werden und damit u. a. die Datenerfassung ressourcenschonend erfolgt. Der Ergebnistyp Wissensaufbau ist dominierend für die Projekte des Clusters. Für die Bewertung bedeutet dies, dass im Gegensatz zu einer intendierten konkreten Produktentwicklung, hier Wiederverwendung und Modularisierung von Wissen für zukünftige Projekte ermöglicht werden soll und dementsprechend Dokumentation und Anreicherung der Wissensbasis zum Projektgegenstand geprüft werden muss. Die im Cluster 3 beschriebenen Projekte werden daher zum Projekttyp *External Co-Funded Basic Research* zusammengefasst.

Projekte in Cluster 4 sind wiederum durch eine lange Laufzeit gekennzeichnet, grenzen sich aber von Cluster 1 ab, da sie für eine vergleichsweise abgegrenzte Zieleinheit im Konzern und im Rahmen eines kleineren Konsortiums durchgeführt werden. Neben den Implikationen für die Bewertung, welche sich aus Projektlaufzeit und Größe des Konsortiums ergeben, muss hier zusätzlich berücksichtigt werden, dass es sich in der Mehrzahl um industriefinanzierte Projekte handelt. Die Volatilität der Zielumgebung aus Sicht der Geschäftsarchitektur führt auch gerade für Projekte mit stark innovativem Charakter zur Notwendigkeit, die Annahmen aus dem Projektantrag mit der aktuellen Situation abzugleichen. Neben der Geschäftsarchitektur spielt auch die Weiterentwicklung der technischen Zielinfrastruktur eine bedeutende Rolle. Die Erstellung von Prototypen bedingt z. B., dass neben Anforderungen an die Software- und Datenarchitektur für die Abbildung eines neuen Produktes auch bei einer Überführung in ein Produkt benötigte Netzwerkressourcen antizipiert werden. Die im Cluster vereinten Projekte werden als *Co-Ordinated Applied Research* bezeichnet.

Ableitung von Bewertungsdimensionen und -analysen

Ein Unternehmensarchitekturmodell strukturiert Gestaltungsobjekte und die Zusammenhänge zwischen diesen Gestaltungsobjekten eines Unternehmens. Als Bewertungsgrundlage wird an dieser Stelle der Zielzustand für die Unternehmensarchitektur herangezogen. Er repräsentiert damit die Annahmen über die Zielumgebung, über alle relevanten Architekturebenen hinweg für ein zu bewertendes Innovationsprojekt. Es sind eine Vielzahl von Analysen auf Basis der Unternehmensarchitektur definiert, die jeweils unterschiedliche Ziele der Architekturgestaltung unterstützen (Niemann 2005; Winter et al. 2007; Riege et al. 2008). Diese Analysen operationalisieren die Projektbewertung, indem sie u. a. Abhängigkeiten zwischen Gestaltungsobjekten aufzeigen sowie Auswirkungen eines Projektes auf die Zielumgebung transparent darstellen. Ebenso ist es möglich, die Konformität des Projektes sowohl bezüglich bestimmter Standards als auch gegen eine Zielumgebung zu prüfen. Ebenfalls werden fachliche Aspekte berücksichtigt, in dem z. B. der Umsetzungsgrad aufsichtsrechtlicher und gesetzlicher Anforderungen bewertet und dokumentiert wird. Abbildung 4.27 stellt die Bewertungsdimensionen aus Sicht einer generischen Unternehmensarchitektur dar. Die Dimensionen für die Bewertung aus Perspektive der Unternehmensarchitektur werden dabei durch die einzelnen Architekturebenen repräsentiert. Abbildung 4.27 zeigt darüber hinaus jeweils relevante Gestaltungsobjekte und führt exemplarisch ausgewählte Beispielanalysen für einzelne Architekturebenen an.

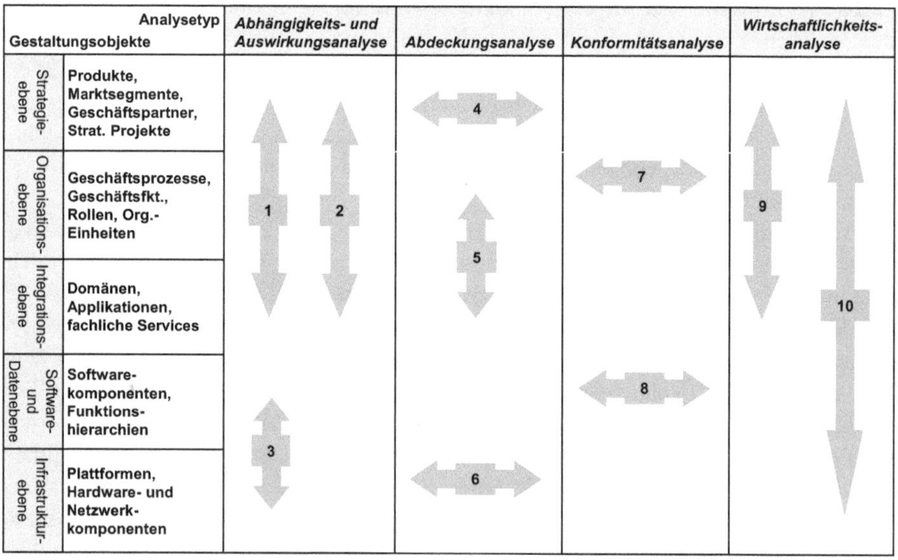

Abb. 4.27. Analysen auf Basis der Unternehmensarchitektur, in Anlehnung an (Riege et al. 2008)

Es ist sowohl möglich, Zusammenhänge zwischen Gestaltungsobjekten auf einer Ebene darzustellen, als auch ebenenübergreifende Zusammenhänge in die Bewertung zu integrieren. Folgende Beispielanalysen veranschaulichen diese Breite:

1. Ist die informationstechnische Abbildung des Produktes in einer Zielumgebung mittels Reorganisation von Services möglich?
2. Wie stellt sich die Reife der Organisation bezüglich des Marktzugangs und des Mitarbeiterprofils dar, um das Projektergebnis in ein Produkt zu überführen?
3. Setzt die Implementierung auf bestehende Infrastrukturkomponenten der Zielumgebung auf? Welche Optionen zur Wiederverwendung von Plattformen, Netzwerkkomponenten erlaubt die zugrunde liegende Softwarearchitektur?
4. Unterstützt das zu entwickelnde Produkt/Projekt die strategische Ausrichtung der Zielkonzerneinheit(en)?
5. Können in den Produktionsprozessen bestehende fachliche Fähigkeiten verwendet werden oder müssen neue Kompetenzen aufgebaut werden?
6. Ist die für die Implementierung erforderliche Infrastruktur/Plattform in der erforderlichen Reife vorhanden/getestet? Genügt sie den Anforderungen der Zielkonzerneinheit an einen Branchenstandard?
7. Sind für die Überführung des Projektergebnisses in ein Produkt notwendige Prozesse/organisatorische Einheiten konsistent im gewünschten Geschäftsprozessmodell abzubilden? Wo ist ggf. ein Reengineering mit welchem Aufwand notwendig?
8. Sind zur Produktenwicklung notwendige Modifikationen an Software- bzw. Datenarchitektur unter Berücksichtigung der Projektlaufzeit durchführbar?
9. Ergibt sich ein positiver Business Case, wenn in der Produktion auf bestehende Mitarbeiterressourcen/Vertriebskanäle zurückgegriffen werden kann?
10. Erhöht der geplante Ausbau der Netzinfrastruktur auf Basis von Projektergebnissen den Kundennutzen?

Die angeführten Beispielanalysen demonstrieren ein breites Spektrum für die Bewertung von Innovationsprojekten. Im Sinne einer situativen Methodenkonstruktion ist dabei nicht jede mögliche Analyse sinnvoll auf jeden Projektgegenstand zu übertragen. Die Segmentierung der Projekte zeigt, dass auf Basis grundlegender Eigenschaften verschiedene Projekttypen sinnvoll differenziert werden können. So ist z. B. die projektbegleitende Kontrolle der Strategiekonformität weniger relevant für Projekte aus dem Cluster 2, da deren angesetzte durchschnittliche Laufzeit einen Strategiewechsel im Projektverlauf kaum wahrscheinlich macht. Ein weiteres Beispiel für eine situative Nutzung von Bewertungsanalysen stellt die Bewertung anhand standardkonformer Infrastrukturelemente dar. Hier sind in erster Linie Projekte aus den Clustern 1 und 4 zu berücksichtigen, während Projektergebnisse aus den Clustern 2 und 3 mehrheitlich konzeptioneller Natur sind und eher die grundsätzliche Reife einer Organisation berücksichtigen sollen.

Einbettung der Bewertung in ein Vorgehensmodell

Innovationsprozesse zeichnen sich nicht nur durch Freiheitsgrade beim Forschungsgegenstand aus, sondern auch durch eine vergleichsweise geringere Belastung bei der Projektadministration (Cooper 2003). Um diesem Charakter gerecht zu werden, muss zusätzlicher administrativer Aufwand, welcher die Bewertung von einzelnen Projekten verursacht, minimal gehalten werden. Aus diesem Grund wird angestrebt, die Bewertung innerhalb bestehender Innovationsprozesse zu verankern. In dem sich Aktivitäten zur Bewertung in etablierte Prozessmodelle einfügen, kann ebenso sichergestellt werden, dass die notwendige Akzeptanz bei den Nutzenden gegeben ist und zukünftige Prozessveränderungen berücksichtigt werden. Es gilt im Rahmen der hier festgeschriebenen Aktivitäten den Bewertungsansatz aus Unternehmensarchitekturperspektive so zu verankern, dass erstens Zeitpunkte und zweitens relevante Dimensionen für eine Bewertung definiert werden. In Anlehnung an Abb. 4.27 ist für jede Bewertungsdimension eine Checkliste in Form konkreter Bewertungsfragen definiert, welche für das jeweilige Projekt zu dokumentieren sind. Abbildung 4.28 zeigt vereinfacht den Innovationsprozess der Telekom Laboratories, wie ihn jedes Projekt durchläuft.

Die Projektbewertung setzt dabei nach der endgültigen Projektfreigabe durch das Innovation Board an, da erst zu diesem Zeitpunkt zusätzlicher Aufwand für die Durchführung der Methode zur Bewertung sinnvoll ist. Außerdem soll gewährleistet werden, dass neben dem etablierten Projektauswahlprozess, auch nach der Freigabe die Konformität mit der Zielumgebung besteht. Tabelle 3 stellt die Aktivitäten dar, wie sie im Rahmen der Methodenkonstruktion definiert wurden. Die Auswahl der Aktivitäten leitet sich aus dem dargestellten Verständnis zur Unternehmensarchitektur ab und integriert Anforderungen des bestehenden Innovationsprozesses. Neben einer Beschreibung wird für die jeweilige Aktivität das resultierende Ergebnis dargestellt sowie die notwendigen Vorbedingungen für ihre Ausführung angegeben. Die Kennzeichnung der Relevanz für die identifizierten grundlegenden Projekttypen der Telekom Laboratories adressiert die situative Adaption der Methode, indem einzelne Aktivitäten als relevant für einen Projekttyp charakterisiert sind.

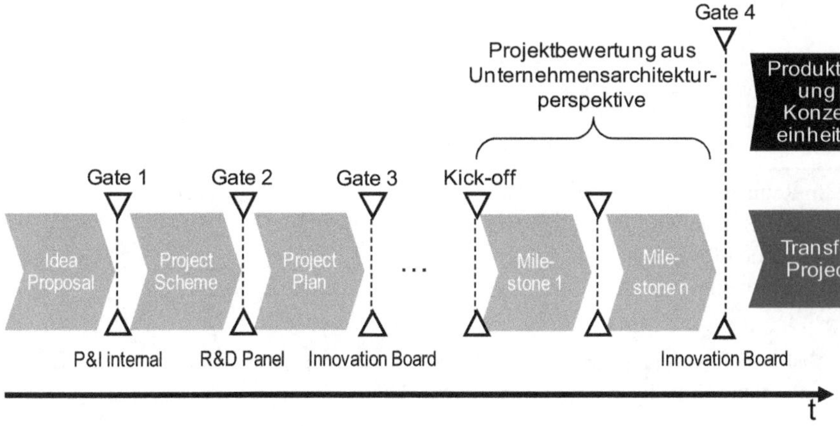

Abb. 4.28. Innovationsprozess der T-Labs

Die Aktivitäten orientieren sich dabei u. a. an den Ebenen einer Unternehmensarchitektur und sind somit jeweils Anknüpfungspunkt für die in Abb. 4.27 exemplarisch angeführten Analysen zur Bewertung von Projekten. Auf Basis der dokumentierten Projektbewertung und unter Berücksichtigung spezieller Projekttypen werden verschiedene Steuerungsmaßnahmen vorgeschlagen. Diese dienen dazu, eventuelle Fehlentwicklungen im Projekt zu kompensieren, indem z. B. erneut die Zieleinheit im Konzern um eine Stellungnahme zu ihrer zukünftigen Plattformstrategie gebeten wird. Darüber hinaus ist es möglich, Bewertungsergebnisse zu nutzen, um einem Projekt zusätzliche Ressourcen zuzuteilen, insbesondere für den Fall, dass die Einschätzung für eine Produktrelevanz zu knapp bemessen war und nun deutlich früher mit einer möglichen Umsetzung als Produkt zu rechnen ist. Wichtig ist an dieser Stelle, dass die Bewertung aus Unternehmensarchitekturperspektive alle weiteren relevanten Einflussfaktoren für ein solches Projekt geprüft hat.

Tabelle 4.23. Vorgehensmodell, Relevanz einzelner Aktivitäten für die identifizierten Projekttypen

ID	Beschreibung der Aktivität	Ergebnisse der Aktivität	Vorbedingung	Projekttypen/ Cluster
A1	Im Rahmen der Meilensteine im Projektplan wird Projektindividuell festgelegt, wann eine Bewertung durchgeführt wird	Dokumentierte(r) Zeitpunkt(e) einer Bewertung	Freigabe	CL1, CL2, CL3, CL4
A2	Abstimmung mit externen Bewertungsvorgaben	Dokumentierte Berichtspflicht gegenüber Dritten	A1	CL1, CL3
A3	Festlegung der Bewertungsdimension, z. B. anhand der Projekttypisierung	Bewertungsdimension(en) für das Projekt	A1, A2	CL1, CL2, CL3, CL4
A4	Bewertung/Analysen mit Bezug zur Strategieebene	Dokumentierte Strategiekonformität, z. B. mit Zieleinheit im Konzern	A3	CL1, CL4
A5	Bewertung/Analysen mit Bezug zur Organisationsebene	Dokumentierte Geschäftsprozesskonformität, z. B. Konsistenz bezogen auf das Geschäftsprozessmodell	A3	CL1, CL2
A6	Bewertung/Analysen mit Bezug zur Integrationsebene	Dokumentation des Business/IT-Alignment	A3	CL1, CL2, CL3, CL4
A7	Bewertung/Analysen mit Bezug zur Software/Datenebene	Dokumentation Konformität, Änderungsbedarfe Softwarearchitektur	A3	CL1, CL3, CL4
A8	Bewertung/Analysen mit Bezug zur Infrastrukturebene	Dokumentation Plattformverfügbarkeit, z. B. bzgl. Standardkonformität	A3	CL1, CL4
A9	Ableitung von Steuerungsmaßnahmen auf Basis der Bewertungsergebnisse	Entscheid über Ressourcenzuteilung oder Projektaussetzung	A4-A8	CL1, CL2, CL3, CL4

4.10.4 Lerneffekte und Ausblick

Die Fallstudie zeigt, wie das Konzept situativer Methodenkonstruktion genutzt werden kann, um die Bewertung von Innovationsprojekten unter besonderer Berücksichtigung der Unternehmensarchitekturperspektive durchzuführen. Dazu wurde das Projektportfolio in vier grundlegende Projekttypen segmentiert. Darüber hinaus wurden auf Basis eines Unternehmensarchitekturmodells verschiedene Bewertungsanalysen abgeleitet, welche als Aktivitäten im Rahmen eines Vorgehensmodells den Projekttypen zugeordnet wurden. Die Zuordnung gibt Auskunft zur situativen Adaptierbarkeit der Methode, in dem die Relevanz bestimmter Aktivitäten für einzelne Projekttypen beurteilt wurde. Wichtiger Bestandteil der gegenwärtigen Arbeit ist den Aufwand für die Methodenanwendung durch die Projektmanager weiter zu reduzieren und zu den vorgeschlagenen Analysen typische Ergebnisse und vorgeschlagene Handlungsoptionen für einen Projektmanager zu spezifizieren. Aus Basis dessen soll der breite Einsatz der Methode vorangetrieben werden.

5 Methodische Unterstützung von Integrationsprojekten – Zusammenführung von Integrationsbausteinen und Praxisbeispielen

5.1 Einführung

In den vorangehenden Kapiteln wurden vier grundlegende Archetypen der Integration vorgestellt und erläutert (Kapitel 2). Anschliessend wurde aufgezeigt, dass die Identifikation und Betrachtung von Integrationsaufgaben eine sinnvolle Herangehensweise ist, um die Überführung der abstrakten Integrationsarchetypen in nutzbare Methodenfragmente zu gestalten. In Kapitel 3 wurden typische Integrationssituationen vorgestellt. Gemeinsam mit den in Kapitel 4 beschriebenen Fallstudien können anhand praktischer Beispiele konkrete Integrationsaufgaben identifiziert und ihre Umsetzung in Methodenfragmente untersucht werden. Die in Kapitel 3 vorgestellten Situationen wurden in einer explorativen Umfrage daraufhin untersucht, welche beispielhaften Integrationsaufgaben und damit Integrationsarchetypen jeweils relevant sind (Aier et al. 2009). Die Ergebnisse der Umfrage können erste Hinweise darauf geben, wie die Zuordnung von Integrationsarchetypen zu Integrationssituationen gestaltet ist. Diese Untersuchung wird im folgenden Unterkapitel 5.2 beschrieben. Darüber hinaus können die Fallstudien dazu dienen, Hinweise auf die Zuordnung konkreter Integrationsaufgaben zu praktischen Integrationsprojekten zu liefern (Unterkapitel 5.3). Unterkapitel 5.4 fasst die Erkenntnisse zusammen.

5.2 Integrationsarchetypen und Integrationssituationen

Um Integrationsprojekte besser differenzieren und verstehen zu können und somit die zielgerichtete Konstruktion von Integrationsmethoden zu ermöglichen, werden die in Kapitel 2 vorgeschlagenen Integrationsarchetypen im Folgenden empirisch analysiert. Es wird untersucht, wie sich die Bedeutung der Integrationsarchetypen für die in den Unterkapiteln 3.2 bis 3.7 vorgestellten Integrationssituationen unterscheidet. Die empirische Analyse beruht auf einem Datensatz, welcher mittels Fragebogen im Rahmen einer 2008 durchgeführten Fachtagung zum Schwerpunkt „Integration und Architektur“ erhoben wurde.[26] Teilnehmende dieser Veranstaltung waren insbesondere Fach- und Führungskräfte aus den Bereichen Integrations- und Architekturmanagement. Der Fragebogen führt verschiedene Integrationsaufgaben als Beispiele für jeweils einen Integrationsarchetyp an und fragt de-

[26] 26. St. Galler Anwenderforum vom 2. Juni 2008.

ren Relevanz in Bezug auf die Integrationssituationen *Merger & Acquisition, unternehmensübergreifende Integration, Standardsoftwareeinführung, System-Migration, unternehmensinterne Reorganisation* und *Outsourcing* ab. Die Bewertung der Relevanz wurde anhand einer fünfstufigen Likert-Skala vorgenommen. Einen Überblick zu den Integrationsarchetypen und zu den exemplarischen Integrationsaufgaben findet sich in Kapitel 2.

In den nachfolgend dargestellten Abbildungen wird jeweils die Einschätzung der Bedeutung für verschiedene Integrationsaufgaben in den abgefragten Integrationssituationen untersucht. Es werden je Integrationsarchetyp zwei diesem zugeordnete konkrete Integrationsaufgaben analysiert. Die Abbildungen zeigen den Anteil der Befragten, welche die jeweilige Integrationsaufgabe in Bezug auf die verschiedenen Integrationssituationen als unter- oder überdurchschnittlich relevant bewertet haben. Aus Gründen der Übersichtlichkeit wurden in der Darstellung diejenigen Bewertungen ausgelassen, die eine indifferente Einschätzung der Relevanz („teilweise relevant") beinhalten. Daraus resultiert auch die Differenz zu 100 für die Anzahl aller Antworten.

Der Integrationsarchetyp *Alignment* beschreibt das gegenseitige aneinander Ausrichten unterschiedlicher und sich unabhängig voneinander verändernder Artefakttypen. Das klassische Alignment-Beispiel ist das gegenseitige aneinander Ausrichten fachlicher Strukturen (z. B. Geschäftsprozesse) und der korrespondierenden IT-Strukturen (z. B. Softwaresysteme). Um eine lose Kopplung zu unterstützen werden Alignment-Artefakte gebildet. Beispiele für Alignment-Artefakttypen sind die Definition von Domänen zur Verknüpfung von Aufbauorganisation und Anwendungslandschaft einer Organisation oder die Definition von Applikationen, um fachliche Funktionsblöcke und IT-Systeme aneinander auszurichten. Abb. 5.1 und Abb. 5.2 zeigen das Ergebnis der Umfrage für diese beiden Integrationsaufgaben.

Abb. 5.1 zeigt deutlich, dass die Einführung eines Domänenkonzepts zur Ausrichtung von Aufbauorganisation und Anwendungssystemen für die Situationen *M & A, unternehmensübergreifende Integration* sowie *unternehmensinterne Reorganisation* von der Mehrheit der Befragten als überdurchschnittlich relevant eingestuft wird. In diesen drei Situationen spielt das Alignment von fachlichen und technischen Strukturen eine Rolle, um Integration gesamthaft umsetzen zu können. Um unternehmensübergreifenden Integrationsbedarfen, wie sie bei *M & A* sowie *unternehmensübergreifender Integration* auftreten, zu begegnen, müssen explizit fachliche Strukturen berücksichtigt werden. Die Definition von Domänen ist eine sinnvolle Herangehensweise, um beispielsweise fachliche Verantwortlichkeiten für technische Elemente festzulegen.

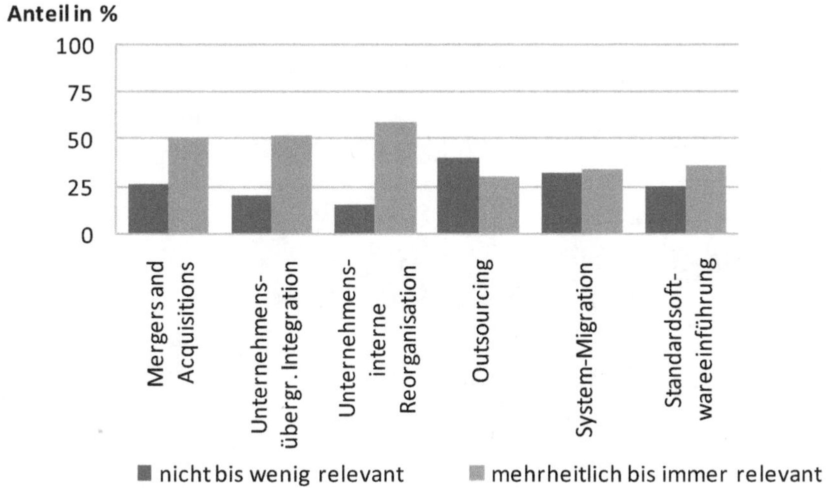

Abb. 5.1. Relevanz des Integrationsarchetyps Alignment am Beispiel der Definition von Domänen in verschiedenen Integrationssituationen

Im Gegensatz dazu spielen Domänen in den übrigen betrachteten Situationen eine weniger wichtige Rolle. Beim Thema Outsourcing ist sogar die Mehrheit der Befragten der Meinung, dass Domänenbildung nicht zu den relevanten Aufgaben gehört. Dies ist damit zu erklären, dass Outsourcing eher Aufgaben zur Desintegration umfasst, da Unternehmensbereiche ausgegliedert werden. Bei den Situationen System-Migration und Standardsoftwareeinführung liegt der Fokus auf der Integration von Informationssystemen bzw. technischen Strukturen. Aus diesem Grund erscheint die Definition von (fachlichen) Domänen in diesem Zusammenhang weniger bedeutsam.

In Abb. 5.2 ist die Relevanz der Integrationsaufgabe *Definition von Applikationen* in Bezug auf die verschiedenen Integrationssituationen dargestellt. Die Mehrheit der Befragten bewertet diese Integrationsaufgabe als überdurchschnittlich relevant in den Situationen *System-Migration*, *Standardsoftwareeinführung* sowie *unternehmensübergreifende Integration.* Die Definition von Applikationen, die Softwaresysteme fachlich strukturieren, spielt also bei techniknahen Situationen eine entscheidende Rolle. Hier müssen nicht nur Informationssysteme integriert werden, sondern gleichzeitig muss Alignment mit fachlichen Funktionalitäten hergestellt werden. Nur so können insbesondere neue Softwaresysteme in eine Unternehmensarchitektur effektiv integriert werden.

Bei dieser Integrationsaufgabe zeigt sich jedoch außerdem ein deutlicher Unterschied zur vorherigen Integrationsaufgabe: Die Definition von Applikationen scheint in allen genannten Integrationssituationen eher von überdurchschnittlicher Bedeutung zu sein. Obwohl beide gezeigten Integrationsaufgaben dem Integrationsarchetyp Alignment zuzuordnen sind, wird ihre Bedeutung in den Integrationssituationen unterschiedlich angegeben. Dies liegt an der Vielfalt von Integrationsaufgaben, welche sich mit dem wechselseitigen Ausrichten innerhalb des Typs Alignment befassen.

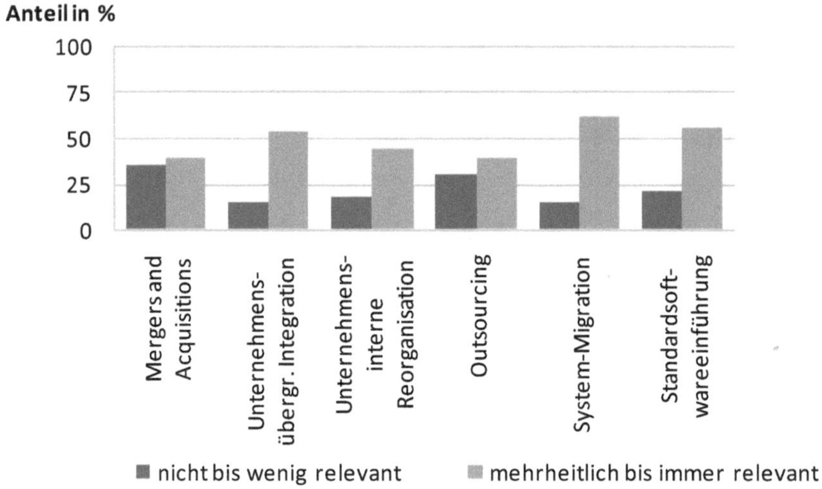

Abb. 5.2. Relevanz des Integrationsarchetyps Alignment am Beispiel der Definition von Applikationen in verschiedenen Integrationssituationen

Der zweite Integrationsarchetyp stellt die Integration als *Ableitung* von Artefakttypen im Metamodell dar. Artefakte eines Typs A werden aus den Artefakten eines Typs B abgeleitet, d. h. ihre Gestaltung beruht zu einem großen Teil auf Vorgaben, welche innerhalb eines anderen Artefakttyps gegeben sind. Die Ableitung von strategischen Kennzahlen aus strategischen Zielen oder die Ableitung der Softwarearchitektur aus der Datenarchitektur sind Beispiele für diesen Integrationsarchetyp.

Abb. 5.3 zeigt die Einschätzung zur Ableitung von Kennzahlen aus den Zielen der Unternehmung hinsichtlich ihrer Bedeutung als Integrationsaufgabe innerhalb der grundlegenden Integrationssituationen. Für die Situationen *unternehmensübergreifende Integration* und *unternehmensinterne Reorganisation* wird dieser Integrationsaufgabe eine vergleichsweise hohe Bedeutung attestiert. In der Situation *M & A* überwiegt ebenfalls die Einschätzung einer überdurchschnittlichen Relevanz. Die Gründe hierfür sind in den fachlichen Treibern dieser drei Situationen zu finden: Um die unterschiedlichen Strukturen bei einem Merger oder allgemein unternehmensübergreifend zu integrieren, bedarf es eines Top-Down-Ansatzes, bei dem aus den strategischen Zielen konkrete Kennzahlen abgeleitet werden. Im Sinne des Integrationsarchetyps Ableitung orientiert sich die Gestaltung der Kennzahlen dann am führenden Element „Strategie“. Unternehmensinterne Reorganisationen nutzen ebenfalls einen solchen Top-Down-Ansatz, wenn fachliche Innovationen Treiber für Reorganisationsprojekte sind. Wird beispielsweise die Neuausrichtung auf ein anderes Marktsegment angestrebt, ist es sinnvoll, aus den zunächst formulierten strategischen Zielen konkrete Handlungsanweisungen abzuleiten und festzuhalten. Dies geschieht in Form von strategischen Kennzahlen.

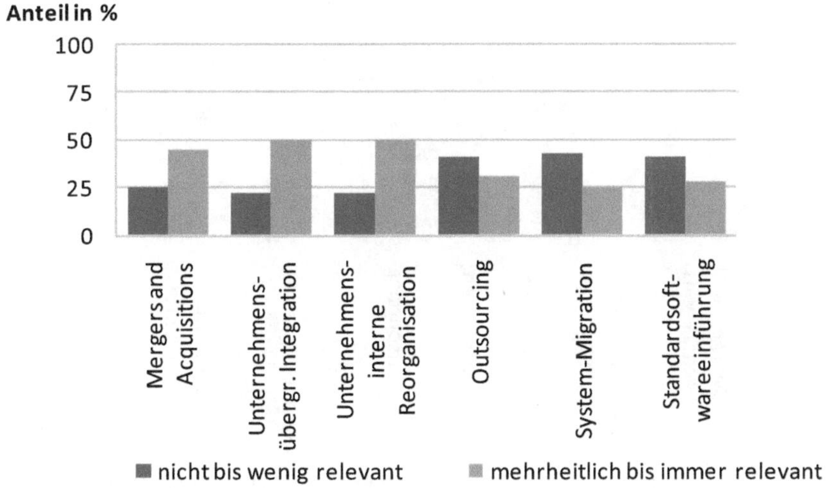

Abb. 5.3. Relevanz des Integrationsarchetyps Ableitung am Beispiel strategischer Kennzahlen in verschiedenen Integrationssituationen

Strategische Kennzahlen spielen hingegen bei den Situationen *Outsourcing*, *System-Migration* sowie *Standardsoftwareeinführung* eher eine unterdurchschnittliche Rolle. In Outsourcingprojekten stellen sich eher Desintegrationsaufgaben, bei denen beispielsweise Teile der Strategie herausgelöst werden müssen, da sie zukünftig von anderen Bereichen oder Unternehmen verfolgt werden. System-Migration und Standardsoftwareeinführung sind technische Situationen, die keine Auswirkungen auf Integrationsaufgaben auf der Strategieebene haben.

Als eine grundsätzlich andere Integrationsaufgabe gehört auch die Ableitung von Softwarearchitekturen aus Datenarchitekturen zum Integrationsarchetyp Ableitung. Bei der Gestaltung von Systemarchitekturen werden zunächst Datenarchitekturen definiert, an deren Struktur sich nachgelagert Softwarearchitekturen orientieren. Wie Abb. 5.4 verdeutlicht, ist diese Integrationsaufgabe insbesondere in der Situation *System-Migration* relevant: Um die Komplexität der Migration zu bewältigen, wird zunächst die Datenmigration durchgeführt (vgl. Unterkapitel 3.4) und anschließend werden die entsprechenden Softwaresysteme dementsprechend strukturiert. Bei der Einführung von Standardsoftware liegt der Orientierungspunkt eher in der Software selbst, für deren Nutzung man sich entschieden hat. Die passende Modellierung einer Datenarchitektur erfolgt dann in Einklang mit der Softwarearchitektur.

In den übrigen Situationen ist die Integration eher fachlich ausgerichtet. Aus diesem Grund spielt die Gestaltung der Softwarearchitektur generell eine untergeordnete Rolle. Zusätzlich kann es vorkommen, dass beispielsweise bei *M & A* zunächst die vorhandenen Softwaresysteme zusammengeführt werden und anschließend die Datenarchitektur abgeleitet wird. Die Ableitungsrichtung ist hier somit umgekehrt und die Relevanz der Integrationsaufgabe je nach Betrachtungswinkel hoch oder gering.

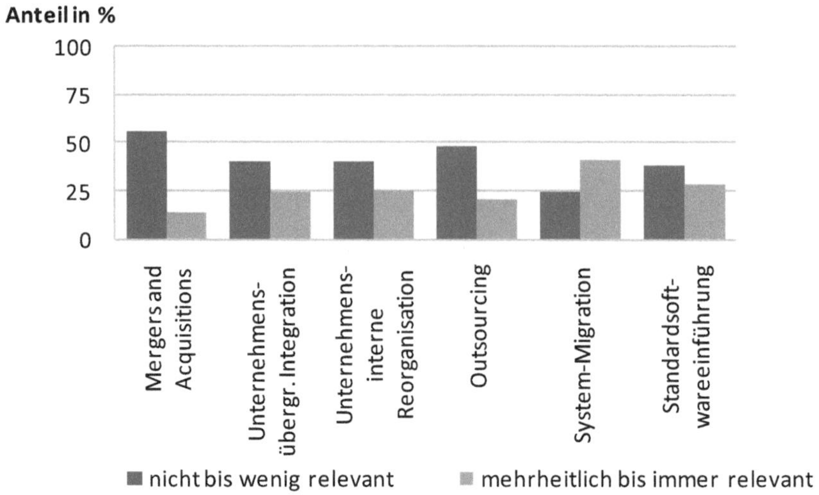

Abb. 5.4. Relevanz des Integrationsarchetyps Ableitung am Beispiel der Ableitung der Softwarearchitektur in verschiedenen Integrationssituationen

Der dritte Integrationsarchetyp wird als *Bindung* bezeichnet. Werden verschiedene Instanzen des gleichen Artefakttyps miteinander gekoppelt, so entsteht im Metamodell eine rekursive Beziehung. Derartige Relationen entstehen etwa bei der Verbindung von Softwarekomponenten über Middleware oder EAI-Tools, die wiederum selbst Softwarekomponenten sind (Linthicum 2001; Rosemann 1999; Schissler et al. 2002).

Bei allen betrachteten Situationen wurde die Bedeutung der Verbindung von Anwendungssystemen mit Middleware als hoch eingeschätzt, wobei Outsourcing eine Ausnahme darstellt (Abb. 5.5). Insbesondere bei unternehmensübergreifender Integration und System-Migration spielt das Verbinden durch EAI oder andere Middleware eine zentrale Rolle. Diese Einschätzung findet sich auch in der Literatur zum Integrationsmanagement in der Wirtschaftsinformatik wieder, in der Integration durch Verbinden (neben Vereinigen) und das Thema EAI eine zentrale Rolle einnehmen. Die als vergleichsweise gering eingeschätzte Bedeutung von Middleware beim IT-Outsourcing lässt den Schluss zu, dass hier die Verbindung von internen Anwendungssystemen mit denen von Dienstleistern auch über andere Kopplungsmechanismen (z. B. Punkt-zu-Punkt-Verbindungen) stattfindet.

In Abb. 5.6 ist die Beurteilung der Relevanz von Verbindung von Geschäftsprozessen am Beispiel Workflowmanagementsystemen dargestellt. Den Situationen *unternehmensinterne Reorganisation* und *unternehmensübergreifende Integration* wird von den Teilnehmern der empirischen Studie eine besondere Bedeutung zugedacht. Die Ursache hierfür könnte in dem Bestreben nach Prozessautomation, z. B. durch Vermeidung von Medienbrüchen liegen. Im Fall von IT-Outsourcing geht es weniger um die Verbindung von Geschäftsprozessen zwischen Dienstleister und Auftraggeber als vielmehr um die Prozessunterstützung im ausgliedernden Unternehmen.

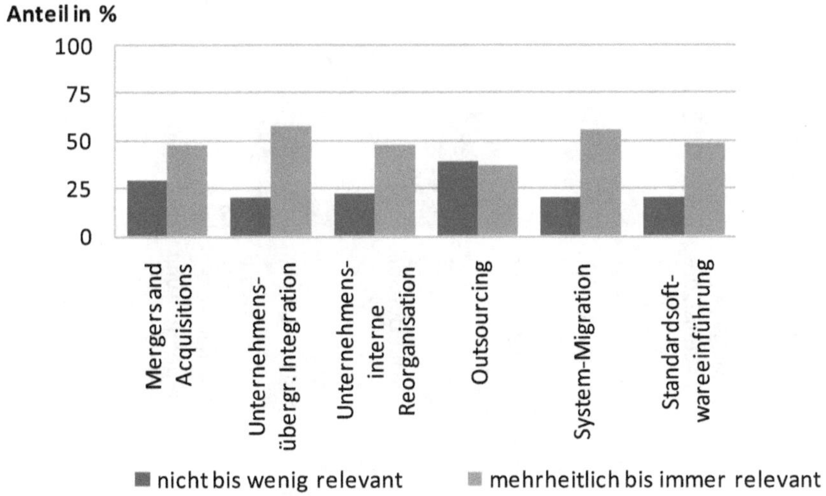

Abb. 5.5. Relevanz des Integrationsarchetyps Bindung am Beispiel der Verbindung von Anwendungssystemen in verschiedenen Integrationssituationen

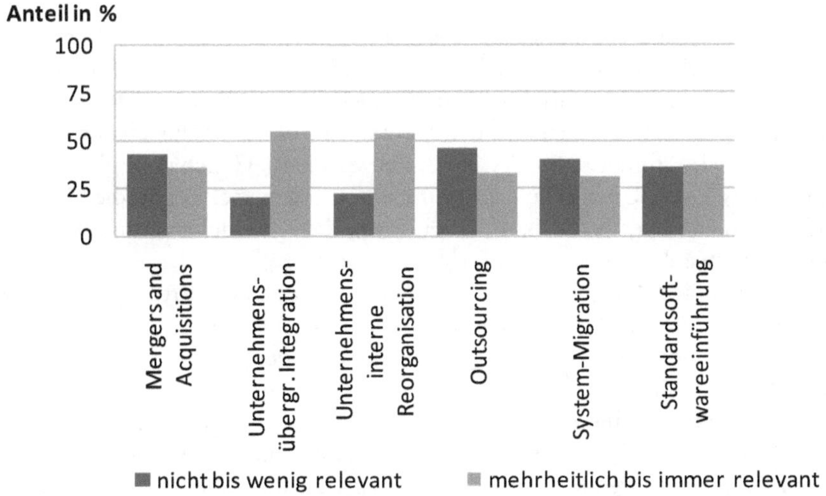

Abb. 5.6. Relevanz des Integrationsarchetyps Bindung am Beispiel der Verbindung von Geschäftsprozessen in verschiedenen Integrationssituationen

Der vierte vorgeschlagene fundamentale Integrationsarchetyp wird als *Vereinigung* charakterisiert. Integration im Sinne von Vereinigung liegt dann vor, wenn das Metamodell nach der Durchführung von Integrationsprojekten weniger Artefakttypen aufweist als zuvor, z. B. wenn zwei (oder mehr) Artefakttypen zu einem verschmelzen (Rosemann 1999).

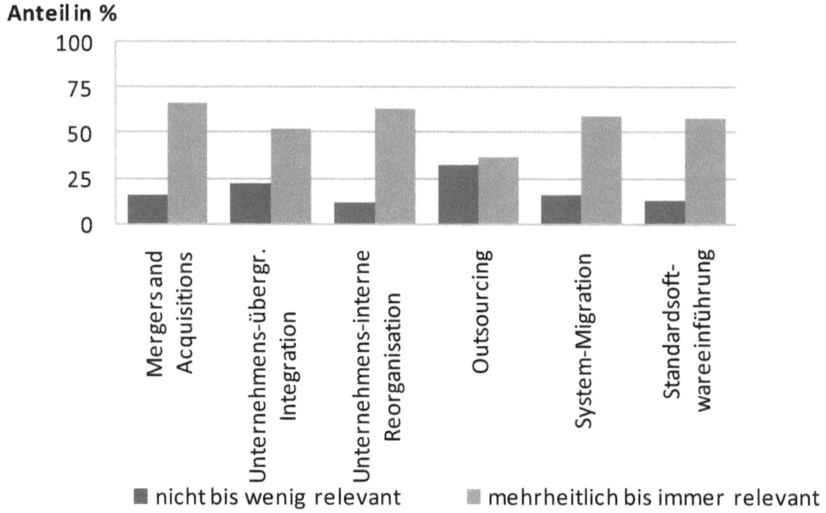

Abb. 5.7. Relevanz des Integrationsarchetyps Vereinigung am Beispiel der Konsolidierung von Anwendungssystemen in verschiedenen Integrationssituationen

Die Konsolidierung von Anwendungssystemen wird in den betrachteten Situationen mehrheitlich für relevant erachtet (Abb. 5.7). Der größte Verteilungsunterschied von relevant zu eher irrelevant findet sich in der Situation *M & A*. Diese Beurteilung der Befragten geht mit der Meinung in der Literatur einher (Giacomazzi et al. 1997; Kromer u. Stucky 2002; Penzel 1999). Gleichwohl gibt es Realisierungsformen von Unternehmenszusammenschlüssen, bei denen die Konsolidierung eher rechtlicher Natur ist und bei denen die Unternehmen und deren Informationssysteme nahezu autonom fortgeführt werden.

Die zahlenmäßige Abweichung zwischen relevant und eher irrelevant ist in der betrachteten Stichprobe für die Integrationssituation Outsourcing am geringsten. Wie im Unterkapitel 3.6 erläutert, liegt der Fokus hierbei primär auf dem Integrationsarchetyp Bindung.

Abb. 5.8 zeigt die Einschätzung der Befragten zur Relevanz der Konsolidierung von Organisationsbereichen in den betrachteten Integrationssituationen. Die Konsolidierung von Organisationseinheiten wird in den Integrationssituationen *M & A*, *unternehmensübergreifende Integration* und *unternehmensinterne Reorganisation* mehrheitlich als relevant erachtet. Insbesondere interne Reorganisationen führen häufig zu der Zusammenlegung von Organisationseinheiten und sind eine charakteristische Anwendung des Integrationsarchetyps Vereinen. Bei System-Migration, IT-Outsourcing und der Einführung von Standardsoftware weist die empirische Untersuchung größtenteils keinen Zusammenhang zur Konsolidierung von Organisationseinheiten nach.

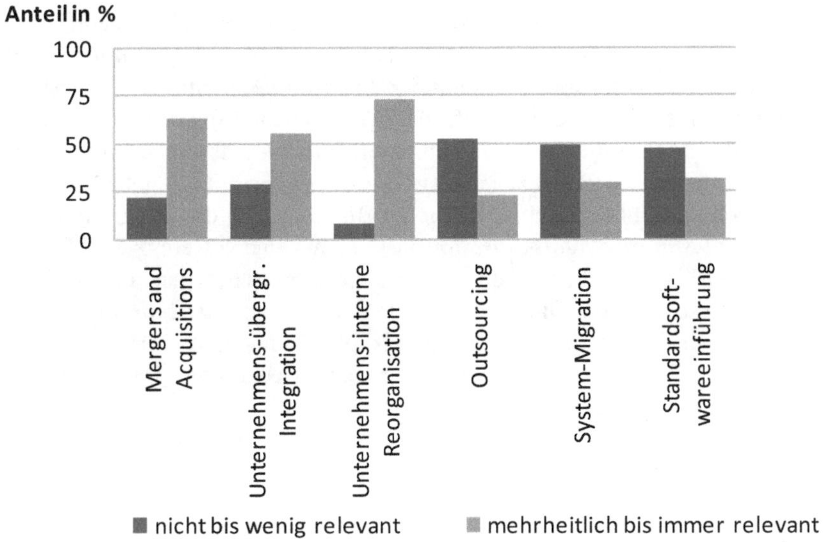

Abb. 5.8. Relevanz des Integrationsarchetyps Vereinigung am Beispiel der Konsolidierung von Organisationsbereichen in verschiedenen Integrationssituationen

Abschließend wird im Folgenden der Versuch unternommen, für jede Integrationssituation separat die Einschätzung der Umfrageteilnehmer hinsichtlich der generellen Bedeutung von Integrationsarchetypen wiederzugeben. Diese Einschätzung beruht auf dem Median der kumulierten Angaben der Umfrageteilnehmer bezüglich der dem Integrationsarchetyp zugeordneten Integrationsaufgaben.

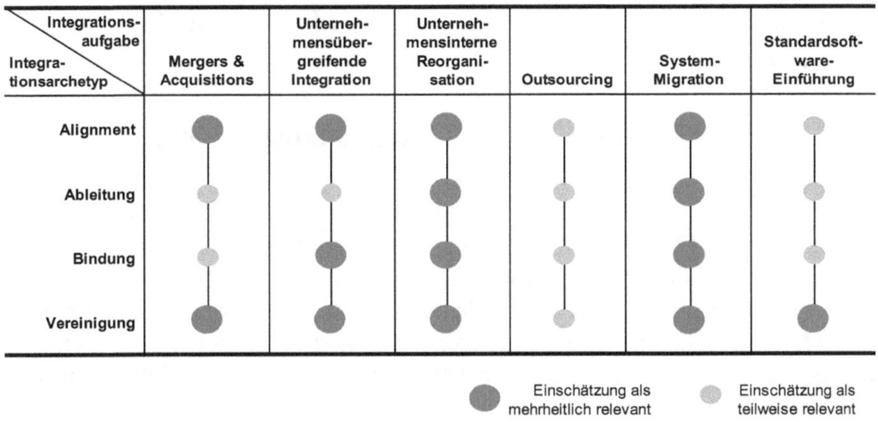

Abb. 5.9. Bedeutung der Integrationsarchetypen innerhalb einer Integrationssituation

Anhand ausgewählter Integrationsaufgaben wurde gezeigt, dass es nicht zielführend ist, Integrationsarchetypen ausschließlich einer bestimmten Integrationssituation zuzuordnen. Vielmehr wurde deutlich, dass entsprechend der Komplexität und Heterogenität von Integrationsprojekten die Archetypen der Integration in mehreren Situationen als bedeutsam eingeschätzt werden. Abb. 5.9 illustriert die Gruppierung der Integrationsarchetypen nach Integrationssituationen. Für M & A wird Integration insbesondere mit Hilfe der Archetypen *Alignment* und *Vereinigung* als überdurchschnittlich relevant charakterisiert. Eine ähnliche Einschätzung wird für die Situation *unternehmensübergreifende Integration* gegeben. Hier ergibt sich jedoch ein Unterschied im Archetyp Bindung. Für die Integrationssituation *unternehmensinterne Reorganisation* lässt sich keine differenzierte Beurteilung für die Bedeutung unterschiedlicher Integrationsarchetypen auf Basis der Umfrageergebnisse ableiten. Die Integration in der Situation *Outsourcing* beurteilt ebenfalls alle vier Integrationsarchetypen als gleich relevant. Für die *System-Migration* ergibt sich ebenfalls keine abgrenzbare Bedeutungseinschätzung für einzelne Integrationsarchetypen. Der Integrationsarchetyp *Vereinigung* hingegen wird im Rahmen der Standardsoftwareeinführung als überdurchschnittlich bedeutsam charakterisiert.

Grundsätzlich bleibt festzuhalten, dass weder für die Zuordnung von Integrationssituationen zu Integrationsarchetypen noch vice versa eine eindeutige Empfehlung möglich bzw. sinnvoll erscheint. Dem entgegen steht in erster Linie die Vielzahl an denkbaren Integrationsaufgaben, welche von einem Typ beschrieben werden können sowie die Komplexität und Vielschichtigkeit der vorgestellten Integrationssituationen, welche sich nicht ausschließlich mittels eines Integrationsarchetyps und darin subsumierter Integrationsaufgaben hinreichend bewältigen lässt. Die Ergebnisse der empirischen Untersuchung bestätigen dies, indem die Einschätzung der Bedeutung sich nur graduell bei einer generell positiven Einschätzung unterscheidet. Wie in der Praxis mit den Herausforderungen von Integrationsaufgaben im Rahmen von Integrationsprojekten umgegangen wird, lässt sich aus den Fallstudien in Kapitel 4 ableiten. Diese werden im Folgenden analysiert.

5.3 Integrationsaufgaben und Integrationsprojekte

Die quantitativ-empirische Untersuchung, die in Unterkapitel 5.2 dargestellt worden ist, hat einen Überblick über die Zuordnung von Integrationsaufgaben zu Situationen gegeben. Quantitative Untersuchungen eignen sich gut, um Zusammenhänge zu analysieren. Neben einer solchen quantitativen Untersuchung bieten die Fallstudien aus Kapitel 4 die Möglichkeit, das Verhältnis zwischen Integrationsaufgaben und Integrationssituationen besser zu verstehen (Yin 2003). Um nicht nur einen Überblick über die Zusammenhänge zu geben, sondern auch das Verständnis zu fördern, werden nachfolgend die Fallstudien analysiert und in den Fällen der Finanz Informatik sowie der Credit Suisse im Detail dargestellt. Das Ziel besteht darin, den in Kapitel 2 vorgeschlagenen Mechanismus zur Konstruktion von Methoden zum Integrationsmanagement zu verdeutlichen.

5.3.1 Integrationsaufgaben in den Fallstudien

Nachfolgend werden die Fallstudien daraufhin untersucht, inwieweit Integrationsaufgaben der Integrationsarchetypen *Alignment*, *Ableitung*, *Bindung* und *Vereinigung* in ihnen vorkommen.

Im Rahmen des *Alignments* richten sich Artefakte zweier voneinander verschiedener, autonomer Artefakttypen aneinander aus. Zur gegenseitigen Ausrichtung der Artefakte wird vorgeschlagen, beide Artefakte nicht direkt miteinander zu verbinden, sondern über ein entkoppelndes, drittes Artefakt eines dritten Typs zwischen den zwei Artefakten. Dadurch soll vor allem verhindert werden, dass Änderungen, welche in einem der zu integrierenden Artefakte auftreten, in das andere Artefakt propagiert werden müssen.

Solche entkoppelnden Artefakttypen sind beispielsweise Domänen. Die AXA Winterthur nutzt in ihrem Projekt fachliche Domänen, um Komponenten für ihre serviceorientierte Architektur zu schneiden. Diese fachlichen Domänen stellen ein Bindeglied zwischen den Unternehmensprozessen auf der einen Seite und den fachlichen Komponenten auf der Ebene der Informationssysteme andererseits dar. Applikationen bzw. fachliche Services bilden ebenfalls ein Bindeglied zwischen den fachlichen und den technischen Ebenen der Unternehmensarchitektur. Ein Beispiel für ein Projekt, in dem Applikationen definiert worden sind, ist in der Fallstudie der RTC beschrieben. Beispiele für Projekte, in denen fachliche Services definiert worden sind, finden sich in den Fallstudien von AXA Winterthur, Credit Suisse und Global Side. Global Side definiert weiterhin ein Informationssystem zur Geschäftsprozessunterstützung, um fachliche und technische Ebenen voneinander zu entkoppeln. Das Universitätsspital Zürich definiert systemübergreifend Identitäten, um Autorisationskonzepte systemübergreifend miteinander abzustimmen.

Der Einsatz von entkoppelnden Artefakten zum Zweck des Alignments in den analysierten Fallstudien ist in Tabelle 5.1 dargestellt.

Im Rahmen der *Ableitung* wird ein Artefakt eines bestimmten Typs an ein Artefakt eines anderen Typs angepasst. Ableiten führt zu einer hohen Konsistenz beider Artefakte zueinander. Es setzt allerdings voraus, dass das abzuleitende Artefakt zeitlich nach dem anderen Artefakt gestaltet werden kann.

Tabelle 5.1. Integrationsaufgaben des Alignments

	[A]	[B]	[C]	[D]	[E]	[F]	[G]	[H]	[I]	[J]
Definition von Geschäftsfähigkeiten, um strategische Ziele und Geschäftsprozesse aneinander auszurichten										
Definition von Domänen, um beispielsweise die Aufbauorganisation und die Anwendungssysteme aneinander auszurichten		X	X							
Definition von Applikationen, um fachliche Funktionsblöcke und IT-Systeme aneinander auszurichten							X			X
Definition von fachlichen Services, um Anwendungssysteme und Geschäftsentwicklung abzustimmen		X	X			X				
Definition von Identitäten, um systemübergreifende Autorisationskonzepte untereinander abzustimmen									X	
Definition von Informationssystemen zur Geschäftsprozessunterstützung, um die dynamischen fachlichen Ebenen (Strategie und Organisation) von den stabileren Systemebenen zu entkoppeln						X				

[A] ATEL, [B] AXA Winterthur, [C] Credit Suisse, [D] Deutsche Telekom Laboratories, [E] Finanz Informatik, [F] Global Side, [G] RTC, [H] SAP, [I] Universitätsspital Zürich, [J] Zafin/ZKB

Die RTC leitet in ihrem Projekt die zu gestaltenden Unternehmensprozesse aus dem Leistungs- und Zielsystem des Unternehmens ab. Die SAP leitet die Aufbauorganisation aus der Ablauforganisation und aus dem Produktportfolio ab. Die AXA Winterthur leitet Service Level Agreements aus den Anforderungen ab. Die Global Side leitet Informationssysteme aus den Geschäftsprozessen ab und passt die Organisation an das Funktionsangebot von Standardsoftware an. Die Deutsche Telekom Laboratories passen die Struktur und die Ergebnistypen ihrer Forschungsprojekte an die Struktur und Erfordernisse des Transferziels einer Innovation an. Die Credit Suisse passt ihre Frondend-Systeme an ihre Kundenprozesse an. Die Kundenprozesse werden wiederum an die Anforderungen Ihrer Kunden angepasst. Das Vorkommen von Integrationsaufgaben in den Fallstudien aus dem Bereich der Ableitung ist in Tabelle 5.2 zusammengefasst.

Tabelle 5.2. Integrationsaufgaben der Ableitung

	[A]	[B]	[C]	[D]	[E]	[F]	[G]	[H]	[I]	[J]
Strategische Kennzahlen aus Zielen ableiten				X						
Prozesse aus Leistungs- und Zielsystem ableiten			X	X			X			
Aufbauorganisation aus Ablauforganisation ableiten								X		
Softwarearchitektur aus Datenarchitektur ableiten										
Service Level Agreements (SLAs) aus Anforderungen ableiten		X								
Aufbauorganisation aus Produktportfolio ableiten								X		
Informationssysteme aus der Untersuchung der Geschäftsprozesse ableiten			X			X				
Softwarekomponenten aus fachlichen Domänen ableiten		X	X							
Organisation (Ablauf- und/oder Aufbauorganisation) aus dem Funktionsangebot von Standardsoftware ableiten					(X)	X				
Infrastruktur aus den technischen Anforderungen einer Standardsoftware ableiten					(X)					

[A] ATEL, [B] AXA Winterthur, [C] Credit Suisse, [D] Deutsche Telekom Laboratories, [E] Finanz Informatik, [F] Global Side, [G] RTC, [H] SAP, [I] Universitätsspital Zürich, [J] Zafin/ZKB

Die Integrationsaufgaben, die sich dem Archetypen *Bindung* zuordnen lassen, beschreiben die Verbindung zweier Artefakte gleichen Typs.

In einer klassischen Integrationsaufgabe werden Softwaremodule miteinander verbunden, so z. B. bei ATEL, AXA Winterthur, Credit Suisse oder RTC. Das Universitätsspital Zürich bindet die Funktionen ihres Informationssystems an eine zentrale Autorisationsfunktion. Bei der SAP werden analytische und operative Systeme miteinander verbunden. Eine Zusammenfassung der Integrationsaufgaben findet sich in Tabelle 5.3.

Der Integrationsarchetyp *Vereinigung* unterscheidet sich fundamental von den drei erstgenannten Archetypen. Hier werden Artefakte gleichen Typs zu einem neuen Artefakt desselben Typs verschmolzen.

Vereinigungen auf allen Ebenen kommen bei Fusionen oder Übernahmen vor. Dies lässt sich gut durch die Fallstudie der SAP belegen: Hier werden Organisationsbereiche zusammengelegt, Prozesse, Anwendungssysteme und IT-Infrastrukturen konsolidiert sowie Produktsortimente und Begriffssysteme vereinheitlicht. Aber auch in der Fallstudie von ATEL und in jener vom Universitätsspital Zürich werden Anwendungssysteme bzw. IT-Infrastrukturen konsolidiert. Bei der Finanz Informatik werden hauptsächlich Anwendungssysteme und Infrastrukturen konsolidiert, selten werden auch Prozesse angepasst. Bei der Credit Suisse werden sowohl die regional unterschiedlichen Kundenprozesse, als auch die für die Prozessunterstützung vorhandenen Frontend-Systeme konsolidiert. Eine weitergehende Analyse der Integrationsaufgaben aus der Fallstudie von der Finanz Informatik findet sich in Abschnitt 5.3.2. In Tabelle 5.4 ist zusammengefasst, in welchen Fallstudien Integrationsaufgaben der Vereinigung vorkommen.

Tabelle 5.3. Integrationsaufgaben der Bindung

	[A]	[B]	[C]	[D]	[E]	[F]	[G]	[H]	[I]	[J]
Verbinden von Geschäftsprozessen über ein Workflowmanagementsystem										
Verbinden von Anwendungssystemen über eine Middleware	X	X					X			X
Verbinden von analytischen und operativen Systemen über ein Data Warehouse								X		
Verbinden von Softwaremodulen zu einer Softwarekomponente	X						X			X
Verbinden von Softwarekomponenten über einen Enterprise Service Bus		X	X							X
Verbinden von Funktionen zu einer zentralen Funktion (z. B. zentrales statt dezentrales Autorisationskonzept)									X	X

[A] ATEL, [B] AXA Winterthur, [C] Credit Suisse, [D] Deutsche Telekom Laboratories, [E] Finanz Informatik, [F] Global Side, [G] RTC, [H] SAP, [I] Universitätsspital Zürich, [J] Zafin/ZKB

Tabelle 5.4. Integrationsaufgaben der Vereinigung

	[A]	[B]	[C]	[D]	[E]	[F]	[G]	[H]	[I]	[J]
Vereinigung von Organisationsbereichen								X		
Konsolidierung von Prozessen			X		(X)			X		
Konsolidierung von Anwendungssystemen	X		X		X			X	X	
Konsolidierung von IT-Infrastruktur	X		(X)		X			X		
Vereinheitlichung von Produktsortimenten								X		
Vereinheitlichung von Begriffen			X					X		

[A] ATEL, [B] AXA Winterthur, [C] Credit Suisse, [D] Deutsche Telekom Laboratories, [E] Finanz Informatik, [F] Global Side, [G] RTC, [H] SAP, [I] Universitätsspital Zürich, [J] Zafin/ZKB

Abschließend lässt sich festhalten, dass durch die Analyse der Fallstudien einige weitere Integrationsaufgaben entdeckt werden konnten, die in der quantitativen Analyse noch nicht berücksichtigt wurden. Weiterhin zeigt die Analyse der Fallstudien, dass es beim Szenario *Unternehmenszusammenschlüsse* eine Häufung bei den Integrationsaufgaben zum Archetyp *Vereinigung* gibt. Darüber hinaus fällt auf, dass Integrationsaufgaben zum Archetyp Vereinigung in den anderen Fallstudien kaum vorzufinden sind. Die Fallstudienanalyse bestätigt in diesem Punkte die Ergebnisse der Analyse der quantitativen Umfragedaten.

5.3.2 Detailanalyse der Fallstudie der Finanz Informatik

Die Finanz Informatik gruppiert verschiedene *Aktivitäten im Rahmen eines Migrationsprojektes* in die drei Themenfelder *Datenüberleitung*, *Anwendungsbereitstellung* und *Schulung*. Viele dieser Aktivitäten sind nicht charakteristisch für ein Migrationsprojekt (z. B. die meisten Aktivitäten einer Mitarbeiterschulung). Daher werden nachfolgend diejenigen Integrationsaufgaben betrachtet, die sich im Metamodell nachzeichnen lassen, und in den Verlauf des Gesamtprojektes eingeordnet.

In der Fallstudie der Finanz Informatik fanden Veränderungen vor allem bei drei Artefakttypen statt: bei der Infrastruktur, bei dem Software- und Anwendungssystem und bei den Prozessen. Die grobe Struktur einer Integration durch Vereinigung auf Metamodellebene wurde in Kapitel 2 diskutiert; sie ist noch einmal in Abb. 5.10 dargestellt.

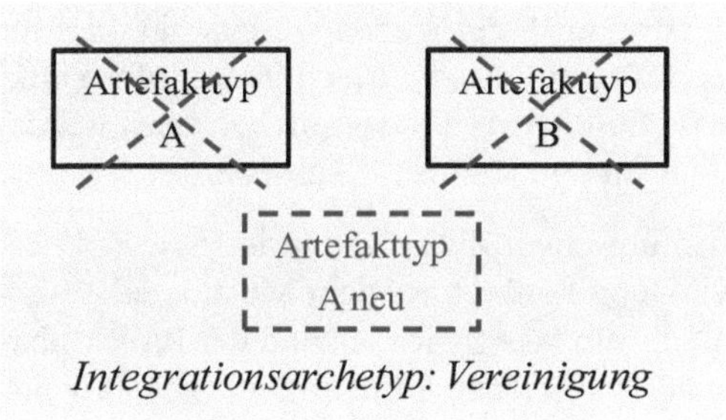

Abb. 5.10. Integration durch Vereinigung

Dieser Integrationsarchetyp *Vereinigung* lässt sich vor allem bei den Artefakttypen der Infrastruktur sowie der Software- und Anwendungssysteme wiederfinden. Bei Prozessen findet zwar auch eine Veränderung statt; diese Veränderung entspricht allerdings eher einer Ableitung: Prozesse werden, soweit nötig, an die neu eingeführte Standardsoftware OSPlus angepasst. Die Anpassung der Prozesse wird hier nicht weiter untersucht.[27]

Die Auswirkungen auf die Infrastruktur bei einer Migration nach OSPlus sind unterschiedlich und hängen von dem geplanten Infrastrukturbetreibungskonzept des Kunden ab. Die Finanz Informatik bietet ihren Kunden grundsätzlich zwei Op-

---

[27] Gemäß dem Vorgehen der Finanz Informatik liegt die Verantwortung für die Anpassung der Ablauforganisation an die neu eingeführte Standardsoftware zu weiten Teilen beim Kunden. Da die Fallstudie ausschließlich mit Vertretern der Finanz Informatik, nicht aber mit ihren Kunden erstellt wurde, enthält die Fallstudie keine Details zur Anpassung der Prozesse. Daher kann die Anpassung der Prozesse an dieser Stelle nicht weiter untersucht werden.

tionen an: Entweder kann der Kunde die Infrastruktur selbst in einem eigenen Rechenzentrum betreiben oder in einem der Rechenzentren der Finanz Informatik durch die FI betreiben lassen. Im ersten Fall muss die Infrastruktur des Kunden ggf. an die Erfordernisse von OSPlus angepasst werden. Hierbei handelt es sich um eine Ableitung der Infrastrukturgestaltung aus den Anforderungen der einzusetzenden Software. Im zweiten Fall handelt es sich um eine Integration durch Vereinigung. Im Folgenden soll der zweite Fall näher beleuchtet werden:

Der Prozess der Vorbereitung, Durchführung und Nachbereitung der Integration durch Vereinigung findet in mehreren Schritten statt. Auf Metamodellebene lassen sich die Schritte folgendermaßen skizzieren:

- Schritt 0 (Ausgangszustand): Kunde *K* betreibt eine eigene Infrastruktur (Infrastruktur *B*). Die Finanz Informatik betreibt eine Infrastruktur in ihrem Rechenzentrum (Infrastruktur *A*). Auf dieser Infrastruktur wird OSPlus bereits für andere Kunden betrieben.
- Schritt 1 (Projektverlauf): Kunde *K* betreibt eine eigene Infrastruktur (Infrastruktur *B*). Parallel dazu stellt die Finanz Informatik ein Testsystem für Kunde *K* bereit, das maßgeblich auf Infrastruktur *A* läuft. Dazu wird Infrastruktur *A* möglicherweise erweitert zu Infrastruktur A_{neu}.
- Schritt 2 (Operativer Betrieb von OSPlus): Nach der endgültigen Datenüberleitung (dem „Cut-Over") wird die Infrastruktur *B* des Kunden *K* entsorgt oder für andere Zwecke verwendet. Auf der Infrastruktur A_{neu} der Finanz Informatik, auf welcher bisweilen eine Instanz von OSPlus als Testsystem betrieben wurde, wird nun das operative OSPlus-System für den Kunden *K* betrieben.

Das Schema aus Abb. 5.10 muss also um einen Zwischenschritt (Schritt 1) erweitert werden, damit die Projektentwicklung konkret auf dem Metamodell nachvollzogen werden kann. Die einzelnen Schritte lassen sich anhand der Projektphasen nachvollziehen, die in der Fallstudie beschrieben worden sind. Die Projektphasen aus der Fallstudie waren „Projektvorbereitung" (3 Monate), „Phase 1: Prototyp" (6 Monate), „Phase 2: Qualitätssicherung" (8 Monate), „Phase 3: Abnahme und Cut-Over" (3 Monate) und „Projektnachbereitung" (1 Monat).

Die Bereitstellung der Infrastruktur findet vor der ersten Datenüberleitung im Projekt statt, also innerhalb der ersten sechs Monate seit Beginn der Projektvorbereitung. Damit wird der Beginn von Schritt 1 markiert, in dem beispielsweise Datenüberleitungen zu Testzwecken sowie Anpassungen (Customizing) am neuen System durchgeführt werden. Schritt 2 beginnt mit dem Cut-Over, der am Ende der Phase 3 („Abnahme und Cut-Over") stattfindet. Die einzelnen Teile der Bereitstellung der Infrastruktur sind in den Projektplan aus der Fallstudie in Abb. 5.11 eingetragen.

Analog zu dem dargestellten Vorgehen für die Vereinigung der Artefakte im Metamodell des Typs Infrastruktur vollzieht sich die Vereinigung für die Artefakte des Typs Software- bzw. Anwendungssystem. Hier laufen ebenfalls in einem ersten Schritt das Altsystem und ein Testsystem parallel. Bis zum Cut-Over ist das Altsystem das operative System, nach dem Cut-Over wird das Neusystem in der operativen Betrieb überführt.

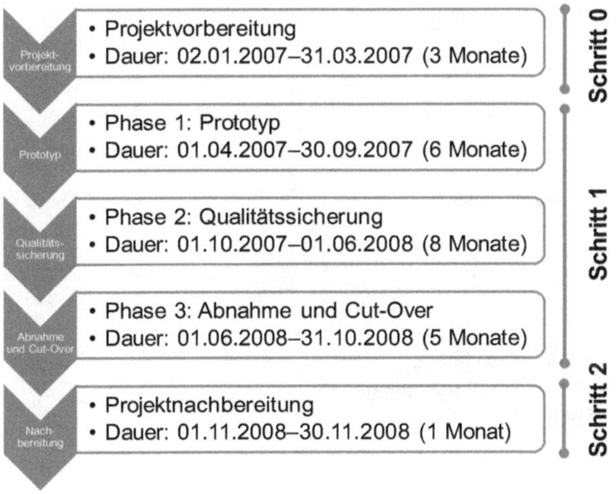

Abb. 5.11. Projektphasen eines konkreten Projektes der Finanz Informatik

Neben der Sicht auf das gesamte Projekt ist auch eine Sicht auf einzelne Datenüberleitungen möglich. Daher werden hier noch einmal diejenigen Aktivitäten zusammengefasst, die spezifisch für eine Integration nach dem Archetyp *Vereinigung* sind. Diese gehören grösstenteils zu dem Aufgabenpaket *Datenüberleitung*. Wie in der Fallstudie beschrieben, finden mehrere Datenüberleitungen zu Testzwecken statt, bis die letzte Datenüberleitung durchgeführt wird. Nach der letzten Datenüberleitung wird das alte System abgeschaltet und das neue operativ genutzt. Nachfolgend werden die Aktivitäten beschrieben, die für jede einzelne Datenüberleitung ausgeführt werden: Vorbereitung, Durchführung und Nachbereitung.

Im Rahmen der *Vorbereitung* der Überleitung müssen Daten im Altsystem u. U. bereinigt werden und das Neusystem muss in der endgültigen Version zur Verfügung stehen. Es müssen für das Neusystem Datenschnittstellen definiert sein, und die Daten des Altsystems müssen so extrahiert werden können, dass sie sich durch die definierten Schnittstellen in das Neusystem einspeisen lassen.

In besonders engem Zusammenhang zur *Durchführung* der eigentlichen Überleitung stehen verschiedene Tests, mit denen die Korrektheit der Datenüberleitung überprüft werden soll.

In der *Nachbereitung* werden in der Regel nur noch kleine Datenmengen (manuell) im Zielsystem nachgepflegt, die das Altsystem nicht vorgehalten hatte. Weiterhin wird das Altsystem fachgerecht demontiert und, entsprechend den gesetzlichen Bestimmungen, archiviert.

Im Rahmen jeder Datenüberleitung wird eine Integration durch Vereinigung auf Softwareebene durchgeführt. In die drei oben beschriebenen Phasen eingeordnet, findet diese Integration in der Aktivität Durchführung statt. Dies ist in Abb. 5.12 ergänzend verdeutlicht.

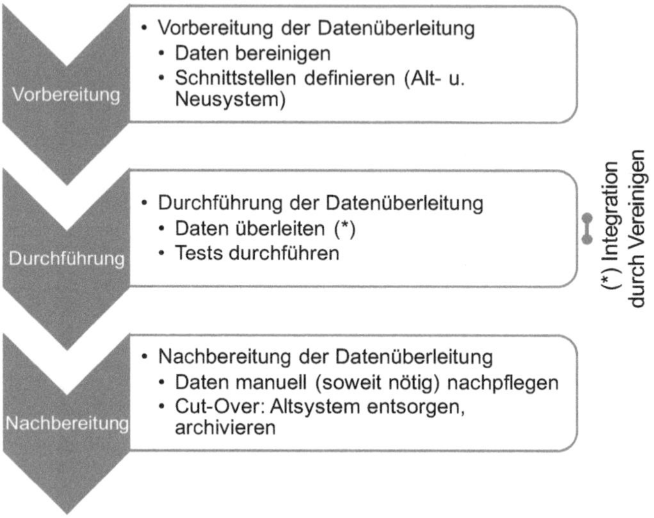

Abb. 5.12. Verortung des Integrationsarchetyps Vereinigung in den Projektphasen der Finanz Informatik

5.3.3 Detailanalyse der Fallstudie der Credit Suisse

In der Fallstudie der Credit Suisse treten hauptsächlich drei der Integrationsarchetypen auf – Ableitung, Bindung und Vereinigung.

Die erste Ableitung tritt bei der Gestaltung der Geschäftsprozesse mit Kundeninteraktion auf. Aus der strategischen Zielstellung, weltweit den gleichen „Best Service and Advice" im Private Banking anbieten zu wollen, wurde die Maßnahme der weltweiten Vereinheitlichung der Kundenprozesse abgeleitet. Die zweite Ableitung betrifft die Vereinheitlichung der Frontend-Systeme. Aus der Vorgabe, die Kundenprozesse weltweit zu vereinheitlichen, wurde die Maßnahme abgeleitet, auch ein global einheitliches Frontend-System einzuführen und damit bestehende Frontend-Systeme abzulösen.

Auf der technischen Ebene der Systemintegration tritt der Integrationsarchetyp Bindung auf. Um die Komplexität des Gesamtprojekts handhabbar zu halten und lokale Unterschiede ausreichend zu berücksichtigen, werden lediglich die Frontend-Systeme vereinheitlicht. Die lokal unterschiedlichen Backend-Systeme bleiben bestehen. Für die Integration der bestehenden Backend-Systeme mit dem neuen konsolidierten Frontend-System bedarf es einer Bindung, welche in diesem Fall über einen Service-Bus realisiert wird.

Der Integrationsarchetyp der Vereinigung tritt bei der Konsolidierung der Kundenprozesse wie auch bei der Ablösung und Migration der bestehenden, lokal unterschiedlichen Frontend-Systeme zu einem neuen, global einheitlichen Frontend-System auf.

Im Kern beschreibt die Fallstudie jedoch die Migration und globale Vereinheitlichung der Frondend-Systeme im Private Banking der Credit Suisse. Dieser Bereich soll darum den Kern der weiteren Analyse darstellen. Die Migration erfolgt in vier wesentlichen Schritten (Abb 5.13).

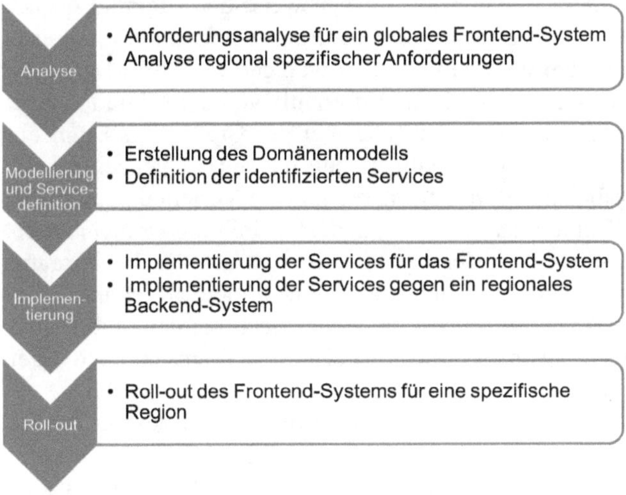

Abb. 5.13. Vorgehen für die Migration auf ein global einheitliches Frontend-System im Credit Suisse Private Banking

Im ersten Schritt werden die grundsätzlichen Anforderungen sowie erste für eine Region spezifische Anforderungen an ein global einheitliches Frontend-System im Private Banking analysiert. In Schritt zwei wird basierend auf diesen Anforderungen ein Domänenmodell erstellt. Darin werden die identifizierten Services definiert und verortet. Im dritten Schritt werden die definierten Services für das Frontend-System sowie für das jeweilige Backend-System implementiert. Schliesslich wird das System im vierten Schritt in der jeweiligen Region eingeführt.

Bei dieser beschriebenen Einführung handelt es sich um einen iterativ heuristisch rückgekoppelten Prozess. Dieser Prozess wird für jede der zu migrierenden Regionen erneut durchlaufen. Dabei wird basierend auf den Erfahrungen früherer Durchläufe sowohl der Prozess selbst wie auch das resultierende Frontend-System angepasst. Die Anpassungen sind notwendig, um auf der einen Seite möglichst viele der lokalen Anforderungen zu berücksichtigen und um auf der anderen Seite ein einheitliches System zu wahren.

5.3.4 Prinzipien der Konstruktion situativer Integrationsmethoden

In den beiden vorangegangenen Abschnitten wurden die Fallstudien der Finanz Informatik (Abschnitt 5.3.2) sowie der Credit Suisse (Abschnitt 5.3.3) mit dem Vokabular der Integrationsarchetypen beschrieben. Diese beiden Fallstudien wurden ausgewählt, da sie ähnliche Inhalte darstellen. In beiden Fällen handelt es sich um eine Ablösung bestehender Informationssysteme und eine Migration der Daten und Funktionen auf ein neues, standardisiertes System.

Die Unterschiede beider Fallstudien liegen zum einen in der Ausführungshäufigkeit und damit der Standardisierung der Vorgehensweise der Migrationsprojekte. Während die Anzahl der Migrationsprojekte der Finanz Informatik im dreistelligen Bereich liegt, wurden bei der Credit Suisse weniger als zehn Migrationen durchgeführt. Darum lässt sich bei der Finanz Informatik von der Migration zu einer Standardsoftware sprechen, während es sich bei der Credit Suisse um eine Migration auf eine standardisierte Eigenentwicklung handelt. Gleichzeitig ist jedoch die Integrationsaufgabe auch durch die starke globale Verteilung und die dadurch unterschiedlichen Kulturen stärker differenziert. Durch die vergleichsweise geringe Anzahl der Migrationen bei der Credit Suisse ist das für die Migration notwendige Wissen weniger stark expliziert und in einem kleinen Team konzentriert. Ähnlich wie bei der Finanz Informatik ist jedoch auch bei der Credit Suisse eine klare Verteilung der Aufgaben zwischen den zentralen Teams und den dezentralen Teams bzw. den Teams des Kunden festzustellen.

Ziel dieses Abschnitts ist es, das Prinzip zu verdeutlichen, wie aus der Analyse der auftretenden Integrationsarchetypen und der zugehörigen Aufgaben situative Integrationsmethoden erstellt werden können. Dazu werden im Folgenden die auftretenden Integrationsaufgaben aus den beiden hier betrachteten Fallstudien gegenüber gestellt (Tabelle 5.5) und in eine Reihenfolgebeziehung gebracht. Diese Reihenfolge der auftretenden Integrationsaufgaben entspricht einem Vorgehensmodell als Methodenbestandteil. Die Darstellung beschränkt sich auf die integrationsspezifischen Aufgaben. Aus der Gegenüberstellung der betrachteten Fälle wird die situative Konfigurierbarkeit des Vorgehensmodells ersichtlich. Das hier präsentierte Vorgehensmodell dient im vorliegenden Fall zur Verdeutlichung des zugrunde liegenden Ansatzes.

Aus den beiden hier betrachteten Fällen lässt sich auf hohem Aggregationsniveau ein Vorgehensmodell für Migrationsprojekte auf Ebene von Applikationen ableiten (Abb. 5.14). Abhängig von den jeweiligen Zielen (bspw. Einführung von Standardsoftware oder Eigenentwicklung) und den jeweiligen Kontextfaktoren (hohe Standardisierung vs. pragmatische Standardisierung) lässt sich das Vorgehensmodell durch Eliminierung zusätzlicher oder alternativer Methodenfragmente und/oder Schritte wie in den Beispielen in Tabelle 5.5 an die jeweilige Situation anpassen.

Tabelle 5.5. Integrationsaufgaben bei Credit Suisse und Finanz Informatik

Nr. der Aufgabe	Beschreibung	Credit Suisse	Finanz Informatik
Alignment			
A.1.1	Definition von Domänen, um beispielsweise die Aufbauorganisation und die Anwendungssysteme aneinander auszurichten	X	
A.1.2	Definition von fachlichen Services, um Anwendungssysteme und Geschäftsentwicklung abzustimmen	X	
Ableitung			
A.2.1	Prozesse aus Leistungs- und Zielsystem ableiten	X	
A.2.2	Informationssystem aus der Untersuchung der Geschäftsprozesse ableiten	X	
A.2.3	Softwarekomponenten aus fachlichen Domänen ableiten	X	
A.2.4	Organisation (Ablauf- und/oder Aufbauorganisation) aus dem Funktionsangebot von Standardsoftware ableiten		(X)
A.2.5	Infrastruktur aus den technischen Anforderungen einer Standardsoftware ableiten		(X)
Bindung			
A.3.1	Verbinden von Softwarekomponenten über einen Enterprise Service Bus	X	
Vereinigung			
A.4.1	Konsolidierung von Prozessen	X	(X)
A.4.2	Konsolidierung von Anwendungssystemen	X	X
A.4.3	Konsolidierung von IT-Infrastruktur	(X)	X
A.4.4	Vereinheitlichung von Begriffen	X	

An dieser Stelle sei noch einmal auf den Charakter des Beispiels als Darstellung der Konstruktionsprinzipien von Integrationsmethoden verwiesen. Die Konstruktion und Dokumentation real einsetzbarer Methoden wird deutlich detaillierter erfolgen. Darüber hinaus ist es notwendig, für die Methodenanwendung Indikatoren für die Bestimmung der aktuell vorliegenden Situation zu geben sowie dazu passende Konfigurationen der Methode zu definieren.

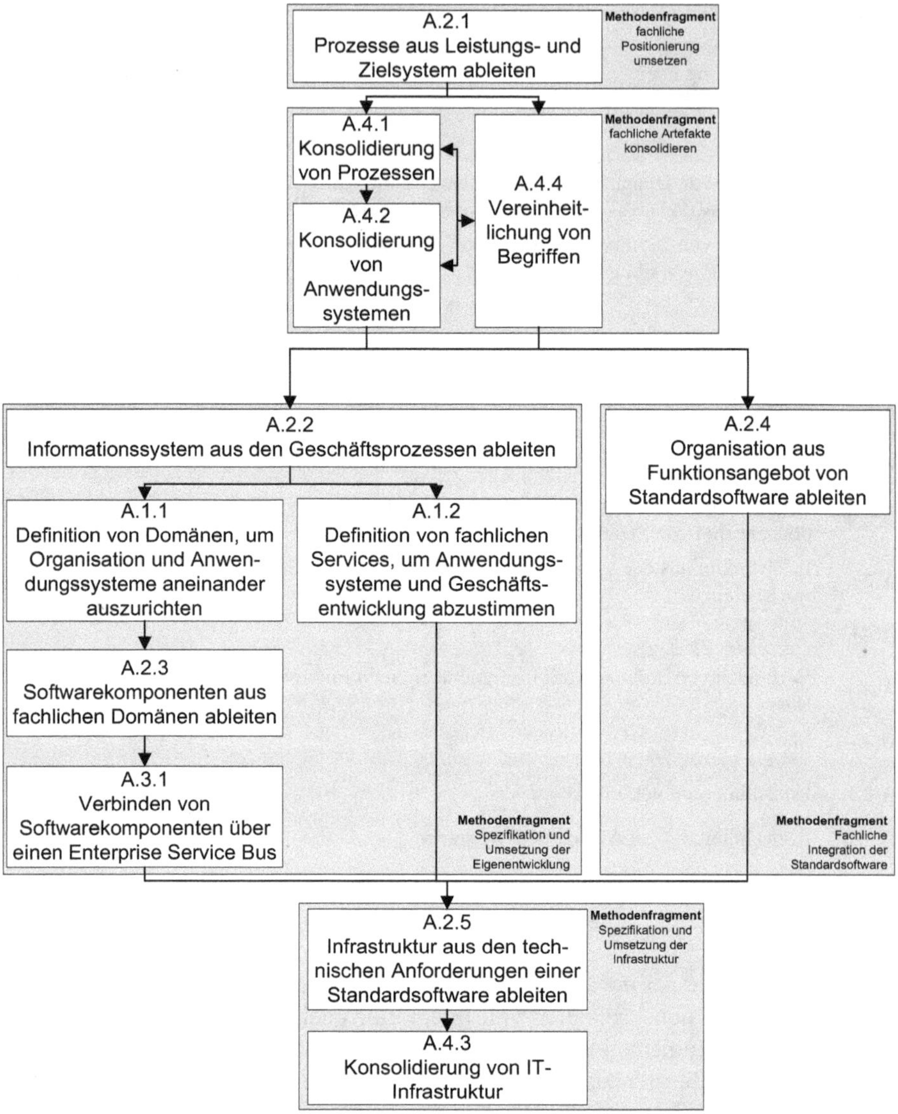

Abb. 5.14. Abgeleitetes Vorgehensmodell für eine situative Integrationsmethode bei Migrationen

5.4 Zusammenfassung und Ausblick

Integration und Integrationsmanagement sind Kernthemen der Wirtschaftsinformatik. Die meisten existierenden Arbeiten fokussieren bei der Definition von Integration auf eine merkmalbasierte Herangehensweise. Diese phänomenologischen Annäherungen an den Integrationsbegriff bieten viele Hinweise darauf, wie das Management von Integrationsprojekten zu gestalten ist. Gleichzeitig kann aber nie sichergestellt werden, dass jeweils alle relevanten Aspekte der Integration berücksichtigt werden. Vor diesem Hintergrund wurde in diesem Buch eine Herangehensweise vorgestellt, die eine systematische Dekomposition von komplexen Integrationsprojekten erlaubt, die letztendlich einen zentralen Bestandteil der Methodenkonstruktion für Integrationsprojekte darstellt. Die atomaren Teile dieser Methode bilden die Integrationsarchetypen, welche Operationen auf einem Metamodell der Unternehmensarchitektur darstellen. Aus Methodenkonstruktionssicht werden diese Archetypen über die ihnen zugeordneten Integrationsaufgaben zu Methodenfragmenten zusammengefügt, die aus Anwendersicht situativ konfiguriert werden können. Somit können situationsadäquate Methoden für Integrationsprojekte entwickelt werden. Eine derart hierarchische Problemdekomposition und Lösungskomposition erlaubt ein systematisches und strukturiertes Vorgehen im Sinne des Business Engineering.

Im Rahmen der zugrunde liegenden Forschungsaktivitäten wurde der beschriebene Weg der Methodenkonstruktion über die Betrachtungsebenen

- Integrationsprojekt,
- Situativ anpassbare Methode,
- Integrationsaufgabe und
- Archetyp der Integration

über eine quantitative Analyse mittels Expertenbefragung und eine qualitative Analyse mit zehn Fallstudien aus Unternehmen abgesichert. Die quantitative Analyse leistet einen wichtigen Beitrag zur Identifikation der Archetypen der Integration und deren Eignung für Integrationsaufgaben. Die Fallstudien geben Aufschluss über häufig auftretende (und somit wichtige) Integrationsaufgaben, die bei der Methodenkonstruktion vorzugsweise zu berücksichtigen sind. Gleichzeitig lässt sich feststellen, dass die hier aufgeführten Aufgaben nicht vollständig sind, sondern beliebig erweitern werden können. Es stellt sich aber heraus, dass auch die weiteren durch die Fallstudien identifizierten Integrationsaufgaben immer eindeutig einem Archetyp der Integration zuordenbar sind.

Es ist das Hauptziel dieses Buches, der Wirtschaftsinformatik-Praxis ingenieurmässig konstruierte, situativ anpassbare Methoden für Integrationsprojekte zur Verfügung zu stellen. Das vorgestellte Vorgehen stellt in dieser Hinsicht die Basis für das Methoden Engineering dar. In enger Zusammenarbeit zwischen Methodenkonstrukteuren und potenziellen Methodenanwendern können nun situative Methoden für konkrete Problemstellungen entwickelt und in der Anwendung evaluiert werden.

Im Sinne gestaltungsorientierter Wirtschaftsinformatik-Forschung sollten die durch den praktischen Einsatz gewonnenen Erkenntnisse auch in das Vorgehen zur Methodenkonstruktion zurückgeführt werden. Die Autoren laden alle Leser zur Rückkopplung entsprechender Erfahrungsberichte und Anregungen ein.

Autorenverzeichnis

Dr.-Ing. Stephan Aier
Universität St. Gallen, Institut für Wirtschaftsinformatik
Müller-Friedberg-Strasse 8, CH-9000 St. Gallen
stephan.aier@unisg.ch, www.iwi.unisg.ch

Helen-Ingrid Arnold
SAP AG, Corporate Controlling
Dietmar-Hopp-Allee 16, D-69190 Walldorf
ingrid-helen.arnold@sap.com, www.sap.com

Michael Azzopardi
Credit Suisse
CH-8070 Zürich
michael.azzopardi@credit-suisse.com, www.credit-suisse.com

Dirk Becker
Credit Suisse
CH-8070 Zürich
dirk.becker@credit-suisse.com, www.credit-suisse.com

Dr.-Ing. Udo Bub
Deutsche Telekom Laboratories
Ernst-Reuter-Platz 7, D-10587 Berlin
udo.bub@telekom.de, www.laboratories.telekom.com

Christian Fischer
Universität St. Gallen, Institut für Wirtschaftsinformatik
Müller-Friedberg-Strasse 8, CH-9000 St. Gallen
christian.fischer@unisg.ch, www.iwi.unisg.ch

Bettina Gleichauf
Universität St. Gallen, Institut für Wirtschaftsinformatik
Müller-Friedberg-Strasse 8, CH-9000 St. Gallen
bettina.gleichauf@unisg.ch, www.iwi.unisg.ch

Dr. Claus Hagen
Credit Suisse
CH-8070 Zürich
claus.hagen@credit-suisse.com, www.credit-suisse.com

Michael Held
RTC Real-Time Center AG
Schwarzenburgstrasse 160, CH-3097 Liebefeld
michael.held@rtc.ch, www.rtc.ch

Michael Hutter
Global Side GmbH
Englschalkinger Straße 14, D-81925 München
mhutter@globalside.com, www.globalside.com

Rolf Karcher
Finanz Informatik GmbH & Co. KG
Höhenstraße 16, D-70736 Fellbach
rolf.karcher@f-i.de, www.f-i.de

Gerrit Lahrmann
Universität St. Gallen, Institut für Wirtschaftsinformatik
Müller-Friedberg-Strasse 8, CH-9000 St. Gallen
gerrit.lahrmann@unisg.ch, www.iwi.unisg.ch

Thomas Mahler
RTC Real-Time Center AG
Schwarzenburgstrasse 160, CH-3097 Liebefeld
thomas.mahler@rtc.ch, www.rtc.ch

Fiorenzo Maletta
AXA Winterthur
General Guisan-Strasse 40, CH-8401 Winterthur
fiorenzo.maletta@axa-winterthur.ch, www.axa-winterthur.ch

Frederik Marx
Universität St. Gallen, Institut für Wirtschaftsinformatik
Müller-Friedberg-Strasse 8, CH-9000 St. Gallen
frederik.marx@unisg.ch, www.iwi.unisg.ch

Tobias Mettler
Universität St. Gallen, Institut für Wirtschaftsinformatik
Müller-Friedberg-Strasse 8, CH-9000 St. Gallen
tobias.mettler@unisg.ch, www.iwi.unisg.ch

Stefan Müller
AXA Winterthur
General Guisan-Strasse 40, CH-8401 Winterthur
stefan.mueller@axa-winterthur.ch, www.axa-winterthur.ch

Christian Riege
Universität St. Gallen, Institut für Wirtschaftsinformatik
Müller-Friedberg-Strasse 8, CH-9000 St. Gallen
christian.riege@unisg.ch, www.iwi.unisg.ch

Dr. Peter Rohner
Universität St. Gallen, Institut für Wirtschaftsinformatik
Müller-Friedberg-Strasse 8, CH-9000 St. Gallen
peter.rohner@unisg.ch, www.iwi.unisg.ch

Jan Saat
Universität St. Gallen, Institut für Wirtschaftsinformatik
Müller-Friedberg-Strasse 8, CH-9000 St. Gallen
jan.saat@unisg.ch, www.iwi.unisg.ch

Dr. Joachim Schelp
Universität St. Gallen, Institut für Wirtschaftsinformatik
Müller-Friedberg-Strasse 8, CH-9000 St. Gallen
joachim.schelp@unisg.ch, www.iwi.unisg.ch

Dieter Schlier
Finanz Informatik GmbH & Co. KG
Theodor-Heuss-Allee 80, D-60486 Frankfurt a.M.
dieter.schlier@f-i.de, www.f-i.de

Dr.-Ing. Marten Schönherr
Deutsche Telekom Laboratories
Ernst-Reuter-Platz 7, D-10587 Berlin
marten.schoenherr@telekom.de, www.laboratories.telekom.com

Johannes Staub
Zürcher Kantonalbank, SKS
Bahnhofstrasse 9, 8001 Zürich
johannes.staub@zkb.ch, www.zkb.ch

Guido Steiner
RTC Real-Time Center AG
Schwarzenburgstrasse 160, CH-3097 Liebefeld
guido.steiner@rtc.ch, www.rtc.ch

Florian Stroh
Universität St. Gallen, Institut für Wirtschaftsinformatik
Müller-Friedberg-Strasse 8, CH-9000 St. Gallen
florian.stroh@unisg.ch, www.iwi.unisg.ch

Markus Werder
AXA Winterthur
General Guisan-Strasse 40, CH-8401 Winterthur
markus.werder@axa-winterthur.ch, www.axa-winterthur.ch

Prof. Dr. Robert Winter
Universität St. Gallen, Institut für Wirtschaftsinformatik
Müller-Friedberg-Strasse 8, CH-9000 St. Gallen
robert.winter@unisg.ch, www.iwi.unisg.ch

Literatur

Ackermann W, Erdönmez M, Elhage B (2005) Assekuranz 2015 – Retailmärkte im Umbruch? Universität St. Gallen, Institut für Versicherungswirtschaft (IVW-HSG), St. Gallen

Aier S (2007) Integrationstechnologien als Basis einer nachhaltigen Unternehmensarchitektur – Abhängigkeiten zwischen Organisation und Informationstechnologie. Gito, Berlin

Aier S, Schönherr M (Hrsg.) (2006) Enterprise Application Integration – Serviceorientierung und nachhaltige Architekturen. 2. Aufl, Gito, Berlin

Aier S, Schönherr M (Hrsg.) (2007) Enterprise Application Integration – Flexibilisierung komplexer Unternehmensarchitekturen. 2. Aufl, Gito, Berlin

Aier S, Winter R (2009) Virtuelle Entkopplung von fachlichen und IT-Strukturen für das IT/Business Alignment – Grundlagen, Architekturgestaltung und Umsetzung am Beispiel der Domänenbildung. Wirtschaftsinformatik 51(2):175–191

Aier S, Gleichauf B, Riege C, Saat J (2009) Empirische Validierung von Integrationstypen am Beispiel unternehmensübergreifender Integration. In: Hansen H R, Karagiannis D, Fill H-G (Hrsg) Business Services: Konzepte, Technologien, Anwendungen; Proceedings der 9. Internationalen Tagung Wirtschaftsinformatik, Band 1. Österreichische Computer Gesellschaft, Wien, S 99–108

Aier S, Kurpjuweit S, Schmitz O, Schulz J, Thomas A, Winter R (2008) An Engineering Approach to Enterprise Architecture Design and its Application at a Financial Service Provider. In: Loss P, Nüttgens M, Turowski K, Werth D (Hrsg) Proceedings Modellierung betrieblicher Informationssysteme (MobIS 2008). GI/Köllen, Bonn, S 115–130

Al-Mashari M, Zairi M (1999) BPR Implementation Process: An Analysis of Key Sucess and Failure Factors. Business Process Management Journal 5(1):87–112

Alpar P, Grob H-L, Weimann P, Winter R (2008) Anwendungsorientierte Wirtschaftsinformatik. 8. Aufl Vieweg, Braunschweig, Wiesbaden

Alt R, Zbornik S (2002) Integration of Electronic Services in the Execution of Business Transactions. In: Monteiro J L, Swatman P M C, Tavares L V (Hrsg) Proceedings 2nd IFIP Conference on E-commerce, E-business, and E-government (I3E 2002). Kluwer, Lisbon, S 717–732

Alt R, Smits M (2007) Networkability of Organizations and Business Networks. In: Österle H, Schelp J, Winter R (Hrsg) Proceedings of the 15th European Conference on Information Systems (ECIS2007), June 7–9 2007. St.Gallen, S 119–130

Alt R, Cäsar M A, Grau J U (2002) Collaboration in the Consumer Product Goods Industry – Analysis of Marketplaces. In: Wrycza S (Hrsg) 10th European Conference on Information Systems (ECIS) 2002. Gdansk, S 582–595

Ashby W R (1981) The Set Theory of Mechanism and Homeostasis. In: Ashby W R (Hrsg) Mechanisms of Intelligence: Ross Ashby's Writings on Cybernetics, Intersystems, Seaside, CA, S 21–49

Atel (2008) Die Atel Gruppe – Ihr Partner im europäischen Energiemarkt (Unternehmenspräsentation). http://www.atel.eu/de/images/atel_group_presentation_0811_de_tcm62-18736.pdf, Abruf am 06.03.2009

Aubert B A, Patry M, Rivard S (2003) A tale of two outsourcing contracts – An agency-theoretical perspective. Wirtschaftsinformatik 45(2):181–190

AXA Winterthur (2008) Jahresbericht 2007. AXA Winterthur, Winterthur

Balzert H (2000) Lehrbuch der Software-Technik – Software-Entwicklung. Spektrum Akademischer Verlag, Heidelberg

Baumöl U (2005) Strategic Agility through Situational Method Construction. In: Reichwald R, Huff A S (Hrsg) Proceedings of the European Academy of Management Annual Conference 2005.

Beck K, Fowler M (2000) Planning Extreme Programming. Addison-Wesley, Boston, San Francisco, u.a.

Bernroider E, Koch S (2005) Kennzahlenbasiertes Qualitätsmanagement in einer Outsourcing-Beziehung. Hmd – Praxis der Wirtschaftsinformatik(245):76–84

Bessant J, S. C (1997) High-involvement Innovation through Continuous Improvement. International Journal of Technology Management 14(1):14–22

Beverungen D, Knackstedt R, Müller O (2008) Entwicklung Serviceorientierter Architekturen zu Integration von Produktion und Dienstleistung – Eine Konzeptionsmethode und ihre Anwendung am Beispiel des Recyclings elektronischer Geräte. Wirtschaftsinformatik 52(3):220–234

Bonati B, Regutzki J, Schroter M (2006) Enterprise Service Architecture for Financial Services – Taking SOA to the next level. Galileo Press, Bonn, Fort Lee NJ

Braun B (2002) Neues Geschäftsmodell im Hypothekarbereich der Credit Suisse Financial Services. In: Leist S, Winter R (Hrsg) Retail Banking im Informationszeitalter, Springer, Berlin et al., S 93–108

Braun von Reinersdorff A (2007) Strategische Krankenhausführung: Vom Lean Management zum Balanced Hospital Managment. 2. Aufl Hans Huber, Bern

Braunwarth K S, Heinrich B (2008) IT-Service-Management – Ein Modell zur Bestimmung der Folgen von Interoperabilitätsstandards auf die Einbindung externer IT-Dienstleister. Wirtschaftsinformatik 50(2):98–110

Bucher T, Dinter B (2008a) A Primer on the Engineering of Situational Methods for the Implementation and Advancement of Process-oriented Information Logistics. International Journal of Technology Management Special Issue on Operational Business Intelligence (forthcoming)

Bucher T, Dinter B (2008b) Process Orientation of Information Logistics – An Empirical Analysis to Assess Benefits, Design Factors, and Realization Approaches. In: Sprague Jr. R H (Hrsg) Proceedings of the Forty-First Annual Hawaii International Conference on System Sciences (HICSS-41). IEEE Computer Society, Los Alamitos

Bucher T, Klesse M, Kurpjuweit S, Winter R (2007) Situational Method Engineering – On the Differentiation of "Context" and "Project Type". In: Ralyté J, Brinkkemper S, Henderson-Sellers B (Hrsg) IFIP WG8.1 Working Conference on Situational Method Engineering – Fundamentals and Experiences (ME07). Springer, Geneva, S 33–48

Cäsar M A (2005) Service-Portale in Industrieunternehmen – Referenzarchitektur, Praxisbeispiele und Nutzen. Dissertation, Universität St. Gallen / Difo-Druck, Bamberg

Cäsar M A, Alt R, Kaltenmorgen N (2004) Transformation in der chemischen Industrie – Das Beispiel der Ticona GmbH. In: Chamoni P, Deiters W, Gronau N, Kutsche R-D, Loos P, Müller-Merbach H, Rieger B, Sandkuhl K (Hrsg) Multikonferenz Wirtschaftsinformatik. Akademische Verlagsgesellschaft, Essen, S 76–91

Coase R H (1937) The Nature of the Firm. Economica 4(16):386–405

Conrad S, Hasselbring W, Koschel A, Tritsch R (2006) Enterprise Application Integration – Grundlagen – Konzepte – Entwurfsmuster – Praxisbeispiele. Spektrum, München

Cooper R G (2003) Best practices in product innovation what distinguishes top performers. Stage-Gate, Ancaster, ON

Davenport T H, Short J E (1990) The New Industrial Engineering: Information Technology and Business Process Redesign. Sloan Management Review 31(4):11–27

de Bruin T, Freeze R, Kulkarni U, Rosemann M (2005) Understanding the Main Phases of Developing a Maturity Assessment Model 16th Australasian Conference on Information Systems, Sydney

Dern G (2006) Management von IT-Architekturen – Informationssysteme im Fokus von Architekturplanung und -entwicklung. Vieweg Verlag, Wiesbaden

Deutscher Sparkassen- und Giroverband (2008) Homepage Deutscher Sparkassen- und Giroverband. http://www.dsgv.de/, Abruf am 1.12.2008

Dietrich J (2008) Nutzung von Modellierungssprachen und -methodologien standardisierter B2B-Architekturen für die Integration unternehmensinterner Geschäftsprozesse. Gito, Berlin

Dubs R, Euler D, Rüegg-Stürm J, Wyss C E (2004) Einführung in die Managementlehre. Haupt, Bern

Duguay C R, Landry S, Pasin F (1997) From mass production to flexible/agile production. International Journal of Operations & Production Management 17(12):1183–1195

Eckhardt S, Schmidt A (2006) Leistungsabrechnung in GKV und PKV, Diplomarbeit. Universität Leipzig, Institut für Informatik (Prof. Dr. Volker Gruhn)

Erasala N, Yen D C, Rajkumar T M (2003) Enterprise Application Integration in the electronic commerce world. Computer Standards & Interfaces 25:69-82

Farny D (2000) Versicherungsbetriebslehre. VVW, Karlsruhe

Fettke P, Loos P (2002) Der Referenzmodellkatalog als Instrument des Wissensmanagements: Methodik und Anwendung. In: Becker J, Knackstedt R (Hrsg) Wissensmanagement mit Referenzmodellen: Konzepte für die Anwendungssystem- und Organisationsgestaltung, Physica, Heidelberg, S 3–24

Fiedler F E (1964) A Contingency Model of Leadership Effectiveness. Advances in Experimental Social Psychology 1:149–190

Finanz Informatik (2008) Homepage Finanz Informatik. http://www.finanzinformatik.de/, Abruf am 1.12.2008

Fraser P, Moultrie J, Gregory M (2002) The Use of Maturity Models/Grids as a Tool in Assessing Product Development Capability: IEEE International Engineering Management Conference, Piscataway, NJ

Gaitanides M (2007) Prozessorganisation – Entwicklung, Ansätze und Programme des Managements von Geschäftsprozessen. 2. Aufl Verlag Franz Vahlen, München

Gartner (2004) The Gartner Glossary of Information Technology Acronyms and Terms. http://www.gartner.com/6_help/glossary/Gartner_IT_Glossary.pdf, Abruf am 11.05.2008

Giacomazzi F, Panella C, Pernici B, Sansoni M (1997) Information systems integration in mergers and acquisitions: A normative model. Information & Management 32(6):289–302

Gimnich R, Winter A (2005) Workflows der Software-Migration. In: Softwaretechnik-Trends 25:2.

Glassman R B (1973) Persistence and loose coupling in living systems. Behavioral Science 18(2):83–98

Glöckle H (2007) IT-Integration und Migration – Konzepte und Vorgehensweisen. Hmd – Praxis der Wirtschaftsinformatik(257):7–19

Glouberman S, Mintzberg H (2001) Managing the Care of Health and the Cure of Disease – Part I: Differentiation. Health Care Management Review 26(1):56–69

Goldman S L, Nagel R N, Preiss K (1995) Agile competitors and virtual organizations: strategies for enriching the customer. Van Nostrand Reinhold, New York

Grimpe C, Weber T (2005) Strategische Technologieintegration im M&A-Prozess. M&A Review(11):469–474

Gronau N (2001) Industrielle Standardsoftware. Auswahl und Einführung. Oldenbourg, München, Wien

Haas P (2005) Medizinische Informationssysteme und Elektronische Krankenakten. Springer, Berlin

Hagen C (2003) Integrationsarchitektur der Credit Suisse. In: Aier S, Schönherr M (Hrsg) Enterprise Application Integration – Flexibilisierung komplexer Unternehmensarchitekturen, GITO-Verlag, Berlin, S 61–81

Hamburger Sparkasse AG (2007) Geschäftsbericht 2007. http://www.haspa.de/Haspa/DieHaspa/DasUnternehmen/Geschaeftsbericht/PDF__Geschaeftsbericht2007deutsch,property=blob.pdf, Abruf am 1.12.2008

Hammer M (1990) Reengineering Work – Don't Automate, Obliterate. Harvard Business Review 68(4):104–112

Hammer M, Champy J (1993) Reengineering the Corporation – A Manifesto for Business Revolution. HarperCollins Publishers, New York

Hansen H R (1998) Wirtschaftsinformatik I. 7. Aufl Lucius & Lucius, Stuttgart

Haspeslagh P C, Jemison D B (1992) Akquisitionsmanagement: Wertschöpfung durch strategische Neuausrichtung. Frankfurt am Main

Heilmann H (1989) Integration: Ein zentraler Begriff in der Wirtschaftsinformatik im Wandel der Zeit. Hmd – Praxis der Wirtschaftsinformatik 26:46–58

Heine P (1999) Unternehmensweite Datenintegration. B.G. Teubner, Stuttgart, Leipzig

Heinrich L J (1993) Wirtschaftsinformatik: Einführung und Grundlegung. Oldenbourg, München, Wien

Heinzl A (1991) Die Ausgliederung der betrieblichen Datenverarbeitung: eine empirische Analyse der Motive, Formen und Wirkungen. Poeschl, Stuttgart

Held M (2007) Orchestrierung verteilter Services mit SOA – Case Study RTC. Netzguide IT in Finance 2007(28):78–79

Henningsson S, Carlsson S (2006) Governing and Managing Enterprise Systems Integration in Corporate M&A. In: European Conference on Information Systems (ECIS2006). Göteborg

Heutschi R (2007) Serviceorientierte Architektur. Dissertation, Universität St. Gallen / Difo Druck, Bamberg

Hodel M, Berger A, Risi P (2004) Outsourcing realisieren. Vieweg, Wiesbaden

van Hoek R I (2001) Epilogue – Moving forward with agility. International Journal of Physical Distribution & Logistics Management 31(4):290–300

Hohpe G, Woolf B (2003) Enterprise Integration Patterns: Designing, Building, and Deploying Messaging Solutions. Addison-Wesley, Boston

Holten R, Knackstedt R (1999) Fachkonzeptionelle Modellierung von Führungsinformationssystemen am Beispiel eines filialisierenden Einzelhandelsunternehmens. In: Fachtagung Modellierung betrieblicher Informationssysteme (MobIS).

Höß O, Weisbecker A, Specht T, Drawehn J (2007) Migration zu serviceorientierten Architekturen – top-down oder bottom-up? Hmd – Praxis der Wirtschaftsinformatik(257):39–47

Hugentobler C, Lehmann N, Leist S (2002) Der Business Bus als Enabler neuer Geschäftsmodelle. In: Leist S, Winter R (Hrsg) Retail Banking im Informationszeitalter, Springer, Berlin et al., S 363–386

IMG (1997a) PROMET BPR, Methodenhandbuch für den Entwurf von Geschäftsprozessen, Version 2.0. Information Management Group/Institut für Wirtschaftsinformatik Universität St. Gallen, St. Gallen

IMG (1997b) PROMET SSW, Methodenhandbuch für die Einführung von Standardanwendungssoftware, Version 3.0. Information Management

Group/Institut für Wirtschaftsinformatik, Universität St. Gallen, St. Gallen

Inmon W H (1996) Building the Data Warehouse. 2. Aufl Wiley Computer Publishing, New York

von Jouanne-Diedrich H, Zarnekow R, Brenner W (2005) Industrialisierung des IT-Sourcings. Hmd – Praxis der Wirtschaftsinformatik 41(245):18–27

Kagermann H, Österle H (2006) Geschäftsmodelle 2010 – Wie CEOs Unternehmen transformieren. F.A.Z.-Institut für Management-, Markt- und Medieninformationen, Frankfurt am Main

Kaib M (2002) Enterprise Application Integration – Grundlagen, Integrationsprodukte, Anwendungsbeispiele. DUV, Wiesbaden

Keller W (2002) Enterprise Application Integration – Erfahrungen aus der Praxis. dpunkt, Heidelberg

Khoumbati K, Themistocleous M (2006) Integrating the IT Infrastructures in Healthcare Organisations: A Proposition of Influencial Factors. The Electronic Journal of e-Government 4(1):27–36

Kirchmer M (1996) Geschäftsprozeßorientierte Einführung von Standardsoftware. Gabler, Wiesbaden

Kirchmer M (1998) Business Process Oriented Implementation of Standard Software. Springer, Berlin et al.

Klesse M, Wortmann F, Schelp J (2005) Erfolgsfaktoren der Applikationsintegration. Wirtschaftsinformatik 47(4):259–267

Knöll H D, Kühl L W H, Kühl R W A, Moreton R (2001) Optimising Business Performance with Standard Software Systems. Vieweg, Wiesbaden

Kosiol E (1962) Organisation der Unternehmung. Gabler, Wiesbaden

Krcmar H (2005) Informationsmanagement. 4. Aufl Springer, Berlin et al.

Kromer G, Stucky W (2002) Die Integration von Informationsverarbeitungsressourcen im Rahmen von Mergers & Acquisitions. Wirtschaftsinformatik 44(6):523–533

Kurbel K, Rautenstrauch C (1996) Integration Engineering: Konkurrenz oder Komplement zum Information Engineering? Methodische Ansätze zur Integration von Informationssystemen. In: Heilmann H, Heinrich L, Roithmayr F (Hrsg) Information Engineering, Oldenbourg, München, Wien, S 167–191

Lacity M, Willcocks L (2001) Global Information Technology Outsourcing – Search of Business Advantage. Wiley, Chichester et al.

Lacity M, Willcocks L P (2003) IT sourcing reflections – Lessons for customers and suppliers. Wirtschaftsinformatik 45(2):115–125

Lancelotti R, Schein O, Spang S, Stadler V (2003) ICT and Operations outsourcing in banking – Insights from an interview-based pan-European survey. Wirtschaftsinformatik 45(2):131–141

Lankes J, Matthes F, Wittenburg A (2005) Softwarekartographie: Systematische Darstellung von Anwendungslandschaften. In: Ferstl O, Sinz E, Eckert S, Isselhorts T (Hrsg) Proceedings der 7. Internationalen Tagung Wirtschaftsinformatik. Physica, S 1443–1462

Lassig P, Lamberti H-J, Jochum C (2003) Scoring- und beidseitige Due-Diligence-Prozesse – im Rahmen der Lieferantenauswahl beim Infrastruktur-Outsourcing. Wirtschaftsinformatik 45(2):147–156

Leavitt H J, Whisler T L (1958) Management in the 1980s: New Information Flows Cut New Organization Flows. Harvard Business Review 36:41–48

Legner C, Wende K (2006) Business Interoperability Framework:

Legner C, Vogel T, Löhe J, Mayerl C (2007) Transforming Inter-Organizational Business Processes into Service-Oriented Architectures: Method and Application in the Automotive Industry. In: 15. ITG/GI – Fachtagung Kommunikation in Verteilten Systemen (KivS). VDE Verlag, Bern

Leist S, Winter R (2002) Retail Banking im Informationszeitalter. Springer, Berlin etc.

Lenson C M (1998) Building a Successful Enterprise Master Patient Index: A Case Study. Topics in Health Information Management 19(1):66–71

Lessweng H-P, Lanninger V, Thome R (2004) Betriebliche Standardanwendungssoftware. WISU 2:219-227

Lindberg P, Berger A (1997) Continuous Improvement: Design, Organisation and Management. International Journal of Technology Management 14(1):86–101

Linß H (1995) Integrationsabhängige Nutzeffekte der Informationsverarbeitung: Vorgehensmodell und empirische Ergebnisse. DUV, Wiesbaden

Linthicum D S (2000) Enterprise Application Integration. AWL Direct Sales, Reading, Massachusetts

Linthicum D S (2001) B2B Application Integration: e-Business-Enable Your Enterprise. Addison-Wesley, Boston

Lucks K (2007) Management komplexer M&A Projekte – ein Zwischenbericht aus industrieller Anwendungsentwicklung. In: Menz M, Ebersbach L, Menges J (Hrsg) Mergers & Acquisitions. Von der Strategie zur Integration. Tagungsband zum 5. DocNet Management Symposium, St. Gallen, S 41–60

Luftman J N (2005) Key Issues for IT Executives 2004. MIS Quarterly Executive 4(2):269–285

Luftman J N, McLean E R (2004) Key Issues for IT Executives. MIS Quarterly Executive 3(2):89–104

Luhmann N (1991) Soziologie des Risikos. de Gruyter, Berlin

Luhmann N (2002) Einführung in die Systemtheorie, Baecker D (Hrsg). Carl Auer Verlag, Heidelberg

Maskell B (2001) The age of agile manufacturing. Supply Chain Management: An International Journal 6(1):5–11

McCarthy I P, Tsinopoulos C (2003) Strategies for agility: an evolutionary and configurational approach. Integration Manufacturing Systems: An International Journal 14(2):103–113

Mertens P (1995) Integrierte Informationsverarbeitung 1. 10. Aufl. Aufl Gabler, Wiesbaden

Mertens P (2004) Integrierte Informationsverarbeitung 1. 14. Aufl. Aufl Gabler, Wiesbaden

Mertens P, Holzner J (1992) Eine Gegenüberstellung von Integrationsansätzen der Wirtschaftsinformatik. Wirtschaftsinformatik 34(1):5–25

Mettler T, Rohner P (2008) Lösungsstrategien für eine systematische Patientenidentifikation, in: Blobel B, Pharow P, Zvarova J, Lopez D (Hrsg): CeHR 2007 International Conference, Akademische Verlagsgesellschaft, Regensburg

Mezler C (2008) Identity Management – Grundlagen, Technik, wirtschaftlicher Nutzen. dpunkt Verlag, Heidelberg

Müller-Stewens G, Lechner C (2005) Strategisches Management – Wie strategische Initiativen zum Wandel führen. 3. Aufl Schäffer-Poeschel, Stuttgart

Müller-Stewens G, Spickers J, Deiss C (1999) Mergers & Acquisitions – Markttendenzen und Beraterprofile. Schäffer-Poeschel, Stuttgart

Murer S, Worms C, Furrer F (2008) Managed Evolution – Nachhaltige Weiterentwicklung grosser Systeme. Informatik-Spektrum 31(6):537–547

Neumann R, Klage D (2003) Fragiles Integrationspuzzle – Enterprise Application Integration EAI) und Web Services. ISreport 7(4):12–23

Niemann K D (2005) Von der Unternehmensarchitektur zur IT-Governance: Leitfaden für effizientes und effektives IT-Management. (Edition CIO). Aufl Vieweg

Oehler K (2005) Business Engineering bei Einführung betriebswirtschaftlicher Stan-dardsoftware - Auswirkungen einer serviceorientierten Architektur. Hmd – Praxis der Wirtschaftsinformatik 40(241):35–44

Office of Government Commerce (2005) Introduction to ITIL. Stationary Office, London

Olle W T, Hagelstein J, Macdonald I G, Rolland C, Sol H G, van Assche F J M, Verrijn-Stuart A A (1988) Information Systems Methodologies – A Framework for Understanding. Addison-Wesley, Wokingham

Österle H (1995) Business Engineering: Prozess- und Systementwicklung. 2. Aufl Springer, Berlin et al.

Österle H (2001) Standardsoftware – Auswahl und Einführung. In: Mertens P (Hrsg) Lexikon der Wirtschaftsinformatik, Springer, Berlin, Heidelberg, New York, Barcelona, S 435–437

Österle H, Winter R (2003a) Business Engineering – Auf dem Weg zum Unternehmen des Informationszeitalters. 2. Aufl Springer, Berlin et al.

Österle H, Winter R (2003b) Business Engineering. In: Österle H, Winter R (Hrsg) Business Engineering – Auf dem Weg zum Unternehmen des Informationszeitalters, 2. Aufl. Aufl, Springer, Berlin etc., S 3–19

Österle H, Brenner W, Hilbers K (1992) Unternehmensführung und Informationssystem – Der Ansatz des St. Galler Informationssystem-Managements. B. G. Teubner, Stuttgart

Österle H, Fleisch E, Alt R (2001) Business Networking – Shaping Collaboration Between Enterprises. 2. Aufl Springer, Berlin etc.

Paprottka S (1996) Unternehmenszusammenschlüsse. Synergiepotentiale und ihre Umsetzungsmöglichkeiten durch Integration. Gabler, Wiesbaden

Penzel H-G (1999) Post Merger Management in Banken und die Konsequenzen für das IT-Management. Wirtschaftsinformatik 41(2):105–115

Penzel H-G, Pietig C (2000) Merger Guide – Handbuch für die Integration von Banken. Gabler, Wiesbaden

Perrow C (1988) Normale Katastrophen: Die unvermeidbaren Risiken der Großtechnik. Campus, Frankfurt a.M.

Picot A, Reichwald R, Wigand R T (2003) Die grenzenlose Unternehmung: Information, Organisation und Management. 5. Aufl Gabler, Wiesbaden

Picot G (Hrsg.) (2005) Handbuch Mergers and Acquisitions – Planung, Durchführung, Integration. 3. Aufl, Schäffer-Poeschel, Stuttgart

Porter M E (2004) Competitive Advantage – Creating and Sustaining Superior Performance. Free Press, New York

Powell W W (1990) Neither Market Nor Hierarchy – Network Forms of Organization. Research in Organizational Behavior 12:295–336

Rautenstrauch C (1993) Integration engineering: Konzeption, Entwicklung und Einsatz integrierter Softwaresysteme. Addison-Wesley, Bonn et al.

Reed S F, Lajoux A (1998) The art of M&A – A Merger, Acquisition, Buyout Guide. 3. Aufl McGraw-Hill, New York

Reich F, Stucki T (2002) Definition eines Geschäftsmodells für die Migrosbank als Grundlage für ein Multichannel-Management. In: Leist S, Winter R (Hrsg) Retail Banking im Informationszeitalter, Springer, Berlin et al., S 109–122

Riege C, Stutz M, Winter R (2008) Geschäftsanalyse im Kontext der Unternehmensarchitektur. Hmd – Praxis der Wirtschaftsinformatik 43(262):39–48

Riempp G, Gieffers-Ankel S (2007) Application portfolio management: a decision-oriented view of enterprise architecture. Information Systems And E-Business Management 5(4):359–378

Robbins S S, Stylianou A C (1999) Post-merger systems integration: the impact on IS capabilities. Information & Management 36(4):205–212

Rosemann M (1999) Gegenstand und Aufgaben des Integrationsmanagements. In: Scheer A W, Rosemann M, Schütte R (Hrsg) Integrationsmanagement, Institut für Wirtschaftsinformatik Westfälische Wilhelms-Universität Münster, S 5–18

RTC (2007) Geschäftsbericht 2007 der Real-Time Center AG.

Rüegg-Stürm J (2002) Das neue St. Galler Management-Modell. In: Dubs R, Euler D, Rüegg-Stürm J (Hrsg) Einführung in die Managementlehre, Haupt, Bern, S 33–106

Ruh W A, Maginnis F X, Brown W J (2001) Enterprise Application Integration. John Wiley & Sons, Inc., New York et al.

Ruschke B (2008) Erfolgreiche OSPlus-Migration einer Großsparkasse. IT-Forum 2008 (Vortrag), Frankfurt/Main

Salfeld R, Hehner S, Wichels R (2008) Modernes Krankenhausmanagement: Konzepte und Lösungen. Springer, Berlin

Satchell C, Shanks G, Howard S, Murphy J (2006) Knowing Me, Knowing You: End User Perceptions of Identity Management Systems: Proceedings of the 14th European Conference on Information Systems (ECIS 2006), Göteborg

Scheer A-W (2001) ARIS – Modellierungsmethoden, Metamodelle, Anwendungen. 4. Aufl Springer, Berlin Heidelberg

Schelp J, Winter R (2008) Entwurf von Anwendungssystemen und Entwurf von Enterprise Services – Ahnlichkeiten und Unterschiede. Wirtschaftsinformatik 50(1):6–15

Schissler M, Zeller T, Mantel S (2004) Überbetriebliche Integration von Anwendungssystemen: Klassifikation von Integrationsproblemen und -lösungen. In: Bartmann D, Mertens P, Sinz E J (Hrsg) Überbetriebliche Integration von Anwendungssystemen – FORWIN-Tagung 2004, Shaker, Aachen, S 1–20

Schissler M, Mantel S, Ferstl O K, Sinz E J (2002) Kopplungsarchitekturen zur überbetrieblichen Integration von Anwendungssystemen und ihre Realisierung mit SAP/R3. Wirtschaftsinformatik 44(5):459–468

Schmidt H (1991) Philosophisches Wörterbuch. 22. Aufl Kröner, Stuttgart

Schütte R (1998) Grundsätze ordnungsmässiger Referenzmodellierung – Konstruktion konfigurations- und anpassungsorientierter Modelle. Gabler, Wiesbaden

Schwarze L, Müller P P (2005) IT-Outsourcing – Erfahrungen, Status und zukünftige Herausforderungen. Hmd – Praxis der Wirtschaftsinformatik 41(245):6–17

Schwarze L, Röscheisen F, Mengue C (2007) IT-Integration im Kontext von Unternehmensfusionen. Hmd – Praxis Der Wirtschaftsinformatik(257):56–67

Schwindt K (2004) Einsatz von Funketiketten in der Handelslogistik. Hmd – Praxis der Wirtschaftsinformatik 41(235):53–56

Schwinn A, Schelp J (2005) Design Patterns for Data Integration. Journal of Enterprise Information Management 18(4):471–482

Shaw M (1990) Prospects for an Engineering Discipline of Software. IEEE Software 7(6):15–24

Simon A (1992) Systems Migration – A Complete Reference. Van Nostrand Reinhold

Simon H A (1976) Administrative Behavior: A Study of Decision-Making Processes in Administrative Organizations. The Free Press, New York

Simon H A (1977) The New Science of Management Decision. Prentice-Hall, Englewood Cliffs

Sneed H M, Hasitschka M, Teichmann M-T (2005) Software-Produktmanagement – Wartung und Weiterentwicklung bestehender Anwendungssysteme. dpunkt, Heidelberg

Sperling J (2007) Konzeption einer Methode zum Integrationsmanagement bei Unternehmenszusammenschlüssen auf der Basis von multiperspektivistischen Unternehmensmodellen. Berlin

Spill J (2007) Warum jede zweite Transaktion scheitert. M&A Review(1):1–6

Stahl T, Völter M (2005) Modellgetriebene Softwareentwicklung. Techniken, Engineering, Management. Dpunkt Verlag, Heidelberg

Stahlknecht P, Hasenkamp U (2005) Einführung in die Wirtschaftsinformatik. 11. Aufl Springer, Berlin

Staud J L (2006) Geschäftsprozessanalyse – Ereignisgesteuerte Prozessketten und objektorientierte Geschäftsprozessmodellierung für Betriebswirtschaftliche Standardsoftware. 3. Aufl Springer, Berlin

Stünzer L (1996) Systemtheorie und betriebswirtschaftliche Organisationsforschung. Duncker&Humblot, Berlin

Stutz M, Aier S (2007) SOA-Migration und Integration auf Basis von Services-Repositories. Hmd – Praxis der Wirtschaftsinformatik 42(257):20–27

Sward D (2006) Measuring the Business Value of Information Technology. Intel Press, Hillsboro, USA

Takeuchi H, Nonaka I (1986) The new new product development game. Harvard Business Review 64(1):137–146

Taylor F W (1913) Die Grundsätze wissenschaftlicher Betriebsführung. Oldenbourg, München

Todorov D (2007) Mechanics of User Identification and Authentication: Fundamentals of Identity Management. Taylor & Francis, Boca Raton, USA

Töpfer A, Albrecht D M (2006) Konsequenzen für das Management von Kliniken durch neue Rahmenbedingungen. In: Albrecht D M, Töpfer A (Hrsg) Erfolgreiches Changemanagement im Krankenhaus: 15-Punkte Sofortprogramm für Kliniken, Springer, Berlin, S 3–23

Tschöke K, Maurer J, Bock S (2008) Der globale M&A-Markt im ersten Quartal 2008. M&A Review(6):297–304

Ungerath M G, von Hoyningen-Huene J (2005) PMI: Integrationserfolg zwischen Konsens und Durchsetzungskraft. M&A Review(2):131–132

Vogd W (2006) Die Organisation Krankenhaus im Wandel: Eine dokumentarische Evaluation aus Sicht der ärztlichen Akteure. Hans Huber, Bern

Vogler P (2003) Prozess- und Systemintegration: Umsetzung des organisatorischen Wandels in Prozessen und Informationssystemen. Habilitation, Universität St. Gallen,

Vogler P (2006) Prozess- und Systemintegration – Evolutionäre Weiterentwicklung bestehender Informationssysteme mit Hilfe von Enterprise Application Integration. Deutscher Universitäts-Verlag, Wiesbaden

Vokurka R J, Fliedner G (1998) The journey towards agility. Industrial Management & Data Systems 98(4):165–171

Walston S, Chadwick C (2003) Perceptions and Misperceptions of Major Organizational Changes in Hospitals: Do Change Efforts Fail Because of Inconsistent Organizational Perceptions of Restructuring and Reengineering? International Journal of Public Administration 26(14):1581–1605

Weick K E (1976) Educational Organizations as Loosely Coupled Systems. Administrative Science Quarterly 21(1):1–19

Wermke M, Klosa A, Kunkel-Razum K, al. e (Hrsg.) (1991) Duden Fremdwörterbuch. 7. Aufl, Dudenverlag, Mannheim, Leipzig, Wien, et al.

Wiegand R T, Mertens P, Freimut B, König W, Picot A, Schumann M (2003) Introduction to Business Information Systems. Springer, Berlin, Heidelberg

Winkeler T, Raupach E, Westphal L (2001) Enterprise Application Integration als Pflicht vor der Business-Kür. Information Management & Consulting 16(1):7–16

Winter R (1998) Informationsableitung in betrieblichen Anwendungssystemen. Vieweg, Braunschweig/Wiesbaden

Winter R (2003a) An Architecture Model for Supporting Application Integration Decisions. In: Ciborra C, Mercurio R, De Marco M, Martinez M, Carignani A (Hrsg) Proceedings of the 11th European Conference on Information Systems (ECIS 2003).

Winter R (2003b) Modelle, Techniken und Werkzeuge im Business Engineering. In: Österle H, Winter R (Hrsg) Business Engineering. Auf dem Weg zum Unternehmen des Informationszeitalters, S 87–118

Winter R (2008a) Metamodellbasierte Taxonomie von Integrationsprojekten. Institut für Wirtschaftsinformatik, Universität St. Gallen, St. Gallen

Winter R (2008b) Business Engineering – Betriebswirtschaftliche Konstruktionslehre und ihre Anwendung in der Informationslogistik. In: Dinter B, Winter R (Hrsg) Integrierte Informationslogistik, Springer, Berlin, Heidelberg, S 17–38

Winter R, Schelp J (2005) Dienst-Orientierung im Business Engineering. Hmd – Praxis der Wirtschaftsinformatik 40(241):45–54

Winter R, Fischer R (2007) Essential Layers, Artifacts, and Dependencies of Enterprise Architecture. Journal of Enterprise Architecture 3(2):7–18

Winter R, Müller J, Gericke A (2008) Business Engineering: der St. Galler Ansatz zum Veränderungsmanagement. OrganisationsEntwicklung 27(2):40–47

Winter R, Bucher T, Fischer R, Kurpjuweit S (2007) Analysis and Application Scenarios of Enterprise Architecture – An Exploratory Study. Journal of Enterprise Architecture 3(3):33–43

WKWI, GI-Fachbereich Wirtschaftsinformatik (2007) Rahmenempfehlung für die Universitätsausbildung in Wirtschaftsinformatik. Wirtschaftsinformatik 49(4):318–325

Yin R K (2003) Case Study Research. Design and Methods. 3. Aufl Sage Publications, Thousand Oaks, London, New Delhi

Yusuf Y Y, Sarhadi M, Gunasekaran A (1999) Agile manufacturing: the drivers, concepts and attributes. International Journal of Production Economics 62(1-2):33–43

FSC
www.fsc.org
MIX
Papier | Fördert
gute Waldnutzung
FSC® C083411

Kolibri 360 GmbH
Ferdinand-Jühlke-Straße 7
99095 Erfurt, Deutschland
produktsicherheit@kolibri360.de